ちくま学芸文庫

増補 死者の救済史

供養と憑依の宗教学

池上良正

筑摩書房

目次

増補　死者の救済史　供養と憑依の宗教学

はじめに

日本の宗教史の根幹には「祖先崇拝」と「シャーマニズム」がある、とよくいわれる。ひとくちに「日本の宗教史」といっても、いろいろな描き方がある。まず思い浮かぶのは、高校の教科書にも登場するような著名な仏僧や思想的エリートたちの著作をならべた宗教思想史であろう。あるいは、宗派・教団の発生や系統をたどる制度史もある。しかし、それらとは別に、ごくふつうの庶民の日常生活に根ざした信念や慣習に焦点を合わせて描く宗教史もありうる。「祖先崇拝」と「シャーマニズム」の二つが重要なキーワードとされるのは、こうした一般庶民の宗教史を描こうとする場合である。

「祖先崇拝」も「シャーマニズム」も学問的に厳密な定義を立てようとすれば、むずかしい議論になってしまうが、一般的にいえば、「祖先崇拝」は先祖や氏神を中心とした共同体的な信仰や祭祀を包括し、「シャーマニズム」は託宣・神がかり・口寄《くちよ》せとよばれるような現象、つまりは霊的存在との直接交流をあらわす言葉として用いられる。

民間信仰を体系的に論じた堀一郎は、日本の民間宗教史の特徴を、地域共同体の秩序を内包的に維持する「氏神《うじがみ》信仰」と、地域の枠を外部に向かって開いていく「人神《ひとがみ》信仰」との動態図式として描き出した(「民間信仰史の諸問題」『堀一郎著作集』第六巻、未來社、原著一九七一年)。前者は農耕的封鎖社会に見られる祖先崇拝・死者儀礼を中心としており、後者はシャーマニズム的、あるいはカリスマ的人格を中心に展開したと述べられている。これなどは、明らかに先の二つのキーワードを大枠とした応用理論といえるだろう。

こうした視点は、問題を広く全体的に俯瞰するうえでは、なお有効である。しかし、今日の学術水準をふまえたとき、日本の民俗・民衆宗教史を理解するキーワードが「祖先崇拝」と「シャーマニズム」だ、と言い切ってしまうことには、批判や反発も多いだろう。

批判の論点としては、大きく二点が考えられる。

第一点は、いずれの概念も、多様な事象を何か実体論的なものとして固定化してしまう傾向が強すぎる、という批判である。これらはどちらも西欧の学術世界で作られた用語であった。「シャーマニズム」はもちろんであるが、「祖先崇拝」も ancestor worship の翻訳語として日本の学界で流通するようになった。基本的にキリスト教文化を背景とした土壌において、異教世界を説明するモデルとして鋳造された用語である。

西欧起源だから悪い、ということにはならないが、多彩な現実がむりやり西欧的な視座や価値観で切り取られる弊害には気をつけねばならない。用語が無批判に愛用され、あたかも自明の本質を帯びたものであるかのように流通しはじめるとき、その弊害はさらに大きくなる。

批判の第二点は、第一点とも関わるが、この二つの用語とも、しばしば仏教に代表されるような「世界宗教」とは異質の「基層」といった面が強調されすぎてきた、という点である。これは晩年の柳田国男に代表されるような民俗学が、「仏教以前」「儒教以前」の「固有信仰」などに固執しすぎたという批判とも重なる。つまり、日本人の信仰といったものを考えようとするとき、外来の文化に汚染されていない「日本的」な原型にこだわりすぎてきたのではないか、ということである。

日本にはそもそも祖先崇拝やシャーマニズムの堅固な基盤があった。だからそこに流入した仏教も、結局はそうした基盤に妥協し、吸収されざるをえなかった。このような考え方は、むしろまったく逆転した発想から言いなおすこともできる。「祖先崇拝」や「シャーマニズム」が華やかに開花したのは、外来の宗教や思想によって育てられた結果なのだ、とも。二つの概念によって包括されてきた事象は、いずれも仏教という普遍主義的な思考・行動様式の集合体によって洗練され強化されたという面が強く、むしろ仏教の民衆層への普及・定着という動態のなかでとらえなおす必要がある。

民衆宗教史におけるこの動態を比較宗教学的な視野から眺めるとき、どのような新しい構図が描けるだろうか。

二つの言葉でとらえられてきた事象群は、霊的な対象との「個別取引」と、世界宗教による「普遍主義化」の動きとの葛藤・共存・融合、を示す具体例といえる。つまり、一般に「祖先崇拝」「シャーマニズム」などと名づけられてきた思考・行動様式は、神仏・祖霊・死霊などとの直接的対話や個別的祭祀の体系であり、人々が神霊的な次元と交わす「個別取引」を重視するものであった。これに対して「世界宗教」とよばれてきた仏教・キリスト教・イスラームなどは、理念的にはこうした個別取引を抑制する教義を内包していた。

たとえば仏教の高僧たちは、諸行無常・一切皆空《いっさいかいくう》・厭離穢土《え(お)んりえど》などの理想を高く掲げた。そこでは、死者の運命などは普遍的な理法の問題とされ、人間があれこれ思い煩うべきではない、と説かれる。キリスト教やイスラームのような一神教的な宗教では、個別取引とよべるものがあるとすれば、それは唯一神との「契約」の関係に限定され、雑多な霊的世界との取引を封じ込める圧力は、いっそう強かった。

とはいえ、これらの世界宗教が各地の文化へ定着する過程では、個別の霊的存在との直接交渉が全否定されることはなく、温存される一面も見られた。とくに日本に移入された大乗仏教は、むしろこれらを積極的に洗練・強化することによって定着に成功したともいえる。そこでは「輪廻転生《りんねてんしょう》」「追善廻向《ついぜんえこう》（供養）」などの理念が巧みに活用された。

本書では、このような問題関心から、とくに「供養」と「憑依」をキーワードとして、日本の民衆宗教史を展望するひとつの視点を提起してみたい。前半は主として「供養」の問題を扱うが、本書ではとくに「うらみ苦しむ死者」「浮かばれない死者」への対処法という問題に、考察の焦点を絞りたい。仏教的理念に支えられた「供養」は、とくに恨《うら》みや羨《うらや》みを抱いているとして恐れられてきた霊威に対する、絶妙の対処法として活用されてきた。

こうした側面に注目することは、祖先崇拝の本質をもっぱら懐かしい先祖との親しい交流の場に求め、「死者供養」をこの局面のみに引きつける見方とは異なる。守護的で恵みをもたらしてくれる先祖との交歓という側面を無視するわけではないが、その前段階として、「浮かばれない死者」を「安らかな死者」に昇華させるという重要な過程があり、多彩な対処の方策が考案され工夫されてきた点に注意をうながしたい。

苦しむ死者、浮かばれない死者への対処はまた、人間が霊威的な次元の存在との直接的な意思疎通をはかる「憑依」の回路が頻繁に利用される機会でもあった。こうした展望からは、たとえば従来の研究者が気軽に使用してきた学術用語としての「憑依」に対する、批判的な再検討なども必要になろう。

仏教をはじめとする世界宗教は、その普遍主義的理念を立てることによって、「憑依」などの個別取引の回路から身を離そうとしてきた。しかし、現実の社会への定着過程においては、そうした回路を最大限に活用し、強化さえしてきたことが、さまざまな資料からうかがえる。本書の後半では、こうした問題を論じてみたい。死者への個別取引の対処法としての「供養」の歴史をたどることは、「憑依」の解釈をめぐる激しい意味の争奪戦に目を向けることでもある。

このように本書は、「うらみ」や「苦しみ」を抱いていることが心配されるような、生者にとって「気がかりな死者」への対処法という小さな窓口を通して、「祟り」「供養」「憑依」などが密接につながり合う世界を眺めてみよう、というものである。したがって、「供養」や「憑依」に関わる問題を網羅的に検討するものではない。代表的な事例を時代ごとに整理して、目くばり良く配置した辞書的な概説書ではない。そういうカタログ的な知識を期待して読まれる方には、本書の表題は羊頭狗肉に思われるかもしれない。

古代から現代までの変遷の大筋は示すつもりだが、時代的には、仏教の民衆化が進んだといわれる中世に重点を置く。それとても十分な資料提示にはほど遠い。個別の資料や事例の詳細については、むしろ信頼できる専門家の研究に当たっていただきたい。

本書のねらいはむしろ、民俗・民衆的な宗教史をとらえる大きな見取り図を提示することにある。小著の範囲では、のぞく窓口は小さいけれども、その小さな窓の奥には、比較宗教学の豊かな課題が広がっていることを、明らかにしてみたい。

第一章

苦しむ死者と日本の民衆宗教

苦しむ死者たち

死者との多彩な交流

日本の民衆宗教史を見渡したとき、とりわけ注目されることのひとつは、生きている人間たちと個別的な死者たちとの直接的な交流・交渉が目立つ、という点である。亡くなった家族・親族や知人たちとの頻繁な交流の機会が、大規模で広範な制度的儀礼や慣習的実践として確保されてきたのである。

たとえば「祖先崇拝」とか「先祖祭祀」と総称されてきたような、系譜上の死者を祀《まつ》る行為がある。また、広く制度的な仏教諸宗派の管理下におかれた葬儀・年忌法要・盆や彼岸などの風習もある。これらは身近な死者や先祖たちが、生者や子孫たちと親密に交流する機会と考えられてきた。現代ではそれほど一般的とはいえないが、東北地方のイタコに代表されるような、霊媒的な宗教者を介して死者が直接に語りかけ、生者たちと対話するという習俗もある。

さらには御霊《ごりょう》・怨霊《おんりょう》・幽霊などの名で恐れられてきた死者たちの系譜がある。「祟《たた》り」

「障《さわ》り」「霊障《れいしょう》」などとよばれるような、この世に未練を残した死者たちの働きと、それに対する生者たちの対処法は、日本の民俗・民衆的な宗教史の重要な部分を形づくってきた。身近な具体的な死者との直接交渉を基調とした儀礼や習俗が、生活文化の隅々にまで、多彩な広がりをもって浸透している。

ここでとくに注目してみたいのは、最後にあげた、恨《うら》み・ねたみ・羨《うらや》みなど、この世への強い未練や執着をもって死んだと考えられた「苦しむ死者」「浮かばれない死者」たちの系譜である。彼らが放つと見なされた否定的な影響力は、多くの人々に脅威や気がかりとして受けとめられ、これを緩和するためのさまざまな対処法が開発されてきた。思いつくままに並べてみても、「祀り」「祓《はら》い」「浄霊」「鎮魂」「弔い」「供養」「追悼」「慰霊」などの言葉が浮かぶ。

これらの対処法には、それぞれに複雑な歴史的変遷があり、それぞれが微妙な性格の違いをもつ。とくに現代では、ある公的施設で行なわれる行事が「祭祀」か「追悼」か「慰霊」かといった違いは、深刻な論争の火種となる。それらは、ただちに宗教と政治をめぐるイデオロギー論争に結びついてくる。しかし、全体としてみれば、こうした行為は日本の民俗・民衆的な宗教文化の基底に、太く根強い流れとして今日まで存続してきたといえる。一般の民衆層にあっては、浮かばれない死者がもつ情念の力は、現在でも依然として高い潜在力を保っている。

「死者の祟り」の根深さ

現代におけるその具体例は、制度的宗派・教団の一部も含めて、民間巫者《ふしゃ》・行者・庵主《あんしゅ》・拝み屋・霊能者などとよばれる宗教者たちが説く災因論から、出版・テレビ番組・ゲーム・映画などのメディアを通して商品化され流布される数多くの怪談話にいたるまで、枚挙にいとまがない。

「宗教と社会」学会が、一九九九年から二〇〇〇年にかけて大学生・専門学校生を対象に行なったアンケート調査では、「何かがタタルということはあると思いますか」という質問に、「あると思う」は一五・八％だが、「どちらかといえばあると思う」は四〇・〇％で、回答した約五千七百名の実に半数以上が肯定に傾いている。女性では肯定者の割合は六割を超える。また「どんなものがタタルと思いますか。次から選んで下さい」として複数回答を求めた設問では、「死者」が六三・一％と群を抜いて多い（「宗教と社会」学会・宗教意識調査プロジェクト『第7回アンケート調査報告』二〇〇一年）。この国の民衆文化に刻みつけられた「死者の祟り」の根深さに、あらためて驚かされる。

日本の宗教史の中心にこのような先祖や死者をめぐる諸慣行が大きな場所を占めていることは、すでに多くの学者によって注目され、半ば常識化した事実ではある。しかし、比較宗教学的な見地からとらえ直したとき、この事実にはさらに考えるべき多くの興味深い問題が含まれている。「仏教」とよばれる思考・行動様式の規範は、教義面だけでいえば強い普遍主義的な救済論を掲げていた。こうした救済論は日本列島にもかなり早い段階で移入されたが、じっさいにはそこで何が期待され、文化のどのような面で受容され、どのようにして人々の生活のなかに浸透していったのかという問題が、ここでの注目点となる。

日本人の他界観

代表的な学説

死者との直接交渉の機会が頻繁に残され、とりわけ苦しむ死者への対処に大きな関心が向けられてきたという事実を考えようとすれば、その背後にある他界観に目を向けなければならない。「日本人の他界観」とはどういうものなのか。このテーマに関しては、それこそ読みきれないほどの研究が試みられ、多くの仮説が提示されてきた。

代表的なものとして柳田国男が『先祖の話』(『柳田國男全集』第一五巻、筑摩書房、原著一九四六年)で展開した見解、梅原猛が『日本人の「あの世」観』(中公文庫、原著一九八九年)で提起した学説などが知られている。この二人の発想や扱った材料には大きな違いがあるが、その結論はかなり似かよっている。二人とも仏教・儒教に代表される外来宗教の影響を受ける以前の、いわば土着の他界観にこだわった。柳田国男はそれを「固有信仰」とよび、梅原猛は「縄文文化」という言葉でとらえようとした。両者が取り出した他界観の中身もよく似ている。

柳田の「固有信仰」や梅原の「縄文文化」のような考え方は、「日本」という本来きわめて境界の曖昧な歴史的・地理的事象群を、あたかも何かの本質をもった実体として誤認したものであるとして、その隠されたイデオロギー性を批判するのが近年の流行にもなっている。ここではただちにそうした批判には走らずに、まずは説かれた内容に目を向けてみよう。

強調点や細かな差異に目をつぶって概括すれば、いくつかの共通の命題を取り出すことができる。たとえば、「あの世」がはるか彼方の異次元ではなく「この世」の周辺にあって、生者と死者との頻繁な直接交流が行なわれていたこと。恨みや未練などを残した死者を何らかの方法で「あの世」に送る義務が生者にあると考えられていたこと。死者が再び「この世」に生まれ変わる可能性が認められていたこと、などである。

「仏教以前」という理念化には、日本文化の実体化という以外にも方法論的な問題があり、じっさい多くの批判が投げかけられてきた。たとえば民間に見られる生まれ変わりといった考え方が、本当に仏教以前のものであったのか、といった疑問がある。『万葉集』の歌には、恋で死ぬというのなら、私は千回でも死を繰り返すでしょうといった表現があるが、ここにはすでに仏教経典からの影響を指摘する見解も出されている。仏教以前として取り出された理念と仏教的教説との関係は、鶏と卵のようなもので、長い歴史的変遷のなかで、どちらが「本来的」かを腑分けすることはむずかしい場合が多い。

他界観の曖昧さ

柳田説にせよ梅原説にせよ、日本の社会に広まった他界観の大枠を示していることはまちがいなく、そのかぎりでの意義は大きい。しかし、今日までの研究の蓄積から判明したのは、むしろ「日本人の他界観」といったものを明快で一義的な「答え」として提示することは困難だ、という結論であろう。多方面からの研究が進めば進むほど、それは、時代・地域・階層によって多様であり、ひとりの個人の内部においてすら曖昧で矛盾に満ちたものであることが明らかになりつつある。仏教はもとより、儒教・道教などの中国思想、さらに近代以降にはキリスト教や科学的宇宙観などの影響が複雑に入り込んでいる。

これらは現代人だから曖昧なのであって、近代以前の「伝統的」な日本人であれば、ある明確な「他界観」をもっていたはずだ、と考えるのも幻想であろう。人が死後にどのような形象の存在として、どこに行き、どこにとどまるのかといった、いわば霊魂の形態学や冥界の地理学といったものは、いつの時代にも理路整然とした説明体系などとしては存在していなかった。

ひとりの個人にあっても、生涯のさまざまな時と場合に応じて、それらはつねに漠然とした観念の多様な複合として抱かれていた、と考える方が実状に合っている。前近代に生きた名もない農民でも、親しい肉親が死ねば「もう二度と会えない」と涙を流し、その一方で各種の儀礼的実践のなかでは死者と交流し、同時に、自分が死ねば先祖やホトケになることを「信じて」もいたのである。

死者の魂は墓にいるのか、仏壇にいるのか、それとも西方《さいほう》十万億土の浄土に行ったのかと問いつめられて、明快な返答ができる人は少なかったろう。先祖たちは盆の迎え火とともに家を訪れ、送り火に乗って帰っていくというのなら、なぜ送り盆の翌日にも仏壇にご飯を供えるのだと問われたら、ほとんどの人は面食らってしまうだろう。ある社会集団の冥界の地理学を、一義的で矛盾のない定式として描き出せると考えるのは、むしろ近代知識人の幻想である。

二つの死者イメージ

しかし、仮にそうだとしても、多くの人々に漠然と共有された死者および死後の運命のイメージといったものを、ある程度まで言語化することは可能かもしれない。先に述べた盆や彼岸の墓参慣行から、祟りへの恐怖にいたる死者との直接交渉の多彩な広がりを見るとき、それらの背後に、今日まで根強く残された二つの主要な死者イメージといったものが想定できるように思われる。

その第一は、落ち着いて安定した死者たち、つまり「安らかな死者」「成仏した死者」「生者（子孫）を見守り援護する死者（先祖）」などの言葉で表現されるイメージ群である。そして第二は、不安定で迷っている死者たち、具体的には、ねたみや恨みの感情を抱いて祟る死者、障《さわ》る死者、成仏・往生できずに苦しんでいる死者、などのイメージ群である。細かな表現方法を無視して大枠でとらえるならば、少なくとも仏教が日本の民衆層に定着して以降の時代を問題にするかぎり、この二つの死者イメージは、多くの人々に受け入れられてきたものと見てまちがいないであろう。

二つをあえて、①安らかな死者イメージ、②浮かばれない死者イメージ、として概括するならば、日本の民俗宗教に期待された最大の課題は、いかにして②を①に変えるか、という点にあったといっても過言ではない。

日本の民俗・民衆的な宗教の世界では、上で②として概括した恨みや未練を残した死者を、何らかの方法で「あの世」に送って安定した①に変えてやる義務が生者にある、とする感覚が、時代を超えて根強く生きつづけた。そこでは身近な死者からの訴えを受けとめて、それに遺族や生者たちが対応するさまざまな回路と作法が整備された。また、災因としての死者の「祟り」や「障り」への恐怖が研ぎ澄まされ、「鎮魂」「祀り上げ」など種々の対処法が考案されてきたのである。

仏教の役割

輪廻転生と追善廻向

わが国に移入された仏教（近世以前の一般名詞としてはむしろ「仏法」「仏道」）もまた、その土着化・民衆化の過程では、この②を①に変えるという課題を積極的に担う方法論として歓迎された。いやむしろ、②の死者イメージを積極的に煽り立てることによって、それを解消する役回りを開発する、といった面さえ見られたのである。

すでに先学によって明らかにされてきたように、ここで大きな役割を果たしたのが、仏教の「輪廻転生《りんねてんしょう》」と「追善廻向《ついぜんえこう》（供養）」という教義である。前者は、人は自我に執着するかぎり六道のなかで因果応報の輪廻を繰り返すのであり、目指すべきは仏教が教える正しい実践を通してこの輪廻から抜け出ること（解脱《げだつ》）だ、とする救済論である。後者は、このような正しい実践によって積まれた仏教的な功徳《くどく》は、自分の解脱のためだけではなく、死者などの他者にも振り向けてあげることができる、という考え方である。

仏教用語としての「供養」とは、仏・法・僧の三宝をはじめ、父母・師・長老・死者などに対して供物を供給してこれを資養する行為をいうが、大乗仏教ではこれが廻向の思想と結びついて理論化されることによって、自業自得果の業報《ごうほう》思想を乗りこえる画期的な展開を可能にした。とりわけ日本では、功徳を廻施《かいし(えせ)》する供養の対象は文化のさまざまな領域にまで拡張された。それは死者への追善供養のみならず、虫供養、箸供養、針供養、人形供養、ペット供養など、今日にいたるまで多彩な展開を見せている（藤井正雄「日本人の先祖供養観の展開」『仏教民俗学大系4・祖先祭祀と葬墓』名著出版、一九八八年）。

この「輪廻転生」と「追善廻向（供養）」という二つの教義を組み合わせることによって、仏教は迷える死者たちを救いとることができる宗教として宣伝された。そこでは②の「浮かばれない死者」たちが輪廻のなかで苦しむ死者として意味づけられ、遺族や生者たちによる法要・念仏・写経・寺への寄進などの積徳行為が、この哀れな死者たちを①の「安らかな死者」に変える有効な手段とされたのである。

死者への追善供養は、文字通り彼らを「成仏《じようぶつ》」させる方法となった。教義面からみれば、個人が正しい実践や修行などを通して解脱し、涅槃《ねはん》の域に到達することを指す「成仏」という言葉が、「迷える死者を成仏させてやる」といった表現に見られるように、まさに②を①に変える死者供養の機能をあらわす慣用句として、広く定着していったのである。

「仏教の葬祭化」として知られる過程で最大限に駆使されたこの適応戦略は、必然的に、死者と生者との直接交流・個別取引の道を大きく残すことになった。何らかの未練を抱いて死んだと想定された「浮かばれない死者」は、在来の「祀《まつ》り」などの対処法に加えて、仏教式の追善廻向による「死者供養」の作法を通して、真の救済が可能であると説かれた。

そのため、死者が生前に抱いていた感情や、死後の運命などへの鋭敏な配慮は、抑制されるどころか、むしろさらに活性化され、研ぎ澄まされることになった。身近な個別的な死者が遺族に苦しみを訴えかけたり、これを受けて遺族たちが故人の救済のためにさまざまな宗教的実践を義務づけられるといった、いわば死者と生者との「個別取引」の道が、確実に温存されたのである。

温存された個別取引の道

日本における仏教の民衆化の歴史的プロセスに即してみれば、このことはあまりに疑問の余地のない必然的結果にも思われてくる。しかしながら、仏教を普遍主義的な教義をもったひとつの「世界宗教」として、その教義面を重視する立場からすれば、この歴史的展開はかなり奇異なものに映るであろう。仏教は、キリスト教やイスラームなどの一神教的な「世界宗教」と同じく、その教義的な理念においては、個別の死者との交渉や、遺族が故人の運命を操作するかのような個別取引などは、きびしく禁じていたからである。

『大智度論《だいちどろん》』などに載る有名なキサーゴータミーの逸話をとりあげてみよう。

貧しい家に生まれたキサーゴータミーという女性がいた。彼女は裕福な家に嫁いで男の子を産むが、その子は病気になって急死してしまう。彼女は半狂乱となって、わが子の骸《むくろ》を抱えて何とかならないかと町中を走りまわる。やがて彼女は人に勧められて、お釈迦《しゃか》さまを訪ねる。お釈迦さまは子どもを生き返らせることのできる芥子の実について教える。ただし、それはこれまでひとりも死者が出たことがない家から貰わねばならない、という条件がついていた。彼女はこの芥子の実を求めて各家をまわるが、結局、条件にあう家は見つからなかった、という話である。

要するに、肉親を失ったことがない家族などどこにもないと悟ることで、死の必然という真理を受容する道が開かれるのである。この逸話は、現在でも葬儀の席で僧侶の説法などに用いられ、生死に固執することのない仏教的な精神が説かれたりもする。

日本の仏教史を、各宗派の祖師に代表されるような高僧たちの「思想史」として描き出そうとするならば、いずれの論者においても、死者との直接対決・個別取引といった行為は避けるべきものであり、真に重要なのは生死を離れた境涯にいたることであって、これこそが仏教の本領なのだという、基本的な考え方に出会うであろう。親鸞《しんらん》の浄土真宗にいたっては、「不廻向義《ふえこうぎ》」として、人間の側のはからいによる自力の廻向そのものまでを禁じたのであった。

しかし、先にみたように、人々の生活文化に定着した現実の仏教は、必ずしも高僧たちの思想や理念どおりには展開しなかった。祖師や高僧たちもまた、現実には「方便《ほうべん》」などの用語で臨機応変の対応を用意した。とりわけ十四世紀から十六世紀の仏教葬祭化の進展の過程において、不安定で落ち着かない死者たちを安らかで落ち着いた死者へと「成仏」

させてやることは、仏教徒が応えるべき最大の課題となる。浄土真宗も含めて、個別の死者供養こそが、寺院経済を支える重要な「業務」のひとつになっていった。

成仏の意味

近年、佐々木宏幹は、日本における仏教文化の構造を理解する枠組みとして、「仏」「ほとけ」「ホトケ」の三層構造モデルを提唱している。このモデルでは、「仏」とは仏教教理学が説く覚者を、「ホトケ」とは民俗宗教的なタマ＝霊の観念をさすのに対して、「ほとけ」はこの両者を結ぶもの、ないしは両者の複合体として、一般の檀信徒や民衆が心に描く観念をさす。つまり「ほとけ」とは、日本人の多くが「仏」との関係においてイメージする死霊・祖霊観であり、その特徴と形成過程を究明することは日本仏教文化論の大きな課題になるという（『仏《ホトケ》と霊《タマ》の人類学』春秋社、一九九三年、『〈ほとけ〉と力』吉川弘文館、二〇〇二年）。

本書もまた広くは、この佐々木のいう「ほとけ」観が形成されるプロセスを、「苦しむ死者への対処」という切り口から考えてみようという試みである。

平安後期から中世以降の、いわゆる仏教の民衆教化の展開において、一般民衆層からの強い要請のひとつが、前述の②を①に変えること、つまり苦しむ死者、浮かばれない死者たちを、一刻も早く安定した安らかな死者に変えてやる方策であった。それは必ずしも六道からの解脱を絶対視するものではなかった。むしろ「成仏」という輪廻の輪からの脱出の教義が「後生善処《ごしょうぜんしょ(じょ)》」の願いと同義に並べられさえした。『法華経《ほけきょう》』「薬草喩品《やくそうゆほん》」などの仏典に記された「後生善処」とは、教義的には輪廻からの解脱を意味したが、それを受けとめる民衆の願いのなかでは、文字通り死後に善い場所に再生することとして理解された。つまり、庶民たちにとって身近な故人を「ほとけ」にするというのは、単に少しでも上等な死後世界へと送り届けてやることであった。天への転生を意味する生天《しょうてん》や人間界への生まれ変わりさえも、立派な救済となりえた。いわゆる生天による救済は初期仏教から見られ、日本独自の展開ではないが、個別的な死者の意向や事情が重視された点は注目される。死者との直接交渉・直接対決・個別取引の広い回路は、仏教の普遍主義的教義によって抑圧・排除されるどころか、むしろ温存・強化されることになったのである。

比較宗教論への視角

こうした事態は、キリスト教やイスラームなど、一神教と称される世界宗教が定着した文化圏との比較、という興味深い視角を開くことになる。一般論としていえば、ある種の普遍主義的な救済の教義を立てたすべての「世界宗教」は、個別的な死者との直接交渉や個別取引といった回路を、積極的に抑圧・否定した。それぞれの死者に死後どのような運命が待ちかまえているかといったことは、とくに身近な遺族には気がかりであろう。しかし、そうした問題は、基本的には絶対の神仏や普遍的な法などにゆだねておけばよいことであって、生き残った者があれこれと思い煩うべきではない、というのが世界宗教の基本的スタンスだった。

このような教義は、とりわけ一神教の伝統では徹底される傾向にある。仏教、とりわけ大乗仏教の場合には、先にみた日本の例のように六道輪廻や追善廻向などの考え方が、在来文化との柔軟な妥協を生む余地を残していたが、唯一絶対の創造神を掲げる教義体系のもとでは、「死者たちの運命などは、神様にお任せしておきなさい」という命令は絶対化されやすかった。

終末の最終審判における永遠の天国（生命）と永遠の地獄（滅び）という二元論も、こうした教義の徹底に拍車をかけた。ひとりひとりの死後の運命は、それぞれに一回かぎり与えられた現世の生き方にすべてかかっているのであって、遺された家族が死者の運命を変えるために何かをしてやるということは原則としてできない、というのが基本的な立場であった。

こうした死者への対処法の違いをめぐる比較宗教学的な問題については、後の第四章で詳しく触れることにしたい。

二つのシステムの共存

実体論の無理

以下では、「浮かばれない死者への対処法」という主題に焦点を合わせて、日本の民衆層の思考・行動様式に仏教が及ぼした影響について考えてみたい。具体的には、人々に「祟り」「障り」「霊障」などの危害を加えるとして恐れられる死者や先祖たちと、それらに対して仏教が提示してきた対処法、たとえば「供養《くよう》」「調伏《ちょうぶく》」といった技法の歴史的展開過程の究明ということになる。

ところで、このような考察を進めるための基本的な枠組みとして、従来しばしば取られてきたのは、「固有信仰」対「仏教」、あるいは「神（神道）」対「仏（仏教）」といった対比的論法であった。本書では、こうした特定の「宗教」や「信仰」が、まず完結した実体として存在するかのような発想は避けたい。大乗非仏説を持ち出すまでもなく、何が本物の仏教か、という問いは、往々にして解答不能の理念論争におちいる。たとえば釈尊《しゃくそん》の初発の正覚のみに仏法の本質を求めようとする立場からすれば、大乗仏教の大部分はもちろんのこと、日本に渡来して死者供養に関わるようになった寺院や僧侶の活動などは、およそ「仏教」とは呼べない、といった主張も成り立ちうる。同じことは日本の「神道」にも、あるいは「仏教以前」「儒教以前」の日本人の原型的精神様式として立てられた「固有信仰」などにも当てはまる。

もちろん「仏教」「神道」「キリスト教」などを実体論的に規定することが、研究の基本的な枠組みとして意義をもちうる分野はある。射程の広い比較文明論的な議論や、哲学・思想的な研究では、こうした個々の「宗教」の本質論的概括が効力を発揮する文脈も多い。本書においても、文脈によっては、依然として実定的な個別宗教の呼称を用いつづけるであろう。本質論や実体論の影のある概念はすべて否定する、といった態度をとるものではない。しかし、「うらみ苦しむ死者への対処」のように、一般生活者の個別的な思考・行動様式の襞《ひだ》に深く入り込んだ「宗教」の具体相を取り扱う場合には、たしかに実体論的な「〇〇教」や「〇〇信仰」をまるごと対比させるような方法には無理が生じやすい。

こうした課題については、むしろ人々が直面する現実問題を具体的に処理する思考・行動様式のシステムに注目する方法が有効であろう。苦しむ死者への対処も、そうした切実な現実問題のひとつである。

のちに「仏教」と総称されるようになる文化的集合体は、大陸から日本列島へ移入されることによって、人々の生活に徐々に大きな影響力を及ぼしていった。そうした影響力全体を「仏教インパクト」とよぶならば、このインパクトを受けることによって、何らかの否定的な心情を抱いていると想定された死者に対する生者たちの対処方法にも、大きな道筋がつけられるようになったのである。ここではそれを、共存し併用されることになる二つの具体的な思考・行動様式のシステムとしてとらえてみたい。

やや面倒な議論になることを覚悟のうえで、とりあえずこの二つのシステムについて説明しておこう。

〈祟り―祀り／穢れ―祓い〉システム

まず第一は、〈祟《たた》り―祀《まつ》り／穢《けが》れ―祓《はら》い〉システム、である。すなわち、「祟る死者」に対してはこれを丁重に祀り、「穢れた死者」は祓いのける、という思考・行動様式の体系である。これは仏教が移入される以前にも行なわれていた、神的存在に対する在来の対処法を踏襲したシステムといえる。

このように述べると、ただちに反論が予想される。従来の日本宗教史の定説に従えば、「仏教以前」においては、「死者の祟り」といった観念は鮮明ではなく、祟る死者を祀るといった対処法そのものが、「仏教インパクト」によって形成された後代の現象であり、それゆえ、〈祟り―祀り〉といった図式を仏教以前の死者観念に適用する操作こそが、歴史を無視した恣意的な理念化ではないか、といった批判である。

さしあたりいえることは、ここでの〈祟り―祀り／穢れ―祓い〉システムとは、決して仏教以前の固有信仰のような本質論を意図したものではないという点、さらに筆者もまたこのシステムが「仏教インパクト」を経てさらに洗練・強化されていったという歴史的展開を否定してはいないという点である。

残された史料からは、仏教が浸透する以前の日本列島において、苦しむ死者がどのようにイメージされ、どのように対処されていたかを正確に把握することは困難である。仏教と称する思考・行動様式の規範が日本に本格的に流布される以前の状況がどうであったか、という問題は興味深いが、資料的制約も多いので憶測は控えたい。先にも触れた「鶏と卵」論争は、実りのない泥仕合におちいることが多いからである。ここで問題とするのは、あくまでも仏教移入以後の時代ということになる。

ただ一言だけ断っておけば、支配層の政治的意図のもとに古代の文献に記された「たたり」「まつり」「けがれ」などの言葉の用法はともかくとして、何らかの遺念余執《いねんよしゆう》を残して死んだと見なされた死者に対する恐怖や配慮が、仏教以前の日本人にはきわめて微弱であったといった考え方には、筆者は大きな疑問をもっている。世界各地の人類学的な知見を待つまでもなく、いわゆる異常死者への対処法は共同体的な社会に広く見られ、日本の古代社会も例外ではなかったと考えられる。

ここでは、「仏教以前」の正確な実態はわからないことを前提としたうえで、「仏教インパクト」以前からの系譜をもち、仏教という自覚的体系の理念・教説・儀礼のインパクトによってさらに洗練・強化されたであろう「苦しむ死者への対処法」を、〈祟り―祀り／

穢れ―祓い〉システムという用語で押さえておきたいと思う。

個別取引と共同性

いうまでもなく、このシステムは、地縁・血縁を基本的紐帯とする共同体的な社会において高い機動性を発揮するものであった。つまり、つねに相手の力量をうかがい、その強弱に応じて機敏に対応するという、臨機応変の状況主義的判断を基盤にすえている。相手が「祟る」存在であるか「穢れた」存在であるかは、神と悪魔のような普遍主義的な前提によっては判別できない。それはつねに、その場その場ごとの状況判断にゆだねられている。自分たちよりも力ある優位なものと判断した霊威は神的なものとして祀り上げ、自分たちよりも劣位にあると判断した場合には、「けがれ」「邪悪」のレッテルを貼って祓い棄てるのである。その意味において、これは場の力関係に応じた「個別取引」のシステムといえる。

当然の結果として、〈祟り―祀り／穢れ―祓い〉システムでは、一見したところ二分法にみえる対処法が、現実には混交し、しばしば自在な相互変換への道が開かれている。「祟り」と「穢れ」は明瞭に分断される場合も多いが、たとえば民俗学者が「祀り上げ・祀り棄て」とよんだ習俗などに見られるように、災厄をもたらす霊威に対して「祀りつつ祓い、祓いつつ祀る」とでもいうべき、巧みな併存の対応が可能であった。うるさい社長を名誉会長に「祀り上げ」て、実質的な「厄介払い」をするといった手法は、現代社会にも通用する。これもまた基本的には、懐柔と排除の巧みな併用によって集団の調和を保とうとする、共同体の処世術をモデルとした属性といえよう。

共同体を基盤としたこの「個別取引」のシステムは、その力の源泉も共同性・集団性に支えられていた。祟る霊威に対する「祀り」が一定の効力をもつのは、何らかの集団性を前提にしているからであり、祀る集団ないしはその集団の長に認められた権威が力をもつ。現実には、集団を限りなく縮小させることによって、「個人による祀り」といった行為も可能ではある。しかし、原理的には、集団の規模を縮小させるほど、その効力も減ってしまう。

〈供養／調伏〉システム

これに対して、「仏教インパクト」以降、苦しむ死者に対しても、第二の新たな対処法のシステムが徐々に形成されていった。ここではそれを、〈供養《くよう》／調伏《ちょうぶく》〉システム、と命名したい。「供養」とは先にみたように、仏教的な功徳を他者に廻施して、救済を援護する方法である。これに対して「調伏」とは、理念的には仏法の力によって邪悪な霊威を善導・教化して鎮めることを意味する。しかし、これも現実には、厄介な霊威を力ずくで撃退・排除する方法となりえたし、一般にはそのような言葉として了解されてきた。

後の歴史的展開をあとづければ、この後発のシステムは、明らかに仏教が誇る教義の力を借りた「普遍主義化」という特徴を帯びていた。先にも述べたように、そのシステムすべてが、理念的にみて「仏教的」といえるかどうかという議論は控えたい。ただ、「仏法」「仏道」と呼ばれ自覚された教説や行為形式のインパクトを受けることによってはじめて形成されたことは疑いなく、その意味では、より仏教色の濃厚なシステムといえる。

しかもこの後発のシステムは、在来の〈祟り―祀り／穢れ―祓い〉システムを正面から否定せず、むしろ巧みにこれと接合することによって成長をとげた。きわめて図式的にいえば、〈祟り―祀り〉の上に〈供養〉を、〈穢れ―祓い〉の上に〈調伏〉を、それぞれ被《かぶ》せるかたちをとったのである。第一のシステムが融通無碍《むげ》の柔軟性を備えていたように、新たな第二のシステムもまた、「調伏しつつ供養する」といった微妙な対処法を容認するものとなった（次頁表1）。

二つのシステムの共存

二つのシステムは互いに他を排除することなく、むしろ共存の道をはかりつつ、「仏教インパクト」以降の日本の民衆社会を生き抜いてきたのである。

先にも触れたように、これはキリスト教やイスラームなどと総称される思考・行動様式の規範が世界各地に伝播するさいに生じた変化とは、基本的に大きく異なっていた。キリ

「仏教インパクト」以後の後発システム		
供養	⇔	**調伏**
（理念的には）仏教的功徳を死者に廻施して、救済を援護。	供養しつつ調伏する。	（理念的には）仏法の力によって死者を善導・教化して鎮める。
（現実には）死者への直接対応も可能。	調伏しつつ供養する。	（現実には）厄介な死者の撃退・排除。
「仏教インパクト」以前から系譜をもつ在来システム		
祟り―祀り	⇔	**穢れ―祓い**
自分たちよりも強いと判断された死者を祟る霊威（神）として祀る。懐柔策。	祀りつつ祓う。 祓いつつ祀る。	自分たちよりも弱いと判断された死者を穢れた霊威として祓う。排除策。

表1　苦しむ死者に対処する二つのシステム

スト教やイスラームの伝播・定着過程では、それまで各地域にあった〈祟り―祀り／穢れ―祓い〉システムに類似したシステムは、多くが破壊されるか、根本的な変容をとげる場合が多かったからである。

　民衆層への仏教の影響には、さまざまな歴史的・社会的局面があり、もとよりこの一面だけでとらえることはできない。しかし、宗教的エリートたちの揶揄と蔑視にもかかわらず、いわゆる「葬祭仏教」の形成こそが、日本の民衆的仏教化の中心にあったことは否定できない。

　ふつう仏教の葬祭化がもたらした利点としては、死者と遺族との親密な交流を育てたという面が強調されることが多い。こうした見解は、とくに今日、制度的仏教の内部にいる僧侶の口からよく聞かれる。お盆や彼岸の行事は、日本人に先祖を大切にする心を植えつけ、死者たちと共生する感性を育んだ、といった具合に。一部の日本文化礼賛論者からは「祖先崇拝の美風を育てた」といった一面だけで仏教が評価されたりもする。

仏教インパクトがこのような効果を導いたことは否定できないが、同時に、仏教が苦しむ死者・ねたむ死者・祟る死者たちの怨念への対処という課題に、実に見事に応えることができたという事実には、もっと注目してみる必要があるのではないか。それが良かったのか悪かったのかという価値判断は別として、世界宗教の定着過程に生じた歴史的事実としての意義は、きわめて大きなものであったといわなければならない。

祟りの源流

夜刀の神

〈祟り―祀り／穢れ―祓い〉システム、すなわち祟っていると判断されたものは祀り、穢れたとされたものは祓いのけるという対応は、仏教インパクト以前にさかのぼることができる。限られた文献のなかで厳密に「たたり」という語だけに限定してしまえば、また別の議論になるが、何らかの霊威的存在が発する怒り・恨み・怨念などのネガティブな感情一般に広げて事例を探せば、前半部の〈祟り―祀り〉システムの源流域と想定される部分は、かなりの広さとなる。その一方で、そこまで射程を広げてみても、死者への明確な適用例を見いだすことはむずかしく、登場する霊威は広義の「カミ」に限定される。

たとえば、『常陸国風土記《ひたちのくにふどき》』行方《なめかた》の郡《こおり》の条には、継体天皇の代、箭括氏《やはずのうじ》の麻多智《またち》という者が葦原《あしはら》を開墾して田を作ろうとすると、夜刀の神が群をなして妨害したという話がある。夜刀はヤトまたはヤツと訓がふられるが、いずれも谷地《やち》に通じる。夜刀の神とは蛇のことである。開墾しようとしたら谷の湿地に棲んでいた蛇がたくさん這い出てきた、というのだ。麻多智は激怒して、ホコを手にとって夜刀の神を打ち殺したり、追い払ったりする。そして山の登り口に杖を立て、「ここから上は神の地とすることを許そう。ここから下は人の田とする。今後は私が神の祝《はふり》となって永くお祀りするから、祟ったり恨んだりしませぬように」と宣言する。

時代はさらに下って孝徳天皇の世、壬生連麿《みぶのむらじまろ》という者が池の堤を築かせようとしたところ、再び夜刀の神が、池のほとりの椎《しい》の木に群がって立ち去らない。麿は大声でどなる。「この池を修めるのは民を生活させるためだ。どのような天神地祇《てんじんちぎ》であろうと、天皇の施策に従わないということがあるか」と。彼が農民に対して、魚でも虫でも恐れずに殺すように命令したところ、神蛇たちは畏れて退散したとある。

一見してわかるように、ここでは大和《やまと》の王権が政治的・軍事的な力を背景にその勢力を拡張していく過程のなかで、何らかの反逆ないし抵抗を企てる土着の力が、神の反抗というかたちで形象化されている。征服者によって平和な領土を奪われた夜刀の神は、蛇神としての正体をあらわして恨みの感情を吐露する。その対処法として、はからずも〈祟り―祀り〉と〈穢れ―祓い〉という二通りの具体例が併記されている。

在地首長である麻多智は、祟る神を祀ることによって解決をはかろうとしている。彼は山の登り口に境界を設け、そこから上を先住の神の居住地として保証することを条件に、開墾した田の部分の領有を主張する。ここでの「祀り」とはまさに政治的取引であり、相手を丁重に祀り上げると見せかけつつ、侵略の事実を正当化するのである。内実は「祀りつつ祓う」といってもよいだろう。

他方、壬生連麿の場合には、もはや夜刀の神の祟りさえもが恐れられていない。征服者は大君《おおきみ》の教化という権威をかざすことによって、先住者を力で切り捨てる。魚でも虫でも恐れずに殺すようにという命令は、抵抗する先住者など文字通り穢れた「虫けら」にすぎないという宣告でもある。事実、神蛇たちは畏れて退散してしまう。

先に〈祟り―祀り／穢れ―祓い〉システムとは、懐柔と排除の巧みな併用によって集団の調和を保とうとする共同体の処世術をモデルに成り立っており、その力の源泉も共同性・集団性に支えられていたと述べた。上記の二つの逸話には、この特性がとくに明瞭にあらわれている。相手の力を脅威と感じるかぎりは祟る神として祀り上げるが、その脅威が消えたと判断されれば、祟りの主体は穢れた賊として排除されてしまう。

さらに、どちらのケースにおいても、「祀り」や「祓い」を実行できる力は、麻多智や壬生連麿という個人に認められたものではない。彼らはあくまで開拓民という集団の代表者として、儀礼執行者たりうる。大和朝廷ないしは天皇という、集団や集団の代表者の権威こそが、彼らの最終的な力の源泉であった。

被征服民の怨念

『肥前国風土記《ひぜんのくにふどき》』佐嘉《さか》の郡の条によれば、佐嘉川の川上に荒ぶる神がいて、往来の人たちの半分を殺害したという。このとき県主の先祖の大荒田《おおあらた》に対して、土蜘蛛《つちぐも》の二人の女が託宣する。「下田《しもだ》の村の土を取って人形《ひとがた》・馬形《うまがた》を作り、この神を祀れば、かならず和らぐでしょう」と。その通りに祀ったところ、神は和《なご》んだとされる。

土蜘蛛もまた被征服民の代名詞である。託宣を下した土蜘蛛の二人の女とは、一族の祭祀に関係していた者と思われる。首長そのものではないとしても、当時の祭政一致的体制のなかでは指導的な役割を担っていた巫者《ふしゃ》的人物であろう。川上の荒ぶる神とは、おそらく先住民であるこの土蜘蛛一派によって祀られていた神であり、だからこそ、その一族の女性を通して託宣がなされたのだ。川上の荒ぶる神が発する怨念は、それを祭祀する女たちが抱く怨念でもあった。征服者の先兵であった大荒田は、この怨念を神の「祟り」として祀ったのである。ここには、被征服民の神を力でねじ伏せるのではなく、逆に「祀り」を通して「和ませる」ことによって支配圏に組み入れていくという、当時の征服者の巧みな懐柔策を読みとることができる。

地主神の恨みを祟りとしてとらえ、これを祀ることによって支配を正当化するとともに、逆にみずからの守護神的な存在に変えてしまうという戦略は、三輪《みわ》の大物主《おおものぬし》をめぐる一連の神話にも見ることができよう。

『崇神紀《すじん》』では、国内に流行病《はやりやまい》が起こって、半分以上もの民が死んだとき、天皇の夢に大物主大神があらわれて、「流行病はわが意思である。だから、わが子孫の大田田根子《おおたたねこ》という者を探し出して、これに我を祀らせれば、たちどころに平らぐであろう」と告げる。大田田根子を探し出し、神主に任じて三輪山《みわやま》に大神を斎《いつ》き祀らせたところ、疫病はおさまり、国は鎮まって豊作となったという。知られるように、ここには崇神天皇の大叔母にあたる倭迹迹日百襲姫命《やまとととひももそひめのみこと》による託宣の物語が付随し、巫女と神の神婚をモティーフとする三輪山型神話や、箸墓《はしばか》伝説など興味深い展開が続くのであるが、全体は明らかに〈祟り—祀り〉システムの代表的な適用例といえる。

『古事記』垂仁《すいにん》天皇の条によれば、皇子の本牟智和気《ほむちわけ》王は成人しても言葉がしゃべれなかった。天皇の夢に神があらわれ、「私の宮を天皇の御所のように修理すれば、御子はきっと物が言えるようになるだろう」と告げる。太占《ふとまに》によって神の正体を占ったところ、出雲の大国主神の意思であることが判明する。さっそく曙立王《あけたつのみこ》を供につけて、皇子を出雲へ参詣に向かわせる。大神を拝んで大和への帰途に、皇子は口がきけるようになったという話である。出雲の大神の根深い祟りは、天皇家の中枢にまで及ぶものであった。

祟る霊威

『仁徳紀』十一年十月の条によれば、築造された茨田《まむた》の堤には、いくら築いてもすぐにこわれてしまう場所が二カ所あったという。天皇の夢に神があらわれ「武蔵《むさし》の人・強頸《こわくび》、河内《かわち》の人・茨田連《むらじ》の二人を犠牲にして川の神を祭れば、必ず防ぐことができるであろう」と教える。さっそく二人が探し求められ、連れてこられる。この話では強頸の方は水中に沈められてしまうが、茨田連は才知を働かせて神の祟りが偽りのものであることを暴き、命が助かったという結末になっている。〈祟り―祀り〉システムの典型的事例であると同時に、天皇の命による公共事業の権威が人身供犠を要求するような川の神の不当性を排除してゆく、というモティーフも読みとれる。

『欽明《きんめい》紀』『敏達《びだつ》紀』などに記された仏教伝来の顚末も、読み方によっては一級の「祟り」資料である。仏教伝来とは後の歴史に照らしてみれば、日本の民族宗教的な地盤への本格的な世界宗教の導入といえるし、それが正統的な理解の仕方であろうが、記録された当時の出来事に即してみれば、これはまさしく在来の神と外来の神との壮絶な「祟り合戦」であった。両者が発する怨念には、それぞれを支持した氏族たちの怨念が反映されている。

百済《くだら》の聖明王の勧めによって伝来した仏像に対して、蘇我《そが》氏は近隣諸国のスタンダードに従って受容すべきだと主張するが、物部《もののべ》氏を中心とする勢力は、このような「蕃神《となりくにのかみ》」を拝めば在来の神たちの怒りを招くことになるといって反対する。天皇の判断で試みに蘇我氏に礼拝させてみたところ、たちまち国に疫病が流行し、これは国内の神たちの怒りだと判断される。あわてて仏像を難波《なにわ》の堀江に流し捨てたところ、今度はにわかに宮殿に火災が起こった。

以後、詳細は省くが、仏を礼拝すれば神が怒り、弾圧すれば仏罰が下るという具合に、両者の激しい確執は何年にもわたって続く。宮廷や権力闘争にあけくれる有力氏族たちの身辺に起こる災厄が、ことごとく神や仏の怨念に結びつけて解釈されていったのである。

このように伝来当初の仏は、一種の「祟り神」の性格を帯びた霊威として受容された。それは強大な力を秘めた外来の祟り神であり、そうであるからこそ、それを祀ることによって得られる強大な利益が期待されたのである。

強大な祟り神とは、いわばハイリスク・ハイリターンの神である。祟りの力が大きければ大きいほど、それを祀るという操作を介在させることによって、人々に現実的な利益をもたらす積極的な効力が保証される。「祟り」とは、一言でいえば「祀り」を要求する意思の表明である。古代の日本の「神」を単純な言葉で概括することはできないが、その中心に、人々に祀ることを要求する祟る霊威という性格が具《そな》わっていたことはまちがいない。

苦しむ死者への視角

死者の穢れ

多くの論者によって指摘されてきたように、記紀や風土記などの文献には、祟る死者を祀るといったような記録は見いだすことができない。一方、〈穢れ―祓い〉モデルをあてはめることのできる死者への対処法については、確実にその痕跡が認められる。最もよく知られているのは、伊弉諾尊《いざなぎのみこと》の黄泉国《よみのくに》訪問の物語であろう。これは恨む死者に対する〈穢れ―祓い〉システムの原型を示す事例といってもよい。自分の醜い姿を目撃された伊弉冉尊《いざなみのみこと》は怒り狂い、逃げようとする夫を執拗に追いかける。伊弉諾尊はようやくのことで現世との境である黄泉比良坂《よもつひらさか》まで逃げ延びる。そして、ここを大岩でふさいで、かつての妻との絶縁を宣言したのち、禊《みそぎ》によって身の穢れを祓うのである。死者の恨みに起因するネガティブな力は、文字通り「穢れ」として祓い棄てられている。

古代の日本人が死者一般をつねに穢れたものとして恐れていたかどうかということになると、いまだ判然としないところが多い。『孝徳紀』には、辺境での役を終えて帰郷する民が病気で死んだりすると、その路頭の家の者が死者の同伴者に対して、どうしてここで死なせたのだと「祓除《ハラヘ》」の償いを要求する、という記事がある。こういう人の弱みにつけこむような行為はやめるようにという詔の一部なのだが、一見すると行き倒れの死者の穢れを嫌っての賠償請求にも見える。

しかし前後を読むと、家の前で勝手に飯を炊いたといって償いを要求する者もいた、などとあるから、必ずしも死穢《しえ》への恐怖が神経症的に広がっていた、というわけでもないようだ。死者の穢れに敏感だったのは、むしろ権力者たちであり、それも律令体制が整備されて以降の貴族階級のなかで一気に増幅されたにすぎず、一般民衆はむしろ平気で死者や死体に関わっていた、といった見解も有力である(高取正男『神道の成立』平凡社、一九七九年)。

怨霊の発生

死者の祟りを恐れてこれを祀る、という行為に近いものが記録として出てくるのも、律令国家体制が完全に組み上がった奈良時代になってからである。一般に祟る死者の定番としてまず思い起こされるのは、平安時代の御霊《ごりよう》信仰や、皇族・貴族たちを悩ました数々の怨霊たちであろう。

その代表格をあげれば、早良《さわら》親王、井上内親王、また貞観《じようがん》五年(八六三)の神泉苑《しんせんえん》での御霊会《ごりようえ》に早良親王(崇道《すどう》天皇)とともに御霊に列せられた伊予《いよ》親王、橘逸勢《たちばなのはやなり》ら、それに誰よりも十世紀の菅原道真《すがわらのみちざね》、平将門《たいらのまさかど》などであろう。平安貴族社会の怨霊については枚挙にいとまがない。その代表格をひとりだけあげるとすれば、文学上の架空の人物ではあるが、あの六条御息所《ろくじょうのみやすどころ》の名を外すわけにはいくまい。

平安初期における怨霊への対処法には、すでに〈祟り―祀り／穢れ―祓い〉システムと〈供養／調伏〉システムの併用が見られるが、その基本となる中核は、あくまでも前者の〈祟り―祀り／穢れ―祓い〉システムにおかれていたといえる。台頭しつつあった寺院勢力、験力で名をはせた仏僧や山伏たちによって、〈供養／調伏〉の対処法も盛んに用いられるようになったとはいえ、まだそれは〈祟り―祀り／穢れ―祓い〉システムに依存し、文字通り「間借り」の状態にとどまっていた。

『三代実録』に記された神泉苑《しんせんえん》御霊会では、六つの霊座の前に花果を供えて恭しく祭りをする一方で、僧侶による『金光明経《こんこうみょうぎょう》』『般若心経《はんにゃしんぎょう》』の講読も行なわれている。僧侶たちの意識のなかでは迷える怨霊を成仏させ救済してやるという自負があり、そのような教説も説かれたと思われるが、当時の一般的習俗の背景のなかに御霊会という儀式の特徴を位置づけたとき、その基本はやはり「祀りつつ祓う」ものであった。読経作善の功徳というのは、儀礼の効果を押し上げる付属品にすぎなかったといえる（柴田実「祇園御霊会」『中世庶民信仰の研究』角川書店、一九六六年）。

道真の怨霊

道真の御霊化も、典型的な〈祟り―祀り／穢れ―祓い〉システムの適用例である。その過程では、菅公託宣《かんこうたくせん》と称される巫覡《ふげき》的な宗教者たちの関与が重要な役割を果たした。延喜《えんぎ》五年（九〇五）には大宰府《だざいふ》において味酒安行《うまざけのやすゆき》という者に神託があり、菅公の墓に祠《ほこら》を建てて天満大自在天として祀ったという。この背後には時平の弟・仲平の関与が指摘されている。天慶《てんぎょう》五年（九四二）には右京七条に住み、もと菅公の乳母と称する多治比文子《たじひのあやこ》（奇子）に託宣があり、道真の祠を構えて祀る。ここでも背後に満増・増日などの真言僧の暗躍があったという。さらに天暦《てんりやく》元年（九四七）には近江国《おうみのくに》比良宮の禰宜《ねぎ》の息子・太郎丸に託宣があり、これを契機に北野に天満宮が祀られることになる。この背後には、天台修験の最鎮や多治比文子の関与もあったとされている。

仏教僧たちの関与はあるが、対処法それ自体は明確な〈祟り―祀り〉の形式がとられている。あるいは後の伝承になるが、天慶四年（九四一）に道賢上人が体験したとされる冥界往来譚が、一定の役割を果たしたようだ。『道賢上人冥途記』は現存せず、『扶桑略記』『北野文叢』などに載る間接情報に依ることになるが、道賢は金峰山《きんぷせん》に籠山《ろうざん》二十六年を経たこの年、無言断食行の最中に息が絶え、釈迦の化身・蔵王《ざおう》菩薩に導かれて、冥界往来したとされる。

彼はそこで道真である日本太政《だじょう》威徳天に出会い、「国土を滅ぼそうとしたが、密教が流布されて怨みが和らいだ。しかし十六万八千の眷属《けんぞく》は抑えられない。私の像をつくり名号を唱えて祀るならば、それに応えよう」と聞かされる。一方、醍醐《だいご》天皇は地獄の責め苦を受けていた。天皇からは「わが苦しみを解くために一万の卒塔婆《そとば》を立てるように、摂政大臣（藤原忠平）に告げてほしい」という依頼を受ける。道賢は十三日目に蘇生して、この話を伝えたとされている。

道賢は修験行者的な仏僧ではあるが、宿曜道《すくようどう》の知識をもち、巫者的な性格も帯びていた。たしかに仏教的な輪廻転生の他界観が混入し、醍醐天皇については苦しむ気の毒な死者の追善供養というモティーフがみられる。しかし、肝心の道真については、相変わらずその強い恨みの感情が煽られるばかりである。この時代、後発の〈供養／調伏〉システムは、〈祟り―祀り／穢れ―祓い〉システムに間借りした脇役にすぎなかった。それが独自の本領を縦横に発揮するようになるのは、次章以下にみるように、平安末期から中世にかけての時期、世にいわれる仏教の民衆化の時期を待たなければならない。

怨霊前史

道真に代表される権力闘争の挫折者の怨霊化は、九世紀以降に一気に歴史の表舞台に登場したものである。「怨魂」「怨霊」という言葉の初出は、どちらも延暦《えんりやく》二十四年（八〇五）の『日本後紀』にあるという。しかも、これらの怨霊たちのルーツを歴史文献のなかに求めようとしたとき、ほとんど時代をさかのぼれないというのが実状のようである。

民間で死者の霊が祀られた早い記録としては、『続《しょく》日本紀』天平二年（七三〇）九月の条に、安芸《あき》・周防《すおう》の両国で妄《みだ》りに禍福を説いて多く人衆を集め、死魂を妖祠《ようし》する者があったとされ、天平宝字元年（七五七）七月には、民間で亡魂に仮託して浮言する者は軽重を問わず同罪に処す、という勅《みことのり》が出されている。前者は行基集団の関与とともに長屋王《ながやおう》の怨魂《えんこん》との関連が推測され、また後者は獄死した橘奈良麻呂《ならまろ》の霊が関わるのではないかとされ、いずれも御霊信仰の萌芽を示す事例として注目されてきた。

さらに奈良朝の権力闘争のなかで憤死した藤原広嗣《ひろつぐ》なども、その後の歴史のなかで長く霊神《れいじん》として知られるところとなった。天平十八年（七四六）六月、玄昉《げんぼう》が左遷先の筑紫の観世音寺で死んだとき、世間では玄昉が広嗣に害されたと噂しているという記録が、同じく『続日本紀』に残されている。

死魂を妖祠したとか、亡魂に仮託して浮言したといった摘発記事の具体的内容はわからない。しかし、やや後の宝亀《ほうき》十年（七七九）六月の記録には、周防国の周防凡直葦原《すおうのおおしのあたいあしはら》の賤奴《せんど》にあたる男が「自称他戸皇子、誑惑百姓、配伊豆国」、つまり他戸皇子《おさべのみこ》を自称して百姓を惑わしたので伊豆《いず》に配流したとある。他戸皇子は井上内親王の息子で、宝亀六年に母親とともに暗殺されるが、同八年には墳墓が改葬され、その祟りが取り沙汰されていた時期でもあった。ここで「自称」とは、今日の用語でいえば他戸皇子の死霊をみずからに「憑依」させて一人称で語った、ということだろう。だとすれば、他の例も同じような形

図1　菅原道真の怨霊。清涼殿への落雷は、道真の怨霊の仕業とされた。（中央公論新社刊『日本絵巻大成21　北野天神縁起絵巻』北野天満宮所蔵より）

態のものとして類推できる。

平安朝の御霊会にみられるように、何らかの恨みや未練をもった死者の霊は、しばしば疫病の発生と結びつけられた。宝亀元年（七七〇）六月、都では疫病の流行対策として「疫神ヲ京師《けいし》ノ四隅、畿内《きない》ノ十堺ニ祭」ったとあり、その後、同様の祭は宝亀九年まで何回か行なわれた記録がある。この疫神の性格や正体については研究者の解釈もさまざまで不明な点が多いが、中井真孝はこれが死霊と考えられていたのではないかと推定している（「疫病と御霊会」『行基と古代仏教』永田文昌堂、一九九一年）。その根拠としては、宝亀元年の疫神祭が執行された翌七月には、やはり疫病の妖気を祓うために『大般若経』の転読が命じられているが、その勅のなかで幽魂の證覚が目的とされていること、さらに、後の

『延喜式』に出る道饗祭《みちあえのまつり》の祝詞《のりと》に、根の国・底の国から来る鬼魅の侵入を防ぐためとあって、疫神祭にも同様の観念が想定できること、などをあげている。

「怨む死者」の深い基盤

こうした政治的失脚者の怨魂が畏怖の対象となり、民間において疫病の流行などと関連して説かれるようになるのは、個人意識の高揚に伴う時代的産物であり、それ自体が仏教の影響であるという解釈は多い。つまり、仏教受容以前の日本では死者は穢れた者として、本書の図式でいえば、もっぱら〈穢れ―祓い〉システムによって対処され、一方〈祟り―祀り〉は広義のカミに限定されると考えられてきた。「たたり」の原義は神の意思や霊威の発現に求められ、御霊信仰のように死者の敵意や怨恨などの感情にこの観念が適用されるようになるのは、外来文化の浸透によって個我意識が覚醒された後の時代の変化であって、ここにこそ仏教による固有信仰の変質、あるいは歪曲を見ようとする考え方である。

広義のカミに適用されていた「祟り」の観念が、何らかの恨みや未練をもって死んだと想定された死者にも適用され、中央政界の権力闘争に敗れた個人の怨霊などが取り沙汰されるのは、一定の時代背景にもとづくものといえる。平安時代に肥大化する御霊信仰なども、広い意味では「仏教インパクト」の副産物といえよう。しかし、だからといって、不遇の死者の怨念を恐れ、これを何らかの方法で慰撫する習俗が、すべてこの時代に創始されたと結論づけることはできない。

民間の実態については十分な史料を欠くことは事実であり、比較宗教学・人類学の知見などからの安易な憶測は控えねばならない。とはいえ、子を孕んだまま命を落とした妊婦の死をはじめ、何らかの不公平感を抱いて死んだと想定される死者の遺念は、個人意識の希薄な地縁・血縁の共同体においても、いやむしろそうした共同体であればこそ、主要な災因論の一角を構成していたのではないだろうか。疫神祭という習俗の背後に亡魂祭祀の影がちらつくとすれば、そこには集権国家体制の形成にともなう個人意識の高揚とともに、薄幸の死者たちの怨念に配慮する深い基盤が関わっていたと見ることもできよう。

さらにまた、記紀神話には死者の直接的な祟りの話は見いだせないとしても、死の直前の呪詛、つまり生き残った者たちへの恨みに満ちた呪いが恐れられていたことを示す事例は多い。『雄略紀』には三輪皇子が処刑されるときに井戸を指して呪い、「この水は百姓には飲めるが、王には飲めない」と言ったとあり、『武烈即位前紀』には、真鳥大臣《まとりのおおおみ》が殺されるときに広い海の塩に呪いをかけた話がある。角鹿《つぬが》（敦賀）の海の塩だけ呪うのを忘れたために、この地からとれる塩が天皇の食用に使われたという。古代の天皇もまた、死後に及ぶ呪いにおびえていたのである。

「たたり」という言葉自体の起源や本質はともかくとして、広い意味での〈祟り―祀り〉的な感覚が死者に適用されたのは、すべて仏教流入以降の現象であると断定するのは、逆にあまりにも古代のカミをロマン化したイデオロギーの産物ではないか。

五来重が生涯を通して主張したように、そもそも日本の「神」観念には「怨《うら》む死霊」を暗示させる荒魂《あらみたま》の一面が深くしみ込んでいた（『葬と供養』東方出版、一九九二年、『日本人の死生観』角川書店、一九九四年）。これは、民俗社会における死者との交流といえば、もっぱら懐かしい先祖との再会だけを強調するような学説への、強烈な批判でもあった。

本章で先にあげた死者イメージの分類に従えば、①の「安らかな死者」とともに、②の「浮かばれない死者」の系譜を忘れてはならない。どちらが中心的で本来的であるかといった議論は、それ自体が不毛だが、少なくとも、①を中心とする祖先崇拝の体系こそが本来的な信仰であって、②はそこから落ちこぼれた「異常死者」のような例外的な存在にすぎない、といった見方には大きな誤解が含まれている。多くの人の一生は悔恨や苦渋に満ちたものであり、彼らが死後に抱える情緒には、つねにデリケートな配慮が求められてきた。死者たちの苦しみや羨みへの対処には、かなり早い時期から〈祟り―祀り／穢れ―祓い〉システムによる複合的な対処様式が機能していた可能性は大きい。

いずれにせよ、本書は仏教以前といった理念的原型にこだわるのではなく、「仏教インパクト」以降の現実態に焦点を合わせようとするものである。そして、この時代を問題にするかぎり、苦しむ死者に対する人々の複雑な対応形態を、本章に提示した二つのシステムの葛藤・共存の動態においてとらえるという視角は、かなりの有効性をもつといえるのではないだろうか。

第二章

仏教説話集に見る死者の救済

『霊異記』の世界

説話集の資料的意義

前章では、日本に伝来した仏教という世界宗教が、「ねたみ苦しむ死者」「浮かばれない死者」への対処法として顕著な役割を果たしてきた点に注目した。そして、その歴史的展開を考察する基本的な枠組みとして、二つのシステムの競合と併存という観点を示した。そのひとつは、仏教インパクト以前からの系譜を引き継ぐ〈祟《たた》り—祀《まつ》り／穢《けが》れ—祓《はら》い〉システムであり、もうひとつは、より仏教色の濃厚な〈供養《くよう》／調伏《ちょうぶく》〉システムである。両者の葛藤・共存の歴史的展開をたどることは、日本の民俗・民衆宗教研究の重要な切り口になりうるのではないか、という問題提起を行なったのである。

ところで、在来の〈祟り—祀り／穢れ—祓い〉システムの上に〈供養／調伏〉システムが寄生し、仏教的な教説にもとづく普遍主義的特性を発揮していく過程を探ろうとするとき、その実態を知るための貴重な資料として注目されるのが、一般に説話集とよばれる作品群である。とくに仏教説話集として特定されるジャンルの作品からは、多くの重要な手がかりを得ることができる。

もちろん説話集は、それ自体が文学的な性格をもち、出来事の忠実な記録ではない。年代が明記され歴史的に実在する人物が登場する説話であっても、ただちに史実として受け取ることはできない。しかし、たとえそれが創作であったり他の説話の翻案であったとしても、その唱導《しようどう》文学的性格、つまり残されたモティーフの多くが、仏教の布教・伝道の現場で語られた説教の話材としての役割をもつものであったことは、すでに多くの研究者によって認められてきた。説話集に収録された物語や解説は、難解な思想や体系をそなえた仏教という文化的集合体が、現実の民衆層にいかに説かれ、いかに浸透していくことができたかを知るための、恰好の資料として利用できるのである。

このような観点から最初に取り上げてみたいのは、わが国初の本格的な仏教説話集とされる『日本霊異記《にほんりょういき》』である(正式名称は『日本国現報善悪霊異記』、以後『霊異記』と略記)。ここには、在来の〈祟り―祀り/穢れ―祓い〉システムの上に巧みに寄生していくことになる、〈供養/調伏〉システムの萌芽を見いだすことができる。

知られるように、『霊異記』は薬師寺の僧、景戒《きょうかい》によって八世紀末から九世紀初頭に編まれたとされる。内容的には、既存の民間説話のほか、『冥報記《めいほう》』『金剛般若経集験記』など唐代の仏教説話集からの影響が認められるほか、景戒自身の思想や政治的立場にもとづく解釈も目立ち、説話内容のすべてを歴史的事実として受け取ることはとうていできない。

しかし、この『霊異記』にも強い唱導文学としての性格が読みとれる。『霊異記』所収の説話が語られた場所としては、寺院の法会《ほうえ》のほか、交易の場である市が、またその聞き手としては、氏族的紐帯をはなれて都市周辺に参集した人々などが想定され、その意味で『霊異記』とは、多分に都市的な状況のなかに出現した新しい文学であった（黒沢幸三「仏教土着期の文学『日本霊異記』」『日本霊異記の世界』三弥井書店、一九八二年）。

そこには、私度僧《しどそう》・中下級の官人貴族層・在地首長層など、当時の律令国家の過酷な現実に投げ出された新興中層民が、在来の価値観の激変に抗しながら、新たな意味世界を獲得していく過程を読みとることができる。本書の課題に即していえば、とくにそれは〈供養／調伏〉システムが強く宣布された初期段階の有力な資料集なのである。

動物たちの怨念

この『霊異記』の下巻序には、景戒の思想的立場を示す次のような逸話がある。

昔ひとりの比丘《びく》がいた。山に住んで坐禅をしていた。食事の時ごとに、飯を分けてカラスに施してやった。カラスはこれを食べに毎日のように来るようになった。あるとき比丘は食後の気晴らしに石ころを手にとり、そこにカラスがいることに気づかずに投げたところ、石はカラスに命中してしまった。カラスは頭がやぶれて死んだ。死んだカラスはイノシシに転生した。そのイノシシは同じ山に住み、あるとき比丘の部屋の上の石を掘り崩して食べ物を得ようとした。ところが掘られた石がころがり落ちた。今度は比丘がこの石に当たって死んでしまった。イノシシは復讐しようと思ったわけではないが、石が自然に落ちて殺してしまったのだ。

僧が自分の食を分け与えるという慈悲の行為のなかで、誤ってカラスを殺害してしまう。カラスはイノシシに転生して、これまた意図せずして僧を殺すことになり、結果として因果応報は避けられなかった、という話である。

知られるように、日本の民俗宗教の災因論においては、人間によって惨殺された動物たちによる怨《うら》みの情緒が、つねに主要な場所を占めてきた。具体的には「猫の祟り」「蛇の障り」など動物自身の直接的な報復が問題にされる。動物にも人間と同じ意志や感情が認められていたのであり、神として敬われることさえあった。『日本書紀』欽明天皇の条では、秦大津父《はたのおおつち》という者が伊勢《いせ》からの帰路の山中で血まみれになって格闘している二匹の狼を仲裁し、その命を救った話が載せられているが、このとき大津父は狼に向かって「汝是貴神」と呼びかけている。ここには動物を単なる動物ではなく、人間と同格の仲間、ないしは人間をも超える力を秘めた神々と見なす感覚が生きていた。

『霊異記』にも一方では、動物の「祟り」を示すような話、つまり虐待された動物が直接的な報復をしたといったモティーフの痕跡が残されている。たとえば中巻四十縁は、橘奈良麻呂が山でキツネの子を捕らえ、串刺しにして巣の入口に立てたところ、これを恨んだ母ギツネが奈良麻呂の子供の祖母に化けて、同じように子らを串刺しにしてしまった、という筋である。本話の主題はむしろ奈良麻呂の残虐性を強調するものであり、結末にはやはり因果応報の必然性が説かれているが、「いやしい畜生であっても、怨みに報復する術がある」などとされ、むしろ動物自身による主体的な報復に力点が置かれている。

しかし、類話の多く、たとえば上巻十一縁、上巻十六縁、上巻二十一縁、中巻十縁などでは、動物の個別的怨念は後退し、あくまで仏教的な殺生戒《せつしょうかい》を論拠に、因果応報の論理が前面にすえられている。先に紹介した下巻序の逸話でも、動物の個別的怨念はもはや問題ではない。殺されたカラスは日ごろから僧侶の世話になっていたのであるから、深い恨みなど抱くはずはなかったであろう。にもかかわらず、殺生の因果は巡るのだという。ここには、報復に対する再報復といった、いわば怨念の無限連鎖に見える事態が、実は個々の人間や動物の意志や感情をはなれた必然の法則によるのだ、という主張が展開されている。

人はたとえ無自覚のうちに犯した罪であっても、その報いは受けねばならない。まして悪心を起こして殺したときには、その怨みが報復されないはずはない。悪の原因を為すことも怨みの結果も、迷える心の問題であり、福因を作って菩提《ぼだい》を得るのが、悟りの心である、と景戒は述べて、積極的な三宝への帰依による積徳を説いている。動物たちの個別の怨念は、謗三宝《ぼうさんぼう》・因果応報という普遍主義的原理のなかへ包摂され、隠蔽されていくのである。

『霊異記』における「苦しむ死者たち」

弱い死者と恐ろしい死者

動物たちの怨念に適用されたこの図式は、もちろん人間の死者にも積極的に用いられた。上巻十二縁は、人や獣に踏まれていた髑髏《どくろ》を気づかったことによる報恩譚である。元興寺《がんごうじ》の沙門《しゃもん》で宇治橋の架橋者としても知られる道登《どうとう》が、奈良山の沢で野ざらしになっていた髑髏を哀れみ、従者の万侶《まろ》に命じて木の上に置いてやった。すると同年の大晦日の夕刻に来訪者があり、それは髑髏の主である男の死者だった。その男は万侶を生前の実家へ案内するが、そこで男は彼の兄によって殺されたのだという事実が発覚し、これを機縁に万侶は死んだ男の母親から大いに感謝され歓待を受けた、という話である。

この話は一般に大晦日が冥界から死者が戻り供応を受ける魂祭《たままつ》りの日となっていたことを示す証拠として注目されてきたが、ここではむしろ、兄に殺されて怨念を抱いて死んだはずの髑髏の主が、危険な霊とは見なされていない、という点に注目したい。前面に打ち出されている主題は「報恩」の徳であり、この徳を介して死者に対する生者の優位性が確保されている。死者は生者による世話や介護を待ち望む弱々しい存在として描かれている。報恩譚としての総括は、動物や死者に認められていた主導権を、生者の側へ奪い取り、人間的主体の優位を確立していくプロセスであったといえる。

『霊異記』にも、死者の個人的怨念がかいま見られる事例はある。中巻三十三縁は、大和《やまとの》国《くに》の村に住む金持ちの一人娘が、男に化けた悪鬼と結婚し、初夜の行為に乗じて食い殺されたという猟奇的な説話として知られている。事件の真相をめぐって人々は「神怪《しんげ》なり」「鬼啖《きたん》なり」と語り合ったとされるが、編者の景戒は「よく考えてみれば、やはりこれも過去の怨《あた》であろう。これまた奇異な事だ」とまとめている。この結語を堀一郎は、すべてを因果の理《ことわり》で説き伏せようとする本書の意図があらわれた例として取り上げている（「『日本霊異記』における民間仏教の形態」『堀一郎著作集』第五巻、未來社、原著一九八七年）。

たしかにそうであるのだが、前世からの因果がなお「怨」に結びつけて解釈されている点に注目したい。ここでの「怨」を敵対者の意、あるいは単なる抽象的言辞と解することもできようが、背後にはやはり何らかの情緒的葛藤が暗示されていたと見るべきであろう。人を鬼にするほどの怨念そのものが正当化されているわけではない。しかし、前世においてそれほどの怨念を与えたとすれば、娘の無惨な結末も当然の報いということになる。そこには悪鬼が悪鬼とならざるをえなかった事情を承認し、二世をかけてその怨念を晴らしたことを共感的に納得する心性も働いていたにちがいない。この説話の裏には、怨念に共感し、その潜在力に期待する民衆感覚が生きている。

切り捨てられる死者の怨念

『霊異記』はこうした民衆感覚を、まさに堀一郎が指摘したような因果の理という普遍主義的な理念のなかに昇華させようとするものであった。このプロセスが露骨なかたちで示された好例として、いくつかの他界遍歴譚をあげることができる。ある人物が瀕死の状態で他界に行き、奇跡的に生き返ってその様子を語ったというモティーフで、近年の言葉でいえば臨死体験の物語である。

下巻九縁は、藤原広足《ひろたり》が閻羅王《えんらおう》の前に連れ出され、そこで亡き妻と対面したという話である。妻は広足の子を懐妊しながら死んだために六年の苦を受けており、すでに三年を受けたが、まだ三年残っている。これを夫とともに受けたいと願っているのだと広足は聞かされる。彼は法華経の書写と講読供養を誓って生還し、じっさいにこれを実行して、亡き妻のために多くの功徳を廻向《えこう》して、彼女の苦しみを贖《あがな》い祓《はら》ってやった、とされている。

まず注目されるのは、広足の亡妻が冥土で六年もの刑期に苦しむ囚人のごとく描かれている点である。彼女は生前に犯した殺生《せっしょう》・偸盗《ちゅうとう》・邪淫《じゃいん》といった破戒行為の報いで罰せられているわけではない。具体的な罪状は何も記されていない。強いていえば、子供を無事に出産できなかったこと、あるいはそのことに対する未練や執着が罪業となり、悪果を招いたのであろう。ここには、産褥《さんじょく》中に死んだ女性は地獄（とくに「血の池地獄」）に堕ちるといった、近代にいたるまで民間に広く流布した信仰の萌芽がすでに見られる。日本はもとより多くの伝統社会において、懐妊中ないしは出産時に死んだ女性が強い怨念を抱いた死霊と化して恐怖の対象となることは、よく知られている。難産の激痛に苦悩の叫びを上げながら血まみれで死んでいった女性は、しばしば強い怨念をもつ死霊となって生者に危害を加える。しかしこの説話では、こうした死者の自己主張や攻撃性はまったく感じられない。閻羅王の前に引き出された広足の亡妻は、六年の刑期に耐え、ひたすら夫の追善廻向の慈悲を待ち望む、弱々しい存在として描かれている。仏教的な積徳行為の絶対的な力が強調されるなかで、民俗的世界では強い怨念の発信者とされるはずの死者が、遺族の世話によってのみ救済される弱者の地位に落とされている。

上巻三十縁は、豊前国宮子郡《ぶぜんのくにみやこのこおり》の少領、膳臣広国《かしわでのおみひろくに》という男が、文武天皇の慶雲《きょううん》二年（七〇五）九月にとつぜん死んで閻羅王の宮に連行されたものの、生前に観音経を写経した善報によって生き返ったという話である。ここで広国は冥土の仔細《しさい》をさまざまに見聞するが、説話の主題としては、二人の肉親に出会ったことが中心になっている。

一人目は彼の亡妻である。彼女は生前に夫の広国に家から追い出されたことへの恨みを抱きつづけており、「うらみ、ねたみ、怒っている」とみずからの怨念を吐露する。しかし、閻羅王は広国に向かって「お前には罪はない」と、あっさりと妻の恨み言を却下するのである。

広国が冥土で出会った二人目は彼の亡父である。亡父は悪報に苦しむわが身を嘆き、ひたすら息子の広国にすがって、造仏・写経による追善供養を懇願する。生き返った広国は、さっそく仏を造り、経を写し、三宝を供養して父の恩に報いて、その罪を贖《あがな》ったという結末になっている。

ここで興味深いのは、広国の妻と父親のいずれもが鉄の釘を打ち込まれ、いわば地獄の責め苦を受ける罪人の姿で登場しているにもかかわらず、両者がそのような悪報を受けるにいたった理由の記述には、大きな違いが見られる点である。父親の方は、家族を養うために犯した殺生や強奪、不正な取引をはじめ、他人の妻を犯したり、父母や師長を尊重しなかった事など、多くの罪状があげられている。

これに対して亡妻の方は、先の産褥死した女性と同様に、具体的な悪業などは述べられていない。広国によって家から追い出されたとあるが、妻の側に何らかの非があったとも明記されていない。彼女は夫に対して執拗な怨みを抱いているだけである。閻羅王が広国に下した「お前には罪はない」という裁定の論拠も、少なくとも説話中には明確に述べられていない。にもかかわらず、殊勝にも仏教式の追善供養を懇請した父親は救われ、過去の葛藤にこだわる妻の怨念は、あっさりと切り捨てられるのである。非難されているのはむしろ執拗な怨みであり、そうした生への執着こそが来世でのきびしい処罰を受けるというのである。

個人的な対処方法

ここではまた、そのような処罰に苦しむ気の毒な死者たちを、遺された生者たちが救ってあげられるのだ、という考え方が繰り返し説かれている。その方法こそが、追善廻向の論理にもとづく仏教式の供養であった。仏教寺院の巧妙な営業戦略といってしまえばそれまでだが、この新しい救済技法には、氏族や共同体の長の権威を頼みとするような集団的な祭祀を必要としない、という利点もあった。「仏を造り、経を写し、三宝を供養して」とあるように、きわめて個人的な死者救済の道が開かれたのである。

郡の少領という地位にあった広国もまた、おそらく亡父と同じように、きびしい生存闘争のなかで数々の罪業を犯さざるをえない立場にあったと思われる。彼にとって、孝養を尽くしきれなかった父親や、自分への深い恨みをもって死んだ妻は、つねに心の負担になっていたであろう。〈祟り—祀り〉システムの論理に立つかぎり、いずれの死者も彼に対して相応の代償を直接的に要求する権利を担保していた。しかし、冥府にあって追善廻向を懇願する弱々しい姿の父親は、息子の広国に対して、親の罪を贖うという優位な立場を用意した。それは「報恩」という言葉によって正当化される道徳的行為でもあった。

他方で、亡妻への対処方法には、仏法の権威を利用した「祓い」の感覚が読みとれる。

ここではまだ「調伏」のような積極的な言葉は使われていないが、この世に執着を抱く者こそが死後に罰を受けるのだという論法によって、広国は恨みを抱いて死んだ妻の怨念を切り捨て、その脅威から免れることに成功している。露骨にいえば、体《てい》のいい「厄介払い」である。

これらを可能にしたのは、ひとえに仏法の権威であった。死者たちの怨念の連鎖を遮断し、一人の地方官僚に積極的な生存の道を提供しえた力の源泉こそ、仏法という新たな意味世界のシステムにほかならなかった。

三つの命題

以上の考察を通して『霊異記』説話から読みとることのできたポイントを、三つの一般的命題として整理しておこう。

まず第一に、仏教的理念は、それまで死者の怨念など個別具体的な関係の歪みとしてとらえられてきた災因論に対して、因果応報や追善廻向などの普遍主義的原理を提示するものであった。これは、下巻序における僧とカラスの逸話に見られたように、死者や動物に認められてきた個別的な怨念などの情意を、すべて仏法という普遍主義的な原理のなかに回収する試みであった。

第二は、従来の〈祟り―祀り／穢れ―祓い〉システムによる対処法では、多くの場合、集団の権威が力の源泉におかれていたのに対して、追善供養によって個人の積徳行為による対応の道が開かれた、という点である。仏法のもつ普遍主義的性格が、死者への現実の対処法においては、かえって生者側の個別的な応答を可能にするという逆説の扉が、すでに開きはじめていた。

そして第三は、〈供養／調伏〉システムの導入によって、死者たちの姿が、生者による世話や介護を待ち望む弱々しい存在として描かれるようになった、という点である。生者と死者との「個別取引」において死者たちの側に認められてきた主導権は、大幅に生者の側に引き寄せられることになる。これは生きる人間たちに、強い自信と主体性を与える契機となる。一言でいえば、仏法という権威への従属を介して、生者は死者の優位に立つことができるようになるのである。

民俗・民衆宗教の救済の現場に照準を合わせるとき、『霊異記』に示された死者供養の論理が、律令国家の過酷な生存闘争に投げ込まれた当時の新興中層民に対して、新たな救済の力と意味世界を創り出す、すぐれて宗教的な主体形成の営みでもあった点が見えてくる。

中世説話集に見る祟り——祀りと供養

仏教の民衆化

『霊異記』は仏教の民衆化の初期段階を示すものであったが、そこでの「民衆」とは、都に住む中下級の官人層や地方の郡司《ぐんじ》層などに限定され、大多数の零細農民などはまだ含まれていなかった。さまざまな逸話によって説かれた仏教の普遍主義的教説や追善廻向の論理などが、はたしてどこまで一般民衆の耳に届き、彼らの心性を変化させる効果をもたらしたかということになると、かなり心もとないところがある。

日本全土において、真の意味での「仏教の民衆化」が広く進展したのは、鎌倉期以降といわれている。「苦しむ死者」に対処する二つのシステムが洗練され、両者の競合と併存のダイナミズムが真価を発揮するのも、貴族たちがモノノケにおびえ、怨霊の調伏に躍起となった時代を越えて、武士たちが政治の主導権を握る時代を待たなければならなかった。

そこで次には、同じ説話集でも、平安後期から鎌倉時代に編まれた作品を題材として、二つのシステムがどのような役割を担いつつ共存の道を模索していったかという、その具体的な過程を検討してみることにしよう。

まずは、併存する二つのシステムの、それぞれの前半部、すなわち第一システムの〈祟り―祀り〉と、第二システムの〈供養〉の部分に焦点を合わせ、両者の葛藤と融合のダイナミズムに注目してみよう。

日本の中古から中世という時代状況を念頭におくとき、仏教が苦しむ死者の救済という課題を担うなかで大きな推進力となったのが、平安期以降に活発化する浄土信仰であったことはいうまでもない。ただし、「念仏」といえば弥陀《みだ》の本願を信じる他力行《たりきぎょう》といった常識が通用するのは、鎌倉期の「専修念仏《せんじゅねんぶつ》」確立以降のことであって、初期のころは、念仏とは主として験者による死霊鎮送の呪言としての役割を担うものであった（速水侑『呪術宗教の世界』塙書房、一九八七年）。

法華経などの経文、陀羅尼《だらに》、阿弥陀《あみだ》念仏などは、いずれも除災招福を願ったり、ねたみ苦しむ死者を成道に導く力の源泉として利用された。苦しむ死者への対処に限定すれば、その活動の基本は、市聖《いちのひじり》として名高い、かの空也《く（こ）うや》の前例を大きく逸脱するものではなかったといえる。伝承によれば、彼は遺骸あるごとにこれを一処に積み、油を注いで焼き、念仏を唱えては阿弥陀仏のもとへ送ったとされている。

さらにいえば、民衆レベルでは、こうした事態は鎌倉期以降も大きな変化はなかった。いわゆる鎌倉新仏教の民衆化というのも、祖師たちの高邁な思想がストレートなかたちで人々に感化を及ぼしたわけではない。むしろ在地領主の氏寺の役割を担ったり、祈禱・葬送など民衆の実践的な需要を満たす適応形態が整備されるなかで教勢の拡大が進んだことは、今日では常識となっている。そこでは宗教文化の大動脈にあたる高僧たちの教説や仏教哲学よりも、末端の毛細血管に血液を送り込むように全国津々浦々の庶民層に仏教を伝播させていった、沙弥《しゃみ》、持経者、行者、法師、さらにはヒジリなどと総称された下級僧侶たち（俗聖《ぞくひじり》・勧進聖・遊行聖・三昧聖《さんまいひじり》・説経聖・廻国《かいこく》の聖など）の活動に目を向ける必要がある。

彼らは村堂的な寺庵《じあん》や草庵に止住したり、各地を巡歴して村民たちの生活上の要望に応えた。そこでは顕密・禅・律・浄土のさまざまな教説・儀礼・修法はもとより、各種の神祇信仰、陰陽道など、仏典以外の技術や呪法も惜しみなく動員された。ひとくちに呪法といっても、その背景には一定の読み書き能力、医療・薬学・土木など実践的な知識や技能、情報・文物の伝達者といった多彩な資質への期待があり、それが人々の畏敬や信頼の源泉になっていたと考えられる。

すでに述べたように、平安期から中世にかけて続々と編纂された仏教説話集は、こうした中下級の僧侶や行者などによる民衆への仏教布教活動をうかがう有力な資料である。これらに収められた説話の内容をすべて「史実」として受けとめることはできないが、民衆布教の末端を担う当時の仏教的なエイジェントたちが、「輪廻転生《りんねてんしょう》」や「追善廻向」などの理念を巧みに操りながら、仏教的〈供養〉システムを人々の意識の深奥部へと根づかせるさいに利用した、唱導のテキストと見なすことは十分に可能であろう。注目すべき具体的事例は枚挙にいとまがないが、ここでは、ねたみ苦しむ死者への対処という本書の課題に即して、示唆的と思われる代表例のいくつかを取り上げてみたい。

信濃国の蛇と鼠

まず最初は『法華験記』(正式名称は『大日本国法華経験記』)の第百二十五話「信濃国《しなののくに》の蛇と鼠」である(『今昔物語集』『雑談集《ぞうたんしゅう》』にも載る)。

信濃の長官 某《なにがし》が任期を終えて京へ帰る途中、一匹の蛇につきまとわれる。殺すように忠告する者もあったが、正体を怪しんだ長官は、夢の中に示現《じげん》せよと言う。するとその夜の長官の夢に、まだらの水干《すいかん》を着た男が現われ、「因果の糸のなかで憎みあってきた相手が、今は転生を重ねてあなたの衣装箱の底に隠れている。だからそれを殺そうと後を追っているのだ」と打ち明ける。翌朝、長官が衣装箱を見ると、たしかに底に老いたネズミが隠れていた。慈悲心に富む長官は、蛇とネズミを救ってやるために、一日のうちに法華経を書写し、開講供養した。すると翌晩の夢に、立派な衣を着た二人の男があらわれて、自分たちは互いに怨敵として憎みあいながら生死を繰り返してきたが、あなたの善根で忉利《とうり》天《てん》に生まれることができた、と謝意を述べたという。

この説話では、生前の怨恨を死後に持ち越し、復讐に復讐を重ねてきた二者間の葛藤が、「輪廻転生」という一般法則を持ち出すことによって、当事者間の個別取引をはなれた普遍主義的次元で解消されている。すでに『霊異記』で見た僧侶とカラスの因縁譚と同一の論法である。さらにここでは、たんなる二者間の葛藤の物語を超えて、信濃の長官のように当事者とはまったく無縁な第三者に対して、大乗的な慈悲の心で怨念の鎖を切るという善行の道が開かれている。二者間の愛憎だけが問題ならば、両者の直接交渉・個別取引だけで完結してしまうはずの葛藤が、仏教式の供養であれば、無関係の第三者に解決をゆだねることもできる。ゆだねられた当人にとっては、供養などの利他行が自分自身の積徳行為となる。ここにも普遍主義的原理をもつ〈供養／調伏〉システムの利点が生きている。

一日で法華経全巻を写経するという方法は、頓写経《とんしゃきょう》と称し、当時の亡霊供養の一般的慣行であった。ここでは「忽ちに一日の内にして、法華経を書写し、開講供養せり」とあるだけで、信濃の長官の単独行為か、部下を動員したものかは判然としない。旅の途中であることから、何らかのかたちで地元の仏者に依頼した可能性もある。もしそうだとすれば、こうした供養慣習は、仏者の懐をうるおし、死者を安定化させる担い手としての彼らの社会的権威を高める契機にもなったと考えられる。

二人が再生したとされる忉利天は、須弥山《しゅみせん》の頂上にあると考えられた帝釈天《たいしゃくてん》の住む天界である。いわゆる「生天《しょうてん》」で、教理的な視点からみれば六道輪廻からの解脱による救済とは質的に異なる。しかし、当時の民衆教化でその差が明確に説かれたとは思えない。説話集では、苦しむ死者の救済物語として、兜率天《とそってん》・忉利天など天界への再生が語られるケースは多い。説話編纂者のなかでは、この蛇とネズミに化した二人の男たちのように多くの罪業を重ねてきた者が、わずか一日の供養で一気に極楽浄土や涅槃《ねはん》の境涯まで抜け出せるというのは、さすがに虫が良すぎるという意識もあったのかもしれない。

死者の直接的な復讐

『沙石集』巻七の第六話「嫉妬ノ人ノ霊ノ事」は、ある公卿の正妻が、懐妊していた夫の愛人を虐殺した話である（巻数等は岩波『日本古典文学大系』所収のテキストに依った）。一間に押し込め、子供を宿す腹に火の入った金属を押しつけるという陰惨な殺害方法であった。これを知った愛人の母も狂い死にするが、やがてその霊《りよう》が正妻にとりつく。正妻は全身が腫れる病気にかかって苦痛のなかで息絶える。

この説話は、ある意味で典型的な死者の怨念による直接的な復讐の物語である。正妻と愛人の確執というテーマも、古今東西におなじみの筋書きである。しかしながら、説話の後半部では、こうした醜聞をあえて記すのは、因果の理を知らせるためである、という但し書きが長々と付されている。つまり、死霊の祟りの恐ろしさや、死者の怨念への配慮を説くことが本意なのではなく、男女の恋愛沙汰などへの執着が、いかに愚かしいことであるかを悟らせるためだ、というのである。ここでもまた、「因果の理法」という普遍主義的原理によって、〈祟り―祀り〉システムの直接性を乗り超えようという、明確な意図をうかがうことができる。

うらみ・ねたみであれ、好意・愛情であれ、現世的なものへの過度の執着は、悪因となって動物・天狗・鬼に生まれ変わったり、地獄に堕ちるなど、後生の苦しみを招く結果となるというのが、これらの説話集で繰り返されたテーマであった。とはいえ、この正妻にとりついた愛人の母の霊のように、うらむ相手に対して、あるいは生きている人々に対して直接的な力を行使するという面も、依然として残されていた。「霊《りよう》（悪霊《あくりよう》）になる」という定型表現である。

『今昔物語集』巻二十七の第一では、落雷で死んだ男が霊になり、三条東の洞院《とういん》に住みつづけ、しばしば人馬を害するなどの凶事があったとされる。同じ巻二十七の第四十三では、武勇で知られた平季武《すえたけ》が、美濃国《みののくに》で河から出現した女に赤子を抱かされる。後に赤子は木の葉に変じていたという話だが、説話の最後には、「キツネが人をだまそうとして化けたのだ」という人もいれば「子供を産もうとして死んだ女が、霊になったのだ」という人もいたとある。これらには、仏教的な因果も輪廻も述べられてはおらず、まさに落雷による突然死や、産褥死などによって無念にも命を落とした死者たちの怨念が、霊を生む直接の原因として暗示されている。

『雑談集』巻六の「霊之《の》事」では、信州某所の地頭に財産をだまし取られて悶死《もんし》した「有《ウ》徳《トク》ノ山寺法師」が、この地頭の妻にとりついて一家を殺してやると口走ったという話が紹介されている。霊はカエルの姿であらわれ、後世を弔うこと、神に祀ることを要求する。結局、地頭側は詐取した財産を返還し、祠《ほこら》を建てて祀ることで決着をはかっている。上述の枠組みに当てはめれば、〈供養〉システムを唱導しつつも、なお在来の〈祟り―祀り〉

システムが前面に打ち出された対処法といえるであろう。

これに対して『法華験記』などでは、〈供養〉システムを一元的に適用したモティーフが目立つ。

憐れむべき死者

第八十六話「天王寺の別当道命阿闍梨《どうみょうあじゃり》」では、悪霊につかれたひとりの女性が登場する。「悪霊忽ちに付きて、数日悩乱せり」とあって、悪霊と表記されているが、やがて正体をあらわした霊の正体は、実はこの女性の死んだ夫だったことが判明する。夫の霊は妻であった女の口を通して、「お前を苦しめようという気はないのだが、わが身の苦しみ堪えがたく、自然についてしまっただけだ」と告白する。

夫は生前に悪事を好み、殺生放逸し、寺の財物を盗んだばかりか、仏教的な功徳は何ひとつ積むことはなかったため、死んで阿鼻地獄《あびじごく》に堕ちて苦しんでいるという。ただ生前に一度だけ、道命阿闍梨という名僧に同行して法華経の読誦《どくじゅ》を聞いたことがあった。そのたったひとつの善根によって減刑され、地獄を脱して蛇身に生まれ変わることができたので、さらに読経を聞きたいと訴えるのである。「もし再びあのお経を聞けば、必ず蛇身を脱して、善処に生まれることができるだろう」という期待からであった。女が道命阿闍梨を訪ねて読経してもらうと、再び夫の霊があらわれて、今や蛇身を脱して天上に生まれることができたと喜んだという。その後はこの女性も、霊に付かれて悩まされることはなくなったと結ばれている。

この男は生前に犯した数々の悪事にもかかわらず、たった一度だけ高僧の読経を聞いたことが善根になって、地獄での刑期が減ぜられて蛇に転生した。さらに妻が再びこの高僧に読経してもらうという追善廻向の功徳によって、何と天上界にまで昇ることができたのである。

ここでも、期待される「善処」は輪廻からの完全な解脱ではない。あくまでも輪廻の循環の内部での上昇が目指されている。一般に六道とは、悪い方から「地獄・餓鬼・畜生・修羅・人・天」と称されるが、この男性の場合には最初の善根で地獄から畜生へ、次に妻の追善供養によって天へと生まれ変われたというのだから、それぞれ二階級・三階級の特進という果報を得たことになる。当時の仏教伝道僧たちがこうした逸話を巧みに語りながら人々の心をとらえ、聴衆たちが期待の表情で説法に耳を傾けている場面を想像するのは、さほどむずかしいことではないだろう。

さらに注目されるのは、ここでの霊が「悪霊」という表記にもかかわらず、生きている人に対して何らかの怨みを晴らすために出てくるような、いわゆる怨霊ではない、という点である。むしろ自分が生前に犯した罪によって苦しんでいることを自覚し、生者に仏教的な追善を依頼する、憐れむべき存在として描かれている。

「死んで霊になる」という表現やモティーフは、激しい憎悪を抱いて生者に危害を及ぼし、祭祀を要求する怨霊たちと同一である。しかし、仏教的な理念の介在は、苦しむ死者たちがもっていた毒気を抜き取り、ひたすら生者の追善行為にすがろうとする「弱者」の地位へと封じ込める力を吹き込んだのである。

仏教による普遍主義化とその限界

主導権をめぐる綱引き

先に『霊異記』の考察からまとめた三つの一般的命題は、これら中世の説話集からも明瞭に読みとれるであろう。

すなわち、(一) 仏教的理念による「追善供養」によって、それまで死者の怨念など個別具体的な関係の歪みとして捉えられてきた災因論が、因果応報や追善廻向などの普遍主義的原理として提示されたこと。(二) しかもその効力の源泉は、在来の「祀り」のように集団やその長の権威にゆだねるのではなく、読経・念仏・造像・写経といった個人的な「供養」行為の道が開かれたこと。さらに、(三) 生者と死者との個別取引では死者たちの側に認められてきた主導権が、大幅に生者の側に引き寄せられたこと、である(表2)。

ここでとくに注目したいのは、第三の命題としてあげた、死者と生者との力関係をめぐ

〈供養／調伏〉システム		
普遍主義的教義（輪廻転生／追善廻向）	個人の主体的対応が力の源泉	生者側に主導権（私が供養してあげる）
〈祟り―祀り／穢れ―祓い〉システム		
「個別取引」的対応	集団の権威が力の源泉	死者側に主導権（お祀り申し上げる）

表2　二つのシステムの相違

る綱引きの問題である。死者たちに握られていた主導権は、徐々に生者たちの側に移行していく。これは、ひたすら怨霊の祟りにおびえて「お祀り申し上げる」という姿勢をとるしかなかった生者たちが、「私が供養してあげる」「俺の施しによって成仏させてやる」といった態度によって、死者に対する主体的な立場を獲得できるようになった、ということである。

さまざまな説話集に例示されたような、当時の民衆布教の末端を担う宗教者たちによって説かれたであろう仏法の教説においては、何かを訴えるために生者の前にあらわれる死者とは、程度の差はあれ、すべて生前に何かに執着したことへの罪に苦しんでいる、と解釈された。財物・地位・愛欲に執着して魔《ま》道《どう》に堕ちたとされる者の話は限りない。高僧の誉れ高い仏教者であっても、生前のわずかな執着によって往生を逃す。庭木に執着して蛇に転生した僧侶の話などはその定番だが、価値あるはずの仏法そのものでさえ、過度の執着は禁物である。

たとえば『古今著聞集』巻十五に出る上杉僧都という仏者は、仏法への執着が深くて、弟子などにも教えることを惜しんでいた。ところが死後、手のない鬼に生まれ変わってしまう。仏法でさえも過度に執着すれば、悪因となるのだ。

〈供養／調伏〉システムの真価

鎌倉期に編まれた説話集には、平安朝の皇族や貴族たちを脅かしたモノノケや怨霊たちの物語が、さまざまな尾ひれや潤色をまとって描かれている。文徳天皇の女御で清和天皇の母であった染殿《そめどの》の后《きさき》もまた、執拗な怨霊に悩まされた女性のひとりである。それは、時に怪しげなスキャンダルをふくらませながら広く語りつがれた。とくに慈覚大師円仁《えんにん》の弟子で比《ひ》叡《えい》山無動寺を開いた相応《そうおう》による加持祈禱の話は有名である。

『宝物集』巻二によれば、染殿の后に執拗にとりつき、相応和尚《かしよう》によって調伏されたのは、「紺青鬼《こんじやうき》といふ御もの、け」で、その正体は紀僧正真済《きのそうじようしんぜい》という不動の行者として名高い真言宗の高僧であったとされる。彼は弘法大師の弟子であったが、ひそかに后に対する愛欲の感情を抱いたまま死んだために、死後に霊となって彼女を悩ましたとされている。『拾遺往生伝』ではこれを天狗とよび、やはりその正体は真済（紀僧正）とするが、『真言伝』では、これを否定して「金峰山上人の霊」とする。この説話は多くの文献に見えるが、早い例としては「天台南山無動寺建立和尚伝」をあげることができるという（南里みち子『怨霊と修験の説話』ぺりかん社、一九九六年）。染殿の后に関しては、『今昔物語集』巻二十第七のように、「金剛山の聖人」が鬼に化してとりついたという類話もある。

『宝物集』によれば、相応は加持するが七日たっても験があらわれない。ここで不動明王が「ことばをいだしてのたまはく」とある。託宣の内容は、真済は七世不動の行者だったので、その加護があって明王の縛にかからない。しかし、そこまで責めるなら、真済を得《とく》脱《だつ》させて妄念を消してやろう、というものであった。仏者の験力は呪詛にも加担しうることが示唆される一方で、最後は我執を絶つ方向での解決をはかる、という筋立てになっている。見かけは調伏であるが、その内容は明らかに女性への執着に苦しむ死霊の供養である。「調伏しつつ供養する」という〈供養／調伏〉システムの真価が発揮された一例といえよう。

『沙石集』巻二の第六話「地蔵菩《ぼ》薩《さつ》種々利益事」には、和州生馬の讃岐房《さぬきぼう》という法相宗の僧による他界遍歴譚が収められている。この讃岐房はいささか患うことがあって息が絶えたという。そこで他界を見聞する経験をした後に生き返るというお決まりのモティーフである。説話の中心は彼が師匠の論識房《ろんしきぼう》に出会う話だが、ここでは同じ臨死状態で亡き母に出会った話に注目したい。

野原を通りかかると、そこに多くの餓鬼たちが集まっていた。そのなかのひとりが、「あの讃岐房は私の子です。あの子を育てるために私はたくさんの罪を作り、それによって餓鬼道に堕ちて苦しみを受けているのです。だから、今度はその見返りにあの子を食べさせて下さい」と言う。結局、案内役の地蔵菩薩が讃岐房を助け、「お母さんのためにしっかり供養をして、苦しみから助けてあげなさい」と説教している。餓鬼道に堕ちたあさましい母親であっても、おまえの追善供養によって苦しみを減らしてやることができ、それこそが親への恩返しというものだ、というのである。

生前には子育てに専心した母も、来世では個別取引によって見返りを要求する鬼と化している。しかし、それもまた菩提を弔う遺族の仏事と、それに応えてくれる地蔵菩薩の慈悲によって救うことができる、とされたのである。

仏法が死者を救う強力な手段になりうることが認知されるようになると、冥界を支配する閻魔王が、有能な仏者を召請する、といった話も出てくる。もとより、こうした「冥官」の召請は中国説話の定番である。『古今著聞集』巻二には、慈心房尊恵という僧侶が閻魔王から焔魔庁《えんまのちょう》によばれて、法華経の転読を命じられたという話がある。このときの尊恵は「夢ともなく、うつゝともなくて」とあり、おそらく一種の変性意識状態での出来事として描かれている。また、同じく巻十三には、二條右衛門佐重隆という人物が死後に「冥官」になったという話もある。

巧みなシステムの共存

見てきたように、〈祟り―祀り〉システムに寄生し、さらにこれを乗り超えようとした後発の〈供養〉システムは、「輪廻転生」と「追善廻向」という二つの教説を、その普遍主義化の原動力に用いていた。

とはいえ、その後の歴史的展開を見通すならば、前者の「輪廻転生」の論理は、民衆宗教の支配的世界観として定着したとは必ずしもいえない。前世で作った因が現世の果となり、さらに現世での行為が死後の報いとなる、という個人を中心とした輪廻転生の考え方は、中古・中世の貴族の文学や僧侶の説話集などで繰り返し喧伝されたが、日本の民衆層においては中世末から近世にかけて、「前世の因縁」はむしろ「先祖の因縁」に変質することで、深く浸透していったという（大隅和雄「因果と輪廻をめぐる日本人の宗教意識」『因果と輪廻』春秋社、一九八六年）。それは郷村制《ごうそんせい》村落の成立から、イエ制度の顕在化といった社会変化に対応する民衆意識の変化でもあった。

他方で、「追善廻向」の論理にもとづく死者供養の技法は、民衆文化への定着において、まさに大成功をおさめた。そこでは、死者を救うために三宝に供養する、という仏教の理念的な追善廻向の論理が、「死者（先祖）への供養」という、いわば個別取引の技法へ逆戻りするという事態も生じたのである。

いいかえれば、日本の民衆仏教は、教義・経典にもとづく理念や思想を最大限に駆使することによって、死者との個別取引という在来の対処法に比べて、さらに普遍度の高い洗練された救済思想を、人々の内面に開示していくことに成功した。しかし、同時にそれは、親族や身近な共同体の絆に支えられた「先祖の因縁」や「死者の祟り」などの個別的関係性を再確認することで、幅広い階層の支持を獲得したのであった。そこでは、身近な人間関係の維持・修復の手段として「追善廻向」の論理にもとづく死者や先祖の供養が活用された。

これもまた全体としては「世界宗教によるひとつの普遍主義化」の動きといえようが、結果として、それは旧来の〈祟り—祀り〉システムという、いわば個別取引の解決方法を温存させ、これと巧みに共存することになった。後発の〈供養〉システムは、在来の〈祟り—祀り〉システムをモデルとして存続を果たし、その結果、〈祟り—祀り〉システムは抹殺されることなく、むしろ文化の深い基盤に生きつづけることになったのである。

牙を抜かれた霊たち

動物霊と生き霊

二つのシステムの競合・併存の関係は、何も死者との関係にかぎったことではなく、さまざまな神霊、妖怪、動物霊との関係、さらには「生き霊」「のろい」のような、危険な力を発すると想定された共同体の他の成員への対処などにも、同様に当てはまる。ただし、その内容を個別の対象ごとに見ていくと、多少の差異にも気づく。

たとえば動物の霊に関しては、旧来の〈祟り―祀り〉システムが生きている事例が比較的多い。『古今著聞集』巻二十に出る、虐殺された蛇の祟りの話、『宇治拾遺物語』巻三第二十話に出る、矢で射られたキツネの報復譚などはその好例である。キツネ・蛇・猫など、虐待された動物が人々に祟って復讐するというモティーフは、今日にいたるまで民俗社会の主要な災因論のひとつとして、長い歴史をもつことになる。

人間の死者の場合には、〈供養〉システムの導入によって、個別取引にゆだねられていた葛藤の解決が普遍主義的な論理の地平で解決され、苦しむ死者たちの怨念におびえていた生者たちが、関係修復における主導権と主体性を大幅に獲得できた点に注目した。こうした事態は、生きている人間や在来の神々に関しても当てはまる。

以下では、しばし人間の死者の話題からはなれて、うらみを抱いた諸霊に対して、〈供養〉システムが積極的な役割を果たしはじめた痕跡を確認しておこう。

『閑居友《かんきよのとも》』下巻の第三話「恨み深き女、生きながら鬼になる事」は、男に捨てられた女が、鬼となって男を取り殺した後も野中の破れた堂の天井裏に住み、牛馬を飼育する子供などを取って食うので、人々がこの堂に火を放って焼いたという話である。燃えさかる堂から現われた女の鬼は、みずからの半生の恨みを口説く。しかし、その後には、「お願いですから皆さん、かならず集まって、心をこめて一日で法華経を書写して、私を弔って下さい」と懇願して、火のなかに跳び込んで焼死したとされている。

ここでは生き霊として恐れられる鬼もまた、他者との関係における究極の主導権を奪われ、仏法による済度《さいど》を願う弱者の地位へと引き下げられている点に注目したい。

神霊の怨念

岩や泉や木に宿る神など、いわゆるアニミズムと総称されてきたような各地の神霊たちもまた、仏教的な供養によって救われる。この種の筋書きは、むしろ仏主神従の神仏習合論、ないしは仏法による神人化度《けど》といった文脈で広く注目されてきた。ここでは『沙石集』巻六の第十八話という、典型的な一例だけを見ておこう。

尾張国《おわりのくに》の中島というところに遁世の上人が寺を建立して僧五、六人が住んでいた。僧たちが寺の造営のために大きな古木を切ろうとしたところ、近所の在家の者に神が憑依して「止めてほしい」と訴えたという。木を依《よ》り代としていた「樹神《こたま》」の祟りである。在家の人々がなぜ僧たちを害さずに、在家である私たちを責めるのかと問うと、神は「僧侶たちの袈裟《けさ》には力があり、陀羅尼はありがたいものであるから、これを害することはできない。だからお前たち在家の者に訴えたのだ」と答える。この話を聞かされた僧たちは、木を少

図2　沖縄の宅地造成地。拝所のある山だけが、造成を免れて残っている。（1986年、沖縄市で撮影）

しだけ切り残してやったという。

ここでは神身離脱、すなわち神霊もまた輪廻からの解脱を求めているという仏教的論理のなかで、神木を奪われた神の怒りと怨念が、鬱屈したかたちで表明されている。同時に、仏教的論理の装備によって、もはや神の祟りにもおびえることのない、仏教僧たちの気概と自信がうかがわれる恰好の事例にもなっている。

森を伐採し、用地を開墾し、自然開発を積極的に進めるうえで、〈祟り―祀り〉システムは阻害要因としてはたらく可能性が高い。生者がみずからの生存の利得だけを目的に、死者や動植物の世界を侵食しようとするとき、ねたむ霊たちへの恐怖が呼び醒まされる。土地神への畏れが道路や宅地の乱開発を抑止したり、神木の祟りを畏れる心意が森林伐採に歯止めをかける、といったことは現実にありえたし、そのことが、あらゆる環境に生命の宿りを感得する心性こそが自然保護に貢献してきた、といったアニミズム礼賛論者の主張を生む論拠にもなる。

じっさい、たとえば現代沖縄の新興住宅地には、造成された宅地の区画のなかで、一カ所だけ山が崩されずに残っているような場所がある。そこは古くからの拝所《はいしょ》、つまり神を拝む地点であり、霊威を発するスポットとして畏れられたのである。開発業者がブルドーザーを入れようとしたところ、作業員に次々と災いが起こったので造成を断念した、といった逸話を伴うことが多い。

大都市の東京や大阪でも似たような話題は尽きない。有名な羽田空港の穴守稲荷《あなもりいなり》の鳥居は、最終的には移転されたとはいえ、長い期間にわたって滑走路の延長工事をこばんできた。たった一基の鳥居が、ある意味では成田闘争の農民運動に匹敵するほどの力を行使してきた、ともいえるのである。

市場経済への地ならし

しかし、「もののけ姫」が発する深い怨念への共感が除かれれば、森から木霊《こだま》は消え、人間の手による自由な開発も可能になる。他者の嫉妬や怨念などへの極度の恐怖は、貪欲をも美徳とする市場経済の競争社会を創り出すうえでも、大きな妨げとなる。自由競争を是とする経済価値優先社会への扉を開くためには、程度の差はあれ、木々に宿る神霊や、共同体の他者から発せられる嫉妬や怨念におびえることのない、「強い」人格が形成されねばならない。

プロテスタントを主流とする西欧社会に資本主義が定着する過程では、明らかにキリスト教が、この旧来の、怨霊に対する「おびえ」や「負い目」を排除する一定の役割を果たし、それによって自由な市場経済への地ならしをしたといえる。いうまでもなく、この発想はマックス・ウェーバーの「脱呪術化」をめぐる議論につながる。近代の資本主義精神の形成をプロテスタントの倫理に関連づけたウェーバーの構想には、今日では批判も多い。それを日本に応用した研究でも、儒教を基盤とした江戸時代の町人道徳、近江商人に代表される真宗倫理、日蓮《にちれん》によって開かれた世直し改革思想など、近代的精神性の形成に寄与した宗教思想のルーツに関しては、多様な道筋が考えられてきた。

日本の近代化を考える場合には、たんなる「脱呪術化」というより、むしろ多彩な霊的存在をどのように理解し、それにどう対処したらよいのかという、つきあい方の工夫なども重要な鍵となろう。つまり本書で扱っているようなテーマもまた、広義のウェーバー的課題と関わる可能性が十分にある。

仏教がそうであるように、キリスト教も地域や時代によって一様ではない。しかし総体として、この宗教は絶対的な創造神の全能性や、そうした神の意志にもとづく摂理にすべてをゆだねることで、諸々の神霊・死霊・動物霊などに対する個別取引をいっさい否定する傾向が強い。神の絶対性を武器とした普遍主義化である。ここで問題にしているような、ねたみ苦しむ死者の情意などは、生者の関知しうるところではないとされた。第四章で詳述するように、じっさいには中世のカトリック社会で考案され、長く歴史的にも命脈を保った「煉獄」のような妥協策はあったが、一般論としていえば、キリスト教は〈祟り—祀り〉システムに相当する対処法を完膚なきまでに破壊する。それはまさに異教社会の「呪術」や「迷信」の典型として否定されたのである。

これとは対照的に、日本に定着した仏教は、〈祟り—祀り〉システムに寄生し、むしろそれを温存した。すでに触れたように、「輪廻転生」による普遍主義化が民衆の末端にまで浸透できたかどうかについては疑問も残るが、「追善廻向」の論理は広く受容され、旧来の〈祟り—祀り〉システムを補強すると同時に、キリスト教とは別の方法で、ねたむ死者などにおびえることのない「強い」人格の形成に寄与した。

仏教によって提供された「追善供養」「施餓鬼《せがき》」などの論理や技法は、ねたみ苦しむ死者たちの牙を抜き、毒を消していく。死者たちに認められていた主導権は、大幅に生者の側に引き寄せられ、もはや怨霊の跳梁にもおびえることのない、主体的な個人が切り出されていった。やや奇異な言い方になるが、各種の仏教説話で繰り返されたような、苦しむ死者も生者の手によって救済に導くことができるという説法が聞き手たちに共感をもって受容されたとき、近代の経済大国（あるいは金権大国）を生み出す壮大な地ならし作業は、すでにその第一歩を踏み出していたのである。

仏教説話集に見る調伏

調伏という普遍主義

冒頭に提示した二つのシステムに関して、これまで〈祟り―祀り〉と〈供養〉の部分に焦点を合わせてきたが、本章の最後に、二つのシステムの後半の局面である〈穢れ―祓い〉と〈調伏〉との関係についても見ておこう。

この〈調伏〉システムもまた、在来の〈穢れ―祓い〉システムを特徴づけていた個別取引の関係を超えようとする、ある種の普遍主義的な性格をそなえていたといえる。つまり、加持祈禱や経典読誦《どくじゅ》、あるいは護法とか護法童子と称する不可視の仲介者などを通して、仏法の普遍主義的な力が開放され、活用されたのである。

その意味では、平安貴族たちを脅かしたモノノケの駆逐にあたって仏教僧たちと競合した陰陽師などもまた、天文・暦法の体系的な知識や、霊界に関する理論的な世界観を背景にもつと見なされていたという点で、同じく普遍主義的な「調伏」の担い手であった。ただし陰陽道による「普遍主義化」は主として力による災因の除去、つまり仏教における

〈調伏〉システムに該当する部分に力点が置かれていた。

陰陽道においても、〈供養〉システムに対応する契機は、『江談抄《ごうだんしょう》』第三で、吉備真備《きびのまきび》が阿倍仲麻呂《あべのなかまろ》の鬼を慰撫した話に見るように皆無ではないが、きわめて弱かったと考えられる。

調伏の事例

平安期の王朝文学や貴族の日記などに見られるように、験者などと呼ばれた仏教僧たちによる、法力を駆使した邪霊の調伏は周知のところである。しかし説話集においては、これら典型的な調伏を正面から扱った事例は必ずしも多くはない。目についたいくつかをあげてみよう。

たとえば『古事談』巻三の五十六話は、外出後に廁《かわや》で倒れた藤原頼通《よりみち》の体調不良を、心誉僧正が祈禱によって治した話である。ここでは招請された心誉本人がまだ到着しないうちに、護法が先立って病気を治したとされ、彼の験力の偉大さを称《たた》える筋立てになっている。説話のなかでは「女房の局《つぼね》なる小女」に物が付いて、「ちょっと見つめ申し上げただけですから、護法の力だけで（つまり心誉本人の登場を待たずとも）追い払われました」と告げている。物に見入られたとあるが、怨みをもった誰かが頼通を見つめた行為、すなわち一種の邪視が病気の原因とされたのかもしれない。いずれにせよ、この程度の原因であれば、これを邪悪な霊の憑依と見なし、すぐれた験者の調伏による力ずくの排除が可能と判断されていたことがわかる。

『宇治拾遺物語』巻二第三話には、延暦寺の静観《じようかん》僧正（増命《ぞうみよう》）が、比叡山の山腹にあった邪悪な大岩を、加持の力によって破砕した話がある。この大岩は龍が口をあけた形をしており、筋向かいの西塔《さいとう》の僧たちが多く死んだという。なぜという理由は明らかに語られてはいないが、おそらく岩から発せられる邪悪な力によると考えられたのであろう。

静観僧正はこの大岩に向かって七日七夜加持したところ、七日目の夜半に空は曇り、激しく震動したという。朝になって見ると大岩は完全に砕け散っていた。それ以降は西塔に人が住んでも祟りはなかったという。ここでは明確に大岩の「たたり」が語られている。龍の形をとるという記述からは、山の神霊や土着の農耕神との連関も示唆されるが、いずれにせよ、これは比叡山の高僧の法験によって有無をいわさず破壊され、排除される対象と見なされたのである。

『古今著聞集』巻一の第三話では、真言僧の貞崇法師が勅を受けて清涼殿で念仏したところ、稲荷神を名乗る小人が託宣したとされ、その託宣とは「先ほど、あなたが大般若の読経をなさったときには、効験がありました。はじめに近づいてきたのは邪気です。あのお経によって足を焼かれて調伏されてしまいました。後でやった金剛般若経による奉仕の時は効験はありませんでした」といった内容であったという。

襲ってくる邪気にとって有効な経典を稲荷神が教示したというもので、明らかに大般若経の優位性を誇示することが説話の主眼になっている。この祈禱の背後には、菅原道真の怨魂に対する真言系修験の屈折した思惑も想定されるが（村山修一『天神御霊信仰』塙書房、一九九六年）、「邪気」といった表記で扱いうる対象であれば、験力ある仏僧の読経によって「調伏」できるものと考えられていたことは興味深い。

『法華験記』巻中第五十七は、二人の僧が但馬国《たじまのくに》の山寺に止宿して鬼神に襲われ、年長の修行僧は食われてしまうが、年少の持経者は毘沙門天《びしゃもんてん》の像に抱きついていたために難を免れた、という話である。彼だけが助かったのは、法華経信仰の深さであることが示唆されている。夜が明けて見ると、壇の前に牛頭鬼《ごずき》が三段に切り殺されており、毘沙門天のもつ剣には赤い血がついていたという。

この鬼神の正体についてはとくに述べられてはいないが、少なくとも同情や和解が必要な相手ではなく、一方的に切り捨てるべき悪の権化のごとく描かれている。理由も告げず人を食い殺す鬼と、これに力で対抗する仏教者。場を支配しているのは、あくまでも力と力の対決である。善なる神とこれに敵対するサタンという対決図式のなかで、力ずくで悪霊を排除しようとするキリスト教の悪霊祓い（エクソシズム）にも近い世界である。

調伏しつつ供養する

一見してわかるように、ここで調伏の対象となっているのは、邪視、大岩、邪気などである。邪気や牛頭鬼などは、怨霊や死者の転生による可能性はあるが、説話の文面には明記されていない。もちろん、平安朝の文学や貴族の日記などには、死霊や生き霊を正体とするモノノケ・邪気を験者が仏法の力を武器に祓除《ふつじょ》する事例は豊富に認められる。しかし、仏教説話集の世界にかぎっていえば、ねたむ死者たちは単に力まかせに排除するのではなく、むしろ生者の廻向によって得脱《とくだつ》させるべきであるとする論理が、広く前面に押し出されているようである。

『古事談』巻三の六話「早良太子ノ事」は、桓武《かんむ》天皇に付いた早良《さわら》親王の悪霊に対処するため、秋篠寺の善修《ぜんじゅ》（善珠）が招かれた話である。最初は有験の僧徒たちが加持するが、いっこうに効験があらわれない。最後に召された善修は『般若心経』を読んだうえで、次のように親王の霊に語りかける。「さればこそ申し候ひしか。無益の事なり。早く悪趣（底本によっては「悪執」）をとらかして、生死を離れしめ給ふべし」。人を恨むなどというのは、輪廻の輪のなかで苦しみを増やすだけの無益なことである。だから早くそれを悟って解脱の道に向かいなさい、という説教である。これによって天皇の病はたちどころに平癒したとされている。つまり、怨霊の怒りは力ずくの調伏では効果がなく、経典読誦による「供養」によってはじめて鎮めることができた、というのである。

桓武期における歴史的事実は問わない。注目したいのは、あくまでも鎌倉初期における説話化の手法である。ここでは、表面上は仏僧が経文を読誦することで「調伏」したように見える行為でも、じっさいには仏法の力によって悪霊の救済が行なわれているのだ、といった主張が示唆されている。先に指摘したように、仏教的な調伏とは、そもそも善導・教化という意味合いを含んだ言葉であった。「調伏しつつ供養する」という融通性に富むシステムの特性が、最大限に生かされ、洗練されていったのである。

第三章

供養システムの深化と定着

中世後期の展開

〈供養／調伏〉システムの独立

前章では、仏教の民衆化が進展したとされる平安末期から鎌倉期に編まれた説話集を基本資料として、主に中世前期までの時代における「苦しむ死者・浮かばれない死者への対処法」を検討した。考察の基本的な枠組みとして、〈祟《たた》り―祀《まつ》り／穢《けが》れ―祓《はら》い〉システムと、〈供養《くよう》／調伏《ちょうぶく》〉システムの二つのモデルを提示し、両システムの競合・併存のダイナミズムに注目するという観点を示した。

後発の〈供養／調伏〉システムは、在来の〈祟り―祀り／穢れ―祓い〉システムの上に乗ることで成長をとげたが、仏教の民衆化の初期段階においては、いまだその特性を十分に発揮することはできなかった。むしろそれは、類似の追加的技法のひとつとして、間借り状態にあったともいえる。

〈供養／調伏〉システムが仏教の普遍主義的な理念の特性を生かすことによって独自の力を発揮するようになるのは、かなり時代が下ってからのことである。逆にいえば、たんに

〈祟り―祀り／穢れ―祓い〉システムの類似品にすぎなかった〈供養／調伏〉システムは、仏教の民衆層への浸透にともなって、徐々に深く根を下ろし、独立したシステムとしての威力を発揮するようになったのである。こうした視点に立つならば、日本の民俗・民衆宗教史全体を、〈供養／調伏〉システム独立の漸次的なプロセス、として読み解くこともできよう。

〈供養／調伏〉システムが発揮する独自の威力とは何だろうか。すでに前章で、三つの着眼点を示しておいた。あらためてそれを確認しておこう。

（一）〈供養／調伏〉という新たなシステムの導入によって、これまで死者の怨念など個別具体的な関係の歪みとしてとらえられてきた災因論は、「因果応報」や「追善廻《え》向《こう》」など普遍主義的な原理として提示された。

（二）〈祟り―祀り／穢れ―祓い〉という共同体を基盤とした「個別取引」のシステムは、その力の源泉も一定の共同性・集団性に支えられていたが、後発の〈供養／調伏〉システムは、一定の個人的対応への通路を有効に開くものであった。

（三）〈供養／調伏〉システムの普及を契機として、これまで生者と死者との個別取引のなかで、死者たちの側に認められてきた主導権は、大幅に生者の側に引き寄せられた。

前章に引き続いて、このうちのとくに(三)の観点をさらに展開してみよう。仏教によって提供された「追善供養」「施餓鬼《せがき》」などの論理や技法は、ねたむ死者たちの牙を抜き、毒を消していく。死者たちに認められていた主導権は、大幅に生者の側に奪い取られ、人間中心主義的な新しい社会を主体的に生き抜くことのできる「強い人格」の形成にも、一役買ったのである。

ここで「強い人格」と表現したのは、要するに祟りにおびえない人々である。平安朝の貴族たちは無数のモノノケの影におびえ、天皇でさえも道真の怨霊に悩まされた。しかし、政権が武士に移り、さらに南北朝、戦国時代の長い動乱の末に天下統一を果たした信長《のぶなが》、秀吉《ひでよし》、家康《いえやす》などの武将は、多くの敵味方の将兵の屍のうえに政権奪取をなしとげたにもかかわらず、日ごと夜ごとに怨霊に悩まされるということは、もはやなかった。数世紀を経たこの懸隔は、単に貴族と武士の差と言ってしまえばそれまでだが、初期のころには武士階級といえども多くの怨霊の影におびえたことは、さまざまな記録から明らかである。『平家物語』に描かれた平清盛《きよもり》などは、むしろ怨霊に対抗する強気な面が強調されているが、結局はそうした傲慢さが仇となって悲惨な最期を迎えたとされている。源頼朝もまた、後には義経《よしつね》や平家の祟りで死んだといった伝承が流布するが、存命中は手厚い怨霊の供養に心を砕いていたことが『吾妻鏡《あずまかがみ》』などの記述から知られる。死者の祟りにおびえない武将を是とするような時代精神は、いつごろ、どのようにして作られたのか。もとより、この興味深い問いを一元的な要因に還元することはできないが、先に論じた〈供養／調伏〉システムの普及が大きな役割を演じたことはまちがいない。

古く内藤湖南によって提示された日本史の見取り図、すなわち中世後期の社会的動乱期たる応仁《おうにん》の乱をピークとして、日本の社会全体、とくに人々の心性のあり方が大きく変わったとする観点は、その後、多くの研究者によって支持されてきた（「応仁の乱について」『日本文化史研究』講談社学術文庫、原著一九二四年）。

こうした見解に従うならば、十四世紀から十六世紀ころを分水嶺とする歴史の転回は、日本における「軸の時代」ともいいうる意義を担っている。上で述べた社会的権力者やエリートたちの怨霊への感受性の変質を念頭におくならば、この大転回は広義の民俗・民衆宗教史においても無縁ではなかったと思われる。

以下、本章では、この中世後期という時代における「ねたみ苦しむ死者への対処法」の展開を、一、二の資料から確認し、日本の民俗・民衆的な宗教史の文脈において、そこに含まれた重要な意味について考えてみたい。

『太平記』の事例と日本仏教の葬祭化

怨霊譚の系譜

西郷信綱は著書『古代人と夢』（平凡社、一九七二年）において、古代から中古の人々にとって夢がもっていた神的な力の重要性を説得的に示したが、その考察のなかで、もはや夢の神性をも拒否する精神の代表例として、『太平記』巻三十五に登場する青砥左衛門という武士の話をあげ、ここでは夢への不信が、たんに不信心という消極的なものではなく、ひとつの新しい人生態度として自覚されている事実に注目している。積極的かつ自覚的な夢の神性の拒絶を示す資料として西郷が挙げたのが、十四世紀後半に成立した『太平記』であったことは示唆的である。本書での問題、すなわち怨霊への感受性の変化についても、やはりこのあたりから明確な変化の兆候が指摘できるからである。

もちろん『太平記』には、依然として多くの怨霊譚が収められている（巻数等は小学館『日本古典文学全集』所収の天正本に依った）。

巻十二「大内《だいだい》造営並びに聖廟《せいべう》の御事」では、元弘《げんこう》三年（一三三三）、鎌倉幕府が倒れた後、後醍醐《ごだいご》天皇の中宮、東宮が相次いで死んだ出来事を記している。これは「亡卒怨霊《ぼうそつをんりやう》どもの成すところなり。ただ事にあらず。されば、その怨害《をんがい》を止《とど》めて善所《ぜんしょ》に趣《おもむ》かしめんために……」ということで、四箇大寺《しかだいじ》（東大寺、興福寺、延暦寺、園城寺《おんじょうじ》）に命じて大蔵経五千三百巻を一日で頓写させ、法勝寺で供養を執行したとある。

　政権争いの勝者の身内に生じた不幸が、敗れ去った死者たちの怨恨によるものだとする観念は、依然として健在である。しかしここでは、生者に危害を及ぼす怨霊への対処に用いられている方策は、寺院での供養である。これも機能面だけを考えれば、祟る死者たちを神と崇める〈祟り―祀り〉システムと大きな違いはないように思える。だが、その内実に立ち入ってみれば、「怨害を止めて善所に趣かしめんために」などという表現に見られるように、明らかに単なる災厄の除去だけが目的ではなく、怨霊たちの苦悩を解いて善所に生まれ変わらせるという救済観が付加されている。災厄をもたらしているのは、もはや恐るべき怨霊ではない。前世への執着という罪を犯して輪廻のなかで苦悩をつづける「哀れ」で「気の毒な」霊たちなのだ。

　巻十五「東坂本《ひがしさかもと》責むべき評定《ひやうぢやう》の事」によれば、承保《じょうほ》元年（一〇七四）のこと、延暦寺の妨害で三井寺《みいでら》の戒壇造営の勅裁を撤回された頼豪《らいごう》は、怒って百日間、髪もそらず爪も切らず護摩をたいて「我願はくは、即身に大魔縁《だいまえん》となり、玉体《ぎょくたい》を悩まし奉り、山門の仏法を滅ぼさん」と悪念を発して、護摩壇上で死ぬ。その後、頼豪の亡霊は、鉄の牙と石の体をもつ八万四千匹のネズミとなって比叡山にのぼり、仏像や経巻を食い破ったので、頼豪を一社の神にあがめて、その怨霊を鎮めたという。すでに『平家物語』などにも記された、有名な「鼠の宮」の由来譚である。

登場人物にも儀礼の道具立てにも、仏教的要素があふれている。にもかかわらず、ここでの対処法は供養ではなく、神に崇《あが》めて鎮めるというもので、典型的な〈崇り―祀り〉システムが温存されている。「即身に大魔縁となり」という部分には仏教的な輪廻観が埋め込まれているが、それは、あえてその輪のなかに留まる道を選択することで、恨みを晴らす手段へと転用される。護摩をたく祈禱も、煩悩を焼き尽くすという教義的な名目とは正反対に、まさに現世への限りない執着によって「崇り」を引き起こす呪法となる。

巻二十「結城《ゆふき》入道病死の事」にも、類似のモティーフが見られる。建武五年（一三三八）、奥州に向かった結城入道が天竜灘《てんりゆうなだ》で嵐にあって伊勢の国に漂着し、そこで急病になって死を迎える。彼は臨終にあたって追善供養を拒否し、ただ朝敵の首を墓前に見せて欲しいと言って自害する。先の頼豪の事例もそうだが、仏教式の「供養」による成仏をあえて拒否し、輪廻への生まれ変わりによって子々孫々にまで怨念を及ぼそうとする態度は、この時代、権力闘争に敗れて苦悩する人々が選び取る、ひとつの定型的な臨終の様式ともなった。日本国の大魔王となることを誓って讃岐の白峰山に憤死したとされる崇徳《すとく》上皇や、近代の皇民化教育のなかで称揚された楠木正成《くすのきまさしげ》の「七生報国《しちしようほうこく》」などはその典型である。もちろんこれらの怨霊譚は、それぞれの時代的背景のなかで定型化されたもので、歴史的事実そのものというわけではない（山田雄司『崇徳院怨霊の研究』思文閣出版、二〇〇一年）。

本話では、その後、入道とゆかりの禅僧が旅の途中、夜道で地獄を目撃する。そこで阿《あ》鼻《び》地獄に堕ちて苦しめられる入道を見せられ、地蔵菩薩《ぼさつ》より供養するように言われる。これを聞かされた入道の息子は、はじめは半信半疑だったが、その後に父の臨終の知らせを受け、その様子の一致から信じて供養する。導師は救いを約束し、人々も賛同したという。最終的には仏教式の〈供養〉システムの導入で解決がはかられている。

祟りにおびえない武将

これらの事例はいずれも、〈祟り―祀り〉システムと〈供養〉システムとの競合・併存状況を示しており、その意味で、前章でとりあげた説話資料の典型をそのまま踏襲したものといえる。しかし、その一方で『太平記』には、もはや死者たちの祟りにもおびえることのない武将の姿が、はっきりと描かれている。

その代表例として、巻二十三「伊《い》与国《よのくに》より霊剣註進《ちゆうしん》の事」に出る大森彦七盛長《おおもりひこしちもりなが》の話をあげてみよう。知られるように、彼は湊川《みなとがわ》の合戦で楠木正成を死に追いやった張本人として、長く正成らの怨霊の執拗な脅しを受けるが、そのたびに剛胆な態度でこれを排撃するのである。

話はまず、彦七が正成に腹を切らせた勲功として将軍から恩賞を受けたのを祝って、猿楽が計画されたところから始まる。実はその席に、十七、八歳の美しい女性に変身した正成の怨霊がまぎれ込もうとした、という筋立てである。美女の姿で彦七に近づいた怨霊は、とつぜん鬼に変身して襲いかかる。だが、彦七はひるむことなく格闘に及ぶ。下人たちが加勢に駆け寄ったときには、すでに鬼はかき消すように消えていたとされる。

この日の猿楽は中止となったが、四月十五日の晩に再び開催が計画される。当日を迎え、すでに猿楽が半ばまで演じられたころ、はるか海上に唐傘ほどの光物《ひかりもの》が二、三百も出現した。やがてそれは鬼形の一団であることが判明する。見物に集まった人々が肝を冷やして見ていると、今度は雲のなかから「大森彦七殿に申すべき事あつて、楠正成参つて候ふなり」と大声が聞こえる。彦七はこれに対しても真っ向から反論する。怨霊たちは激怒して稲妻を走らせたり雷鳴を轟かせたりするが、ついには退散する。

しかし、なおも翌日の夜には、警固の者たちが寝静まったところへ三たび怨霊が乱入して、山蜘蛛《やまぐも》、髑髏《どくろ》、女の首などに次々と姿を変えて威嚇を続ける。彦七は今度もひとり恐れることなく立ち向かう。さらに夜を徹して番衆に蟇目《ひきめ》の矢を射させたり、陰陽師《おんようじ》に四門を封じさせたりするが、怨霊も決してあきらめようとしない。

話はこのように延々とつづくのであるが、しかし、一連の葛藤もついには終息を迎える時がくる。怨霊の執拗さに手を焼いている彦七のもとへ、最後に一人の仏僧がやって来て、次のような言葉で、般若経の講読に効果があることを説くのである。

「そもそも今あらわれた悪霊たちは、みな修羅の眷属《けんぞく》です。これを静める方策を案ずるなら、大般若経を読むのが最も効果的です。なぜなら、帝釈天と阿修羅とが須弥山《しゅみせん》の中央で合戦をするとき、帝釈天が戦いに勝てば、阿修羅は小さな身体になって、蓮根の穴の裏に隠れますが、阿修羅の方が勝つときには、須弥山の頂に座って手に日と月を握り、足に大海をふみつけ、それればかりか、三十三天の上に攻め上がって、帝釈天を住居から追い落とし、欲界の衆生をすべて自分のものにしようとするのです。このとき、諸天は善法堂に集まって、般若経を講じられます。すると虚空より輪宝《りんぼう》が下って剣戟《けんげき》が雨のように降り、阿修羅の連中をズタズタに切り裂くのだと、仏典にあります。だとすれば、須弥山の三十三天を支配しておられる帝釈天といえども、自分がかなわないときには、仏法の威力を借りて魔王を降伏《ごうぶく》なさるのです。ましてや徳の薄い凡夫であれば、なおさらです。法力を借りなければ、退治することはできません」

彦七がこれを受け入れて僧に実行させたところ、さしもの怨霊たちも鎮まり、二度と姿を現わさなかった、というのが話の結末である。僧侶が説く般若経の効能は、怨霊との力の対決に焦点が当てられ、調伏の力能を高める手段として語られている。

それにもまして注目されるのは、怨霊に対する彦七の一貫した強気の態度である。たしかに彼は怨霊のしつこさにてこずっている。しかし、これにおびえたり、激しい恐怖心を抱いているようには描かれていない。たとえば、正成の怨霊と称する声に天空から名指しで呼びかけられたさいにも、臆することなく、「人は死んだら再び帰ることはない。たしかにその魂は霊鬼となったのであろう。それはともかく、どちらにしても楠殿は何の用があって、今ごろここに現われて、盛長（彦七のこと）をお呼びになるのか」などと言い返している。正成の怨霊は皇統の正統性などを理由にみずからの正しさを主張するが、彦七の方も、一歩もひるむことなくこれを撃退しようとするのである。

彼にとっては、仏僧のアドバイスによる最後の解決もまた、かたちは「供養」であっても実質は「祓い」であって、便宜的な撃退手段のひとつにすぎないかのような描き方である。少なくとも、ここには、さまざまな怨霊の跳梁におびえた平安時代の貴族たちとは、根本的に異なる精神性を見いだすことができる。

巻三十四「諸軍勢退散の事」には、ある官軍の武士が亡き先帝（後醍醐）の廟を訪れ、その荒廃を嘆き、「どんなに卑しい者でも死後は霊や鬼になって是非善悪を正すものなのに、先帝にはまだその兆しもないのは何としたことでしょう」と泣きながら天に訴えるという場面がある。その後、この武士がわずかにまどろんだ夢のなかで、夜《や》叉《しゃ》か羅《ら》刹《せつ》のような先帝が現われ、武家方を倒す方策が整ったという奏上に満足していると語った。この武士は驚いて内々に打ち明けたが、「ただ、そうあって欲しいと思うことを夢に見たのだろう」と、信じる人もいなかった。しかし、やがてこの夢に期待をかける人もいたとある。

ここでは後醍醐天皇の怨霊は、もはや十世紀の道真のような力をもちえなかった。生者の夢を回路としたあの世からの訴えも、半信半疑に受けとめられている。

供養の手段的利用

理念的にいえば、仏教による救済とは、個別的な当事者間の恩讐の彼方に、真理の法を悟った者同士による、真に平等な慈悲の関係を築き直すものである。僧侶による読経は、敵も味方もないという普遍主義的な平等的人間関係への通路を開く。それは人々がおびえつづけてきた個別的な霊の脅威を和らげ、世俗の怨念を超えた寂静の境地において、人々が生と死の意味を味わい、他者との深い共苦共感を実現する方法を可能にするものであった。だが、それと同時に、仏教的な功徳によって怨霊を成仏させるという行為が、ここでは勝ち誇った武将の手によって、あたかも「厄介払い」の道具のように利用されているという面を、見逃すことはできない。

こうした供養のいわば「手段的利用」の典型は、室町幕府による安国寺・利生塔《りしょうとう》の建立、戦国大名たちが行なった敵味方供養《てきみかたくよう》などの作法にも見てとることができる。圭室諦成は『葬式仏教』（大法輪閣、一九六三年）のなかで、上杉憲基《のりもと》、島津義弘《よしひろ》、足利尊氏《あしかがたかうじ》、松平親忠《ちかただ》、徳川家康などの例を紹介しながら、中世後期以降、戦争で勝利をえた武将は、必ずといってよいくらい敵味方の戦死者のために大施餓鬼会を催し、「敵味方供養碑」を建てたことを指摘している。

家康を例にとれば、彼は一五七五年、織田信長の援助を受けて、多年の仇敵である武田勝頼《かつより》と戦って大勝する。有名な長篠《ながしの》の合戦である。戦後、彼は戦いの犠牲となった将兵の死骸を集めて葬った。ある伝承によれば、味方の塚は小さかった（つまり犠牲者が少なかった）ので小塚、敵方のは大きかったので大塚と名づけたという。これらは信玄塚とも呼ばれた。さらに家康は、大恩寺の演誉をたのんで法会を営んだという。

『長篠軍記』によれば、付近の農民たちが信玄塚から飛び出した蜂に悩まされ、これが武田勢の死霊の仕業であると騒いだので、それを鎮めることが法会を営む理由のひとつであったらしい。ここではすでに施餓鬼、すなわち「餓鬼に施してやる」という論法が、強気な武将たちによって巧妙に活用されていることがわかる。彼らは〈供養〉システムの巧みな導入によって、ねたむ死者たちの上位に立つことができた。

供養の相手が突出した個人の武将ではなく、将兵全体という集団であることも注目される（水藤真『中世の葬送・墓制』吉川弘文館、一九九一年）。平たくいえば、個性をもった怨霊の前にひたすら平身低頭して「お祀り申し上げる」という姿勢から、無個性の戦死者に対して、「俺が供養してやる」「俺の施しによって成仏させてやる」という姿勢への転換である。個々の場面や性格の違いを無視して概括すれば、戦国時代以降の武将は、自分が手にかけた敵将や、自分の出世の陰で犠牲となった味方将兵の死霊の怨念などに、正面から悩まされることは少なくなったといえる。

仏教の葬祭化

圭室の研究が示唆するように、こうした仏教的論理を利用した「強い」武将たちの形成は、十五、六世紀あたりを頂点とする〈供養〉システムの民衆層への急速な浸透、すなわち仏教による葬祭化の全国的な普及と軌を一にするものであったと思われる。一般に寺院経済において、十三世紀では庶民の葬祭はいまだ高い比重を占めてはいなかった。ところが十四世紀に入ると変化が生じ、十五世紀以降には、寺院財政は葬祭を抜いては考えることができなくなっていく。

禅宗を例にとれば、本格的に日本に伝来した鎌倉初期は、葬祭に関わるとしても僧侶のそれが中心であったが、しだいに貴族・中流武士階級に及び、やがて広く一般庶民の葬送儀礼に携わるようになる。その変化の極点はやはり十四世紀ころとされている(橘恭堂「禅宗と民俗」『講座・日本の民俗宗教2・仏教民俗学』弘文堂、一九八〇年)。しかも、そこでの葬祭とはたんに死の直後の葬式のみならず、中陰、年忌法要、預修(逆修)法要に関するものが非常に多いという。

知られるように、インド仏教にもあった中陰《ちゅういん》・中有《ちゅうう》の観念を土台に、中国では百日・一周忌・三年忌を加えた十仏事の追善習俗が確立し、これに十王信仰が重なって普及した。

この追善法要は日本に受容されるとさらに肥大化し、十二世紀から十四世紀にかけて、七年忌・十三年忌・三十三年忌を加えた十三仏事が、十六世紀には、十七年忌・二十五年忌を加えた十五仏事が行なわれる場合さえあった。

一四六七年の応仁の乱から、江戸幕府によって寺院法度が制定される一六六五年までの約二百年間に、仏教寺院は全国津々浦々に建てられ、その数は一気に急増した。仏教が庶民層の葬祭儀礼を独占的に扱うようになったのである。これは徳川政権によるいわゆる檀《だん》家《か》制度として、公的体制としても固定化されていく。世にいう「葬式仏教」の完成である。祟りにおびえない権力者たちの確立とは、まさしくこうした仏教による葬祭儀礼独占のプロセスと表裏一体のものでもあった。

「謡曲」に描かれた祟りと供養

武家の精神安定剤

仏教が民衆層へ深く浸透し、人々の葬祭を独占化していく過程では、各地の村々を遊行しつつ、施餓鬼や供養の論理と技法を説いて歩いた、中下級の伝道僧たちが重要な役割を果たした。これら「諸国一見の僧」たちの活動の一端は、能楽という舞台芸能と、その詞章たる謡曲文学のなかにも、かいま見ることができる。そもそも能の前身ともいうべき猿楽や田楽は寺院による勧進興行の場に進出することによって発展をとげるが、この勧進へ結縁《けちえん》奉加する庶民の主たる動機は、亡者供養のためであった（松岡心平「夢幻能の発生」『宴の身体』岩波書店、一九九一年）。

十四世紀から十五世紀にかけて成立した能は、やがて江戸幕府の手厚い保護のもとに洗練の度を深め、さらに近代以降には、知識人によって日本が世界に誇るすぐれた総合芸術として称揚された。とくに世阿弥《ぜあみ》の『風姿花伝』に代表される高度な芸術論を中心にすえることで、幽玄など普遍的な価値を帯びた美的理念の体現としてこれを鑑賞することが、いわば教養人の常識ともなる。文学の専門家たちは「複式夢幻能《むげんのう》」などの専門用語によって、その高い芸術性を権威づけた。

こうした風潮に対しては、すでに社本武が、世阿弥には観客の日常体験にもとづく具体的な要求に応ずることで能楽座を安定させようとする現実的な意図があった、という重要な指摘を行なっている（「修羅能の構成」『日本文学』第六巻、未來社、一九五七年）。当時の能楽師たちは、主要なパトロンである武士たちからいかに喜ばれ、気に入られるかに腐心していたという。修羅能とよばれるような、ある意味では驚くほど類型的、非個性的な形式がポピュラリティを得たのは、主要な観客でありパトロンでもある武家たちに精神的な安堵感を与えるという、きわめて現実的な需要に応えたからであった。今日いわれているような幽玄などの美的理念を、当時の武家貴族たちが唯美的にとらえていたとは思われない、と社本はいう。

筆者もまた、こうした批判に同感である。たしかに能や謡曲のなかに、洗練された美や仏教的理念の深化が見いだせることを否定するつもりはない。しかし、そうした一面のみを強調しすぎたことが、この芸能が形成された社会的・政治的な時代背景を軽視させてきたのではないか。本書のように、ねたみ苦しむ死者への仏教の対応という観点からすれば、修羅物と総称されたジャンルなどは、当時の支配的な武家たちにとって、まさに一級の精神安定剤として歓迎された芸能であり、だからこそ広く発展・普及できた、という一面があったのではないかと考えられる。

『敦盛』の例

ここでは、二つの代表的な例のみをあげておく。

最初は修羅物の典型である『敦盛《あつもり》』である。舞台にはまず、出家して蓮生法師《れんせいほうし》と名乗る熊谷《くまがい》次郎直実《なおざね》がワキとして登場する。『平家物語』などで知られるように、彼は源氏の武士であった時代に、有名な一ノ谷の合戦で敵将の平敦盛を手にかけて殺した人物である。その直実が蓮生法師となって一ノ谷を再訪し、敦盛の亡霊に出会って菩提を弔うというのが、この演目の全体的な筋立てである。

蓮生がひとしきり口上を述べると、土地の草刈男たちが現われ、そのうちの一人が残って、あなたの念仏の声をたよりにして来たのだから、十念を授けてほしい、と蓮生に懇願する。やがてそれは敦盛の亡霊であったことが判明する。正体をあらわした敦盛の霊は武将姿の後シテとして登場し、平家一門の滅亡の様子をこと細かに語り、仏教式の供養を求めるのである。

いわゆる夢幻能形式であるから、この部分は蓮生の夢のなかの出来事として演じられる。とくに注目されるのは最後の場面で、ここで敦盛は「仇《あた》をば恩にて、法事の念仏《ねんぶつ》して弔《とむら》はるれば、つひには共に生《ンま》るべき、同じ蓮《はちす》の蓮生法師、敵《かたき》にてはなかりけり、跡弔《とむら》ひて賜《た》び給《たま》へ、跡とぶらひて賜び給へ」と舞って消えていくのである。

ねたむ死者、うらむ死者の怨念の側に身をおいて考えるならば、敦盛の亡霊は、相手が自分を手にかけた直実だと気づいた瞬間に、恐ろしい悪鬼に変身して襲いかかってもおかしくないはずである。『太平記』に描かれた楠木正成の霊のように。

しかし、ここでの亡霊には、もはやそのような直接的な復讐を企てる怨霊としての主体的な力は認められていない。むしろ相手が出家して菩提を弔うべき仏僧になったことを喜び、彼によって営まれる法事の功徳にすがろうとする。みずからは平家の滅亡を回顧し、悔恨の心情をさまざまに口説くが、相手を呪ったり、危害を加えようという攻撃性は完全に封じられてしまっている。自分を殺した下手人が目の前にあらわれたにもかかわらず、生前の個人的な怨念は深く胸の内に押し殺し、ひたすら仏教的供養を懇願する存在として描き出されるのである。

こうした演出には、戦乱において惨殺した敵将であっても、この世を離れれば、生者たちの仏教式の功徳を必要とする弱者に転じてしまうのだという、暗黙のメッセージがこめられている。それらが、能楽の主たる観客でありパトロンでもあった中世後期の武将たちにとって、いかに好都合なシナリオであったかは想像に難くない。修羅能は「強い」武将たちを満足させ、彼らの精神を安定させる役割を担ったと考えられる。

『藤戸』の例

この問題がさらに露骨に表現されているのが、『藤戸《ふじと》』である。これもまた『平家物語』巻十「藤戸」から題材を得ている。

まず『平家物語』の原話の概要をたどってみよう。源平の合戦のさなか、源氏は瀬戸内海沿岸の備前国藤戸に陣をはった。一方、平氏は二十五町ばかり海面をへだてた対岸に陣を構えた。源氏の大軍は船がなくて渡れないので、向かいの山でむなしく日々を過ごしていた。そのなかで源氏の武将、佐々木三郎盛綱《もりつな》は、自分が先陣の手柄を立てたいという野心から、ひとりの浦の男、すなわち土地の漁師を仲間に引き入れ、小袖《こそで》などの品々を与えて、馬で渡れる浅瀬の場所を聞き出すことに成功する。しかし、こういう身分の賤しい者は、他の武将にも同じ情報を漏らしてしまうかもしれないと考えた盛綱は、一番乗りの手柄をひとりじめするために、その浦の男の首を切って殺してしまう。いわば、利用したうえでの謀殺である。盛綱はこれによって首尾よく先陣を果たすことができ、その勲功により、頼朝から備前の児島の地を賜るのである。

謡曲『藤戸』は、この佐々木三郎盛綱が、児島の地を賜って領地入りしたところから始まる。ワキとして登場した盛綱の前に、まず彼に殺された浦の男の母親がシテとしてあらわれ、わが子が死んだのは前世で犯した罪の報いとはいえ、だまして殺すとは、あまりにもひどいではないかと訴える。盛綱ははじめは取り合おうとしないが、やがて隠しきれず、浦の男を殺して沈めた場所を母親に教え、その菩提を弔うことを約束する。

図3　能『藤戸』で、後シテとして登場する浦の男の亡霊。（吉越立雄氏撮影）

盛綱が『大般若経』を読誦《どくじゅ》して供養すると、今度は死んだ浦の男の亡霊がシテとして登場し、わが身の不運を嘆く。最初は「御弔《おんとむら》ひはありがたけれども、恨みは尽きぬ妄執《まうしふ》を、申さんために来りたり」などと、明らかに恨みを抱いた怨霊であるかのような心情を吐露して、盛綱を責めたてる。しかし、やはり最後には、盛綱から思いがけぬ弔いを受けたことにより、成仏していくのである。地謡《ぢうたい》として語られる浦の男の台詞では、はじめは藤戸の水底に住む悪竜姿の水神に化して、恨みを晴らそうと思ったが、思いがけぬ弔いを受けたので、いまはもう生死の海をこえて彼岸に成仏して行くのだ、とも語られている。

先の『敦盛』では、直実はたしかに敦盛を殺害したとはいえ、それは殺すか殺されるかという戦闘中の出来事であり、武将としては不可避の行為であった。しかも直実はみずから出家して敦盛の霊を弔うために一ノ谷に赴いたのであった。ところがこの『藤戸』の盛綱の場合は、おのれの勲功という完全なエゴイズムのために、人の好い漁師を利用するだけ利用した後に、ためらいもなく謀殺したのである。現代人の感覚からすれば、いかなる弁解の余地もない卑劣な行為、としか言いようがない。殺された霊の立場であれば、子々孫々までも祟りを及ぼさねば気が済まない、という反応も当然予想される。にもかかわらず、謡曲の巧みな運びのなかで、ここでも最後は、亡霊はむしろ大般若経の読誦を受けたことに感謝して、成仏してしまうのである。

いずれの事例でも、すでに怨霊は牙を抜かれ、毒を消されつつある。多くの論者が指摘してきたように、能楽や謡曲という洗練された総合芸術のなかに、生や死を透視する深い人生観や情緒性の成熟がうかがえることは事実である。と同時に、世の無常を詠い、人生のはかなさに酔いしれるという文学的趣向の背後には、「殺生」に生きざるをえない武将たちを、ねたむ死者への「恐怖」や「負い目」から解放させるという、したたかな仕掛けも装備されていたことを忘れてはならない。

祟り物語の商品化

商品化のプロセス

為政者や社会的エリートたちが死者の祟りにおびえることは少なくなったとしても、一般の民衆層にあっては、ねたみ苦しむ死者がもつ情念の力は依然として高い潜在力を保ってきた。民俗・民衆的な宗教文化の系譜をたどるかぎり、死者との個別取引に頼る〈祟り―祀り／穢れ―祓い〉システムと、仏教的な理念を活用した〈供養／調伏〉システムとの競合・併存という関係は、近世から近代の激しい時代潮流にさらされながらも根絶されることなく、文化の中核に脈々と生きつづけたといえよう。

こうした根強い二つのシステムの競合・併存関係が、近世以降の社会でどのように維持され、とくに民衆宗教史における苦しむ死者への対処法の系譜が、近代に入って整備された戦死者の追悼・慰霊などの行為と、どのようにつながり、あるいはどのように切れているのかという問題は興味深い。本書で扱っているテーマが、国家神道における英霊祭祀や、今日のいわゆる靖国問題など、重要かつデリケートな論争にまで直結していることは確かである。

とはいえ、筆者にはいまだこれを十分に論ずる準備がない。ここではそうした考察への手がかりとして、近世以降に特徴的な二つの新たな展開を指摘するにとどめたい。

まずその第一点目は、本格的な都市文化の繁栄、とくに版木印刷の普及や娯楽的芸能の大衆化などによって、上で述べたような〈祟り―祀り〉〈供養〉システムによる対処法が、ある定型的なスタンダードの物語として大規模に「商品化」されるようになった、という新展開である。

堤邦彦によれば、近世初期の霊験譚として知られる『因果物語』は、鈴木正三《しょうさん》の片仮名本では、まだ地域における布教活動に直結した唱導話材集という性格を保っていた。しかし、寛文年間に刊行された浅井了意の平仮名絵入本にいたって、近世出版文化の洗礼を受けた仮名草子作品としての娯楽文芸性が強く見られるようになっていくという（「禅僧と奇談文芸」『怪異の民俗学⑥幽霊』河出書房新社、二〇〇一年）。

以後、十七世紀後半から十八世紀にかけては、さまざまな『百物語』が流布した。怪談・怪異文学は全盛期を迎え、それは上田秋成の『雨月物語』（一七七六年）でひとつの頂点に達する。「祟り」と「供養」の物語は、「売れ筋の」商品となったのである。

十九世紀に入ると、歌舞伎・講談などのジャンルでの怪談物が一段と洗練され、技巧をこらした仕掛けによって大衆的な人気をよぶ作品が次々と創作されるようになる。祐天《ゆうてん》和尚の活躍を描いた『死霊解脱物語聞書』『祐天上人一代記』などで知られるようになった累《かさね》伝説も、じっさいに起こったのは近世初頭とされるが、芝居・小説・狂言・舞踊・講談などの題材として江戸の庶民層に深く浸透し、約二百年の歳月を経た幕末の一八五九年には、三遊亭円朝によって『真景累ヶ淵《しんけいかさねがふち》』（当初の演題は「累ヶ淵後日の怪談」）として脚色された。これは同じく円朝の『牡丹灯籠《ぼたんどうろう》』や、鶴屋南北の『東海道四谷怪談』とともに、代表的な怪談噺として今日まで広く知られるところとなる。

百物語の世界

近世庶民の怪談といえば、その代表的なものとして、各種の百物語をあげることができよう。夜に何人かの仲間が集まって、順に手持ちの怪談を披露する。脇差などの武具はいっさい隠して持たない。あらかじめ百本の蠟燭を点灯しておき、ひとつの話が終わるごとに消していく。そして百話の怪談が語り終えられたとき、最後に残った一本の蠟燭が消される。すると暗闇のなかに、じっさいに幽霊や化け物など、この世ならざる何ものかがあらわれる、という趣向である。この百物語怪談会の起源は中世にさかのぼり、戦国武将が胆力を鍛えるために利用したともされるが、近世には次第に娯楽色・遊戯性が加味されていく。『諸国百物語』（一六七七年）『好色百物語』（一七〇一年）『御伽百物語』（一七〇六年）『太平百物語』（一七三二年）など、数多くの作品が作られた。

百物語でも死者の恨みや執着の話、つまり怨霊譚は定番のひとつである。その筋書きは一見したところ定型的で、どれも似たり寄ったりに思える。しかし、話の落としどころには、いくつかの分かれ道があって、主人公が怨霊にやられてしまうものもあれば、あるいは逆に、めでたしめでたしで終わるものもある。すべてワンパターンの怨霊譚に見えながら、読者にとっては、個々の話がどういう結末に流れていくのか予想がつかないという楽しさがある。

たとえば『諸国百物語』を例にとると、収録された百話には、いわゆる「変化《へんげ》の物」「化け物」など正体不明な怪異の対象と並んで、恨みなどをもった死者・亡霊・幽霊のテーマが多く、その数はほぼ全体の三分の一にあたる三十四話に及ぶ。強い恨み・嫉妬・執着をもった亡霊が相手をとり殺す、という定番の筋書きは多いが、キリシタンの幽霊（二―十六）、子を産む幽霊（五―一）のように、生者に訴えかけるだけで危害を加えることのない亡者もいる。仏教的な供養にしても、功を奏する場合もあれば、貴僧高僧を頼んで大般若祈禱をしてもらっても、結局は怨霊に殺されてしまう話（三―五）もある。

死者が恨みを晴らすのを手助けして御礼を受けた、という展開も四話ほど見える。そのひとつ、三―七話を紹介してみよう。

ある墓が夜になると三度ずつ燃え上がり、中から「人こひしやこひしや」という女の声がするというので三人の若者が見に行く。二人は逃げてしまうが、一人は女に話しかけて身の上を聞き出す。隣家の女に毒殺された鍛冶屋の女房であることがわかる。殺した女は七日もたたないうちに自分の亭主と夫婦になったという。無念で戸口まで行くのだが、門に牛王《ごおう》の札が貼ってあるので入れない、と女は悔しさを訴える。この男がその家に行き、牛王の札をはぎ取ってやると、にわかに黒雲が下がり、そのなかに提灯ほどの小さな火が見えて家のなかに飛び込み、夫婦の首を取る。男は手助けした御礼にと黄金十枚をもらう。最後は、男がその受け取った金で女の卒塔婆《そとば》を立て替え、ねんごろに供養してやったところ塚の不思議はなくなったという無難な結末に落ち着いているが、ここには現世への執着による復讐をひたすら悪と見なして非難するどころか、怨霊の情念に共感し、そうした復讐行為に拍手喝采する民衆感覚が生きている。

恨みを抱いた亡霊たちが、生者の行為にどう応えてくれるかは、基本的には予測がつかない。仏教的な供養が効くこともあれば、何の役に立たないこともある。親切に応対しようとして逆に殺されてしまうこともある。亡霊を利用して、ちゃっかり金儲けした男の話(二―五)もあれば、利用しようとして命を落とす話(五―十三)もある。どちらへ転ぶかは、まさに亡霊の気分次第である。

こうした性格は、もちろん前代の怨霊譚から受け継がれてきたものである。〈祟り―祀り/穢れ―祓い〉システムとは、最初から相手との微妙な力関係において対処法を決めなければならない性格をもっていた。近世における祟り話の商品化のなかで、こうした性格は助長され、多岐にわたる展開の道筋が作られていく。死者と生者との個別取引の世界は、抑圧・排除されるどころか、近世町民の想像力のなかで、ますます活動の場を広げていったのである。

民衆社会の根

百物語に見る死者たちの気まぐれさは、修羅能に類型化された様式性とは対照的である。やや図式的にいえば、迷える亡霊たちが供養によって例外なく無難に成仏していく能の世界は、社会の支配層やエリート層によって支持され保護された。そこでは支配層と既成仏教の僧侶が結託して、供養によって解毒され無菌化された死者のイメージを量産した。それはまた、ご先祖の恩徳を想ってひたすら感涙にむせぶような、「祖先崇拝」に対応する人格を育てる道にも通じていた。

一方、娯楽性を高めながら語りつがれる怪談話の隆盛は、一見したところ軽薄な町民文化の徒花《あだばな》に見えながら、じっさいには民衆社会に深い根を張っていた。百物語に描かれたような亡霊譚の多彩な展開は、霊たちの活動に災因を求め、その動きを予測したり統制することを任務とする民間の行者的・巫者《ふしゃ》的宗教者の活動の場を豊かにしていくことでもあった。

死者の対応が気分次第で、一元的な対応が不可能ということになれば、それぞれの個別的な死者の気分を察知したり、その動向を予測して適切な対処法を教示するという宗教者の役目は、ますます重要なものになる。いいかえれば、死者との個別取引における個別性が高まれば高まるほど、その個別取引を斡旋し、死者の意思を媒介するエイジェントたちの活動の場も、豊かに広げられていったのである。

顕彰の系譜

怨霊と霊神

近世以降の新展開として注目される第二点目は、この時代以降、死者を祀るという風習に、「顕彰《けんしょう》」という要素が強く表面化してくることである。ここで顕彰とは、もはや「浮かばれない死者」を「安らかな死者」に変えるのではなく、すでに功成り名をとげた人物の生前の徳を称《たた》えるという行為をさす。

特定の死者に対する顕彰の歴史的系譜については、すでに小松和彦による着眼と一連の考察がある（『神になった人びと』淡交社、二〇〇一年、『神なき時代の民俗学』せりか書房、二〇〇二年）。小松が示唆するように、一族や宗派の始祖を霊墓・霊廟に祀るという例は、中臣鎌足《なかとみのかまたり》を祀った多武峯《とうのみね》（後の談山《たんざん》神社）に代表されるように長い系譜をもつ。

とはいえ、こうした始祖神話の形象化とは別に、直接の血縁や系譜関係のない特定個人をあえて神として祭祀する風習は、近世以前ではやはり何らかの恨みをもった怨霊的な人物に限られていた。道真の天満宮に代表されるように、〈祟り―祀り〉システムの枠組みのなかでは、祀られる死者はもっぱらその祟りが畏れられた怨霊であった。ある人物が怨霊としてではなく、生前の功績を称えて神に祀り上げられるという風習が活発化するのは、秀吉の豊国神社や家康の東照大権現以後というのが通説になっている。八世紀はじめの良吏である道君首名《みちのきみのおびとな》が祠《ほこら》に祀られた例などから、この通説への疑義も出されてきたが（上田正昭「神々の実相」『古代伝承史の研究』塙書房、一九九一年）、一般民衆のなかでの顕彰の活発化は、やはり後代のことであろう。

　このことは、近世以降に活発化する霊神《れいじん》信仰にも見てとることができる。霊神といった神格の名称をたどっていけば、すでに十三世紀の『古今著聞集』巻二十に出る右近少将広継朝臣《あつそん》太宰少弐《だざいのしように》の説話がある。ここでは太宰少弐が龍馬を買いとって太宰府と宮廷との間をわずかな時間で通ったことから、死後に神として祀られたことが記されている。この社について、『尊卑分脈』には「豊後国鏡宮霊神是也」とある。いわゆる鏡宮の由来譚である。

　たんなる祟り神とは異なって、神仙的な人物への変貌の痕跡もみられ、その錯綜した歴史が予想される。しかし、中核に藤原広嗣の「怨霊」的な性格が秘められていることに変わりはない。祟りや怨恨の臭いがなく、もっぱら個人の徳を称える顕彰的な霊神の先駆を求めれば、やはり垂加神道の山崎闇斎《あんさい》を祀った垂加霊社あたりからであろう。

民間の霊神

民間における霊神としては、木曽御嶽《きそおんたけ》信仰のそれが知られている。講元や先達を霊神として祀り、山中には霊神碑が建てられた。山麓から中腹の登山道にかけて、その数は現在二万基に及ぶという。しかし、これも当初は「行者」や「菩薩」の号が追贈されていた。幕末維新期以降に復古神道などの影響で霊神号が用いられるようになったもので、活発化したのはむしろ近代である(菅原壽清『木曽御嶽信仰』岩田書院、二〇〇二年)。

ごく一般的な庶民が生前の行為によって神に祀られるということになれば、それは世のため人のために尽くした偉人だけにおさまらなくなる。生前に特定の病悩に苦しんだ人間が、それに恨みをもって死んでいくのではなく、むしろみずからがその病気を治す神になることを誓う、といった方向も出てくる。生前に咳で苦しんだ人間が咳止めの神として祀られたり、痔に悩まされた人が痔を治す神になった、などの事例は、民俗学者たちによって注目されてきた。これらも、祀られることで怨霊が益神に転換されるという点で、御霊信仰にまでつながる細い糸を見いだすことはできる。しかし、中心はやはり死者を顕彰して祀ることから派生したという側面が強く、その意味で霊神の近世的展開といえよう。

近世にも宇和島藩の家老・山家清兵衛《やんべせいべえ》を祀った和霊《われい》神社のように、祟る神を祀るという伝統は根強く継承された。しかし、その一方で、顕彰の要素はいたるところに増殖していく。一般には近世の代表的な怨霊信仰と見なされている義民についても、旧来の御霊信仰の系譜とともに、上州月夜野《つきよの》の杉木茂左衛門の伝承に見られるように、生前の徳行によって祀られる面が強調されていく(長谷部八朗「人神信仰」『現代民俗学入門』吉川弘文館、一九九六年)。

こうした「顕彰」による死者の称揚は、近代に入ると一段と華美で物々しいスタイルを伴って汎用されるようになる。佐倉惣五郎《そうごろう》に代表される義民伝承それ自体が、むしろ国の偉人として、近代の文脈のなかで形を整えられ肥大化したという一面をもっている。先の杉木茂左衛門は大正十年には茂左衛門地蔵として堂宇が建立され、戦後の昭和五十七年には三百年祭が催されて「遺徳碑」が建てられた。

戦死者の祭祀と供養

いうまでもなく、こうした死者顕彰の汎用化が大規模に適用されたのが、近代国民国家の「戦死者」たちであった。「顕彰」とはそれを誉め上げなければすまない、強固な社会集団の意志を背景にした行為である。顕彰を誇示し、あるいは誇示された顕彰を正当化する強い権威や権力が前提にあり、その権威や権力が高まることによって顕彰の信憑性も高まるという相乗的な関係がある。

近代国家の形成過程のなかで、顕彰を支える集団の核は一族や郷党、そしてとりわけ国家という枠組みに向かって収斂する。〈祟り―祀り〉システムと〈供養〉システムの併存によって牙を抜かれ、さらにそこに「顕彰」という要素が加わった複雑な死者への対処法は、やがては近代国家による英霊祭祀の論理と技法にまでつながっていくことになるのである。

すでに述べたように、仏教インパクトによって形成された〈供養／調伏〉システムには、在来の〈祟り―祀り／穢れ―祓い〉システムに完全に融合・吸収されることのない、独自のシステムとしてのユニークさが具《そな》わっており、それは長い歴史のなかで徐々に威力を発揮していった。独自性のひとつは、再三触れた死者側から生者側への主導権の移動であるが、それと並んで、個人の主体性の強化という面もあった。

社会的にも宗教的にもエリートとはいえないような一介の庶民が、身近な苦しむ死者に対して、ひとりの個人として立ち向かう道が開かれた。共同体社会を基盤とした〈祟り―祀り／穢れ―祓い〉システムでは、どうしても集団性に依存しがちだった対処法にかわって、仏教の普遍主義的教義を背後におく〈供養／調伏〉システムが導入されることによって、個人による苦しむ死者への主体的対応を可能とする道が広がったのである。

ここには、ある種の逆説的関係が認められる。つまり、死者とのいわば個別取引を基本とした在来のシステムでは、その対処法においてはむしろ集団の力に頼らざるをえなかった。〈祟り―祀り〉システムは、生者への主導権移行にともなって「顕彰」へと一直線に展開する。これに対して〈供養／調伏〉システムでは、仏教の普遍主義的教説を触媒として、かえって死者との親密で個人的な交流の通路を開くことができるようになる。原理の個別主義は対応の集団主義と結びつき、原理の普遍主義は対応の主体性に結びつく、という逆説である。

図4　イタコによる死者の口寄せ。（青森県金木町〈現・五所川原市〉の川倉地蔵堂例祭にて）

〈供養／調伏〉システムがもつこの特性は、たとえば近代の戦死者への対応をめぐる興味深い対比としても見いだすことができる。死者の口寄せで知られる東北地方のイタコが最も繁盛したのは、第二次大戦中だったという証言は多い。

戦地から続々と帰ってくる戦死者たちに対して、全国の各地域ではそれぞれの村や町をあげて「英霊奉斎《ほうさい》」の式典がおごそかに挙行された。その一方で、ひそかにイタコを訪れた人たちも多かったという。死者の霊をおろすといった行為は、明治の初頭から第二次大戦が終わるまで、法令上は禁止されていた。しかし、青森県などの例を調べてみると、現実にはほとんど黙認の状態だった。警察当局も、禁止すればかえって危険、という認識をもっていたようだ。戦地で死んだ父や息子が思い残した言葉を、一言でもいいから聞きたいという、親たち、妻たち、子どもたちの需要があった。そこでは、お国のために死ねて嬉しいといった公式見解とは、別の対話も聞かれたのである。そして、このイタコの口寄せを介して死者の思いを聞き届ける行為は、死者の「供養」にもなると考えられた。

「英霊奉斎」「英霊祭祀」が基本的に村や町という集団性、あるいは国家や天皇などの権威を前提にしなければ成り立たなかったのに対して、イタコの口寄せという「死者供養」の技法は、むしろきわめて個人的な死者との交流を可能にした。このことは、国家や行政が英霊の「祭祀」にこだわり、イタコがホトケ（死者）の「供養」にこだわったのはなぜか、という対比を考えたとき、きわめて示唆的である。本書で検討してきた二つのシステムの併存と競合という大河を、下流に向かって進んで行けば、やがては靖国問題のような広い河口が視界に入ってくる（近代の戦死者をめぐる祭祀と供養、集団性と個人性との相克については、補論「靖国信仰の個人性」を参照いただきたい）。

ここで論じた二つのシステムは、新しい歴史的条件を組み込みながら、近現代のさまざまな現象として再生産されている。それは戦死者の追悼・慰霊はもとより、現代の新宗教や民間宗教者の活動、話題の怪奇小説、さらにはテレビの娯楽番組に登場する数々の怨霊話や幽霊談にまで及んでいる。「日本」という枠組みをいたずらに実体化する弊は避けなければならないが、この列島の民衆文化に刻みつけられた「苦しむ死者」への配慮と対処法の広がりは、同時にその歴史的な根深さの証でもあろう。

第四章

比較死者供養論にむけて

世界宗教の理念と現実

世界宗教とは何か

これまでの章では、〈祟《たた》り―祀《まつ》り／穢《けが》れ―祓《はら》い〉と〈供養《くよう》／調伏《ちょうぶく》〉という二つのシステムの競合・併存の動態を探るなかで、苦しむ死者への対処法の歴史をたどってきた。扱えた材料は十分とはいえないが、問題の意義と、全体的な見通しの輪郭は示すことができたのではないかと思う。第一章でも触れたように、これは世界宗教としての仏教が、日本列島という個別の地域にどのように迎えられ、どのように受け入れられてきたか、またその流入後のインパクトが人々の生き方や心性にどのような影響を与えてきたか、という大きな問題にもつながる。いわば世界宗教の土着化のあり方に関わるテーマでもあった。

ところで、これまで「世界宗教としての仏教」という言い方をしてきた。この「世界宗教」とは何だろうか。

教科書風に叙述すれば、それはカール・ヤスパースが「軸の時代」とよんだ紀元前八百年から二百年ころを転回点として人類史上に本格的に出現した、教祖・教義・教団をそなえ、民族や国家の壁を越えて各地に伝播していくタイプの宗教をいう。具体的には「三大世界宗教」と称される仏教・キリスト教・イスラームなどで、宗教学者のグスタフ・メンシングは、これを「民族宗教」に対立する「世界宗教」として類型化した。

民族宗教とは古代ローマの宗教、イスラエル民族の宗教、ヒンドゥー教、それに日本の神道などに代表され、特定の民族集団の地縁・血縁的な系譜、言語、聖地など、個別主義的な象徴と深く結びついた宗教である。原則として集団の範囲を越えて伝播することはない。

これに対して世界宗教は、教義や教団組織などにおいて言語や文化を超えた普遍的な性格をもっているために、共同体や民族集団の枠を越えて、世界のどこにでも広がることができたという。民族宗教のメンバーシップは、地縁・血縁的な共同体に生まれた者が自動的に獲得するのに対して、世界宗教では、個人の「信仰」による主体的な参加によって教団がつくられ、積極的な布教・伝道への志向性が生まれる。こうした教義や組織の普遍的特徴に注目して、メンシングは世界宗教を「普遍宗教」とも言いかえている（下宮守之・田中元訳『宗教とは何か』法政大学出版局、一九八三年）。

普遍的ということ

ただしメンシングの議論でも、普遍宗教がただちに世界宗教と同義とされているわけではないし、すべて民族宗教に対立すると見られているわけでもない。普遍性の弱い世界宗教、普遍性の強い民族宗教にも言及している。

じっさい、世界宗教が普遍宗教だというのは、たんなる結果論かもしれない。たまたま何らかの歴史的・地理的な条件に助けられたり、広い領土を誇る政治権力に保護されて大きくなった宗教集団が、その勢力を拡張させる過程で、教義や組織を大幅に合理化し普遍主義化させていった、ということも考えられる。いわゆる三大世界宗教に関して見ていけば、こうした実例は無数にあげられるだろう。

もちろん、それを信奉する人々の立場からすれば、教祖の言動が高度な普遍性をもっていたからこそ、後の人間がそれを洗練させることができたのだ、ということになる。世界宗教の教祖の体験やその表現様式に、ある種の普遍的性格が宿っていたことは当然であろう。しかし、ひとつの歴史的事象としてみた場合、普遍的であったから世界宗教となりえたのか、世界宗教となったから普遍的な装いを身につけたのかは、これまた決着のむずかしい「鶏と卵」論争になってしまう。世界宗教なのだから本質的に普遍的だったとするメンシングの議論は、「勝てば官軍」式の論証になっている印象をぬぐい去れない。

アメリカの宗教社会学者、ロバート・ベラーは、人類の宗教史を大きく五段階の過程に区分するという宗教進化の学説を説いた。歴史に登場した順番に「原始宗教」「古代宗教」「有史宗教」「初期近代宗教」「現代宗教」の五つである（「宗教の進化」河合秀和訳『社

会変革と宗教倫理』未來社、一九七三年)。

彼の区分に従えば、三番目の「有史宗教」以後がメンシングのいう世界宗教の時代に該当する。これは共同体的社会の安寧を基調とした「原始宗教」や「古代宗教」とは異なり、はじめて共同体から離脱して都市的状況に生きるようになった人々に、個人としての救済の道を示す宗教として登場した。現世を無条件に肯定しうる場として受容するのではなく、「本当の世界」「本当の生き方」とでもいうべき超越的な価値世界に目が向けられたのである。

多くの学者が、人類史のこの段階にいたって、はじめて本格的な人間の自己否定の教説が示された点に注目している。つまり人間のもつ否定的な契機が、苦・悪・罪などの言葉で取り出され、家族の健康や安全、共同体の繁栄や豊饒といった日常的な生活次元の要求とは別の、それらを超えた救済の次元が説かれたのである。ここに現世を「俗」と見なし、それとは異質の領域を「聖」なる価値として区分するという発想も尖鋭化する。

世界宗教の適応形態

世界宗教がどこまで普遍宗教であるか、さらに普遍的であることが無条件に価値が高いといえるのか、といった議論は別にして、どの世界宗教も現実の社会に定着し、人々の生活に根ざした実践の規範として受容されるときには、政治的な支配者の保護を必要としたし、現世に生きる人々の直接的な利害を左右する教えとしても歓迎された。それは必ずしも現世肯定的な側面を切り捨てることはなかった。それどころか、現世での幸福や繁栄に積極的に役立つ宗教として喧伝された。本書のテーマに即していえば、個別の死者の運命などは普遍的な神様や仏法にまかせておきなさい、という建て前としての理念も、じっさいの生活者の現場では、さまざまな妥協策を伴うものとなった。

日本に移入された仏教のみならず、世界各地に伝播したキリスト教やイスラームにおいても、各地域における文化への具体的な定着のプロセスにあっては、さまざまな教義の再解釈や独創的な適応形態が工夫された。逆にいえば、個々の文化において、この個別的死者の運命への配慮と、それをめぐって展開される諸習俗に、いわゆる世界宗教がどのようにからみ、どのような変質を生みだしていったのかという問題を丹念に精査することは、きわめて興味深い比較宗教学の課題になりうるであろう。

仏教文化圏においては広く見られ、とりわけ日本の民衆宗教史で広範な〈供養／調伏〉システムを育んだ個別的死者への配慮の問題を、たんに日本という社会の特殊性へと囲い込むのではなく、広く世界宗教の土着化の問題を探る重要な切り口として位置づけ、さらに比較宗教学的な場へと視界を開いていこう、というのが本章の意図である。あえていえば、世界宗教の土着化の過程に即して検証されるべき「比較死者供養論」の試み、となろうか。そこにはまた、日本の宗教研究者が世界に向かって発信できるかもしれない、独自の研究視座の可能性が秘められている。

イスラーム圏の死者供養

イスラームの来世観

考察の手始めとして、まずは近年、日本人の人類学者によって調査されたイスラーム文化圏の「死者供養」的な諸慣行に関する事例研究の二、三を取り上げて、検討してみよう。

七世紀に誕生したイスラームは、終末の日のきびしい最終審判の観念と、楽園・火獄（地獄）の厳格な来世観で知られている。コーラン（クルアーン）のなかでも、とくにいわゆるメッカ啓示の章句には、終末と来世への警告が満ちあふれている。それによれば、最後の審判の日、すべての死者は生前の行ないによって、楽園に行くか火獄に行くかの判決を受ける。そこでは慈悲深いアッラーに許され、言葉がその心にかなう者以外は、「だれのとりなしも役立たない」（二〇章一〇九節）。

死者は「率先する者」「右側の者」「左側の者」の三つに分けられるらしい（五六章七節以下）。「率先する者」は至福の楽園に入るとあって、ここは楽園のなかでも別格の場所のようである。複数の楽園といったイメージもある（五五章四六節以下）、しかし、コーランの記述の多くは、一貫して厳格な二元論に貫かれている。「その日、彼らは二組に分けられる」(三〇章四三節)のだ。

楽園には河が流れ、わき出る泉や、たわわに実った果実の木がある。ほしいものは何でも得られる。黄金の腕輪や真珠で身を飾り、高くしつらえた寝台に横たわって杯を酌み交わし、美しい乙女の接待を受けることができる。何人もの清純な妻をもつこともできる。これに対して、火獄(ゲヘナ)では灼熱の業火に焼かれ、しかも死ぬことすらできない。胃袋のなかで溶けた銅のようになるザックームの実を食わされ、血膿《ちうみ》の汁や、煮えたぎる熱湯を飲まされる日々がつづくのである。

コーランには、終末の日まで死者たちがどこにいるのかという居場所への言及はない。だが、二三章一〇〇節に描かれた「甦りの日までの障壁」というのが、不信仰者には仮の火獄なのだと解釈された。さらにそれは天使による墓での訊問と罰という信仰箇条と結びついて、一般信徒にとってはキリスト教的な煉獄のような場所であり、殉教者にとっては仮の楽園だとする解釈も生まれ、これはスンナ派の正統神学や法学では肯定されるという(小田淑子「来世」『岩波イスラーム辞典』、二〇〇二年)。火獄には七層あって、信仰者の罪人は第一層でしばらく罰を受けたのちに楽園に送られるといった教義解釈も生まれた。

来世の二元論は厳格だが、キリスト教のような原罪を認めないことから、ムスリムであるかぎりは最終的には楽園にいけるといった楽観論が生まれやすい。火獄の永遠性をめぐる解釈にも、妥協の余地が開かれていたようである。

チュニジアの事例

こうした啓典や教義上の他界観は、じっさいの人々の生活、とくにイスラーム圏に属する村落社会のなかでは、どのように受け入れられているのだろうか。それを知るには、人類学者たちの地道な研究成果に学ぶ必要があろう。

ここで最初に取り上げてみたいのは、鷹木恵子によるチュニジアの一村落における調査研究の報告である(『北アフリカのイスラーム聖者信仰』刀水書房、二〇〇〇年)。彼女の調査地はチュニジアのジェリード地方にあるセダダ村という村落であるが、鷹木はこの村で営まれる死者埋葬の実践に関して、詳細な記述を行なっている。

このなかで、とくに本論の視点から注目されるのは、次のような記述である。「埋葬日の後三日間は、遺族は連日、弔問客や貧者への食事の施しを行う。それはすべて故人の慈悲を象徴するものとされ、故人の生前の罪などを贖《あがな》う追善供養として行われる。特に貧者への食事の施しは、その後一年間、毎週金曜日ごとに、その後はイスラームの大祭と小祭の度ごとに繰り返される」。

何よりも興味深いのは、ここに「追善供養」という仏教用語が使われていることである。もちろんこれは、セダダ村の習俗に仏教的観念が入り込んでいる、ということではない。北アフリカの一村落で行なわれているイスラーム的な慣習的実践の内容を、日本人の研究

図５　チュニジアの村落における死者供養的習俗。貧者への施しの場面。（鷹木恵子氏撮影）

者が日本語の書物によって日本人の読者に伝えようとしたとき、あえてこの仏教用語がふさわしい言葉として選ばれた、ということであろう。

ここに記された埋葬後の風習には、故人の生前の罪を贖い、何とかして天国に送ってやりたいという遺族たちの願いがこめられているのであり、その意味でまさに「追善供養」的な行為といえよう。ただ、鷹木自身が慎重に述べている前後の文章からも知られるように、これはやはり仏教式の「追善廻《え》向《こう》」とは異なる。弔問客や貧者への施しは、あくまでも「故人の慈悲を象徴するもの」であって、残された遺族たちが自分の積んだ功徳を死者にまわしてやる、といった発想は語られていない。イスラーム的な教義に従って、個人の死後の運命は、あくまでもその当人の生前の生き方のみによって決せられるのである。

このことは、他の人生儀礼（誕生・割礼・婚礼・巡礼）などでは、村の聖者廟への参詣があるが、葬儀だけはそれがない、という指摘からも傍証される。葬儀はあくまでも死者の生前の罪を贖い、天国へ行けることを願う行事であるため、聖者のとりなしを期待する祈願はない、と鷹木は解説している。日本における香典のように、弔問客の側が死者や遺族に金品を贈るという風習もなく、もっぱら遺族側からの施しが儀礼の中心になっている。もはや自分では何もできない故人に対して、少しでも生前の罪を軽くして、天国への道を広げてやりたい、という遺族たちの願いは強く認められるものの、原則はあくまでも死者本人がみずから贖罪する行為にある。遺族たちにできるのは、せめてその機会を死後にまで拡張して増やしてやることだけなのであろう。

ヨルダンの事例

次にとりあげるのは、やはり人類学者の清水芳見によるヨルダン北部、クフル・ユーバー村の調査事例である（「アラブ・ムスリムの死」『東京都立大学人文学報』二三二号、一九九二年）。

この報告のなかで清水は、当地における葬儀習俗をめぐるイスラーム神学的な理念を紹介している。それによれば、あるムスリムが最後の審判の日に天国に入れられるか地獄に入れられるかは、生前のハサナート（善行）とサイイアート（悪行）の多寡によって決まるとされる。そのとき預言者ムハンマド（モハメット）がアッラーに信者の罪のとりなしをするというような考え方はあるが、ふつうの人が死者のために善事を行ない、それによって死者のハサナートが増えるというような考え方はまったくないという。

とはいえ、ここでも清水は、じっさいの村人たちの行事には、死者が自分のハサナートを増やす可能性を高めさせてやろうとして、遺族たちによって営まれる行事が濃厚に見いだせることに注目している。たとえば、四十日の服喪期間中には、家族によって饗応《きょうおう》が催され、供犠にした肉が貧者に配られたりする。また、各木曜日やアルバイーンといって死後四十日目の喪明けに催される行事では、菓子を作って墓参のときに貧者に配ったりする。これらの行事はいずれも家族自身のハサナートを増やすだけでなく、死者のハサナートをも増やすといわれる。

ここにはきわめて微妙なニュアンスではあるが、仏教的な追善廻向にも重なるような感覚が認められよう。一方で清水は、アルバイーンの主催者が死者だという考え方もあるらしいことを指摘している。これは饗応や施しの主体が遺族ではなく、あくまでも死者本人であることを強調する、ひとつの弁明なのかもしれない。

だが、こうした追善供養的な行為も、死者の祟りを恐れてとか、死者が幸福や繁栄をもたらしてくれることを期待して行なう、といったことはないという。たしかに「祟り」的なエピソードは皆無ではない。清水が紹介している実例では、たとえばAという男がBという男を殺し、その数日後にAが事故か何かで死んだような場合、人々は「それはBの犯行だ。アッラーが殺人者に復讐された」などと語り合うことがあるという。「目には目を」といういわゆる報復法的な考え方が見え隠れしているようでもある。しかしここでも、Aに殺害されたB自身が直接に「祟って」恨みを晴らしたわけではない。あくまでもアッラーがそれを為したのであって、「復讐するは神にあり」という一神教の伝統は堅持されている。

ブルネイの事例

清水はまた、東南アジアのイスラーム圏であるブルネイでも、同様の問題意識に立った調査を行なっており、これは比較対照の事例としてきわめて貴重である（「マレー・ムスリムの死生観」『中央大学・総合政策研究』九号、二〇〇二年）。

調査地はブルネイのバンカラン・バトゥ村という村落である。ここでは弔問客が遺族に一定の見舞金を渡すという風習がある。逆に遺族が弔問客をお茶や菓子で接待することはないという。北アフリカやアラブでは一般的でなかった弔問客の側からの金品が登場し、遺族側の施しが後退している点が興味深い。

当地では、埋葬の日・死から三日目・七日目・四十日目・百日目・毎年の命日などには、マジュリス・ブルタフリルという儀礼と、それにともなう食事会が行なわれる。この費用は死者の子どもたちなどが負担するという。施しというよりも、日本の法事にあたるような共食の感覚が中心にあるのだろうか。清水によれば、インドネシア・スマトラ島などでは、マジュリス・ブルタフリルは非イスラーム的であるとして、禁止する決定が一九四八年に宗教指導者たちによってなされたが、現実には、この儀礼はマレー・ムスリムの世界で広く行なわれ、死者が天国に行ける可能性を高めたいという気持ちからなされるという。単純な概括は慎まなければならないが、ここには日本の「死者供養」にも通じるような感覚が、いっそう濃厚に感じられる。

ここでも「死者の祟り」に該当するような考え方は見られないとされる。とはいえ、本論で注目した死者との個別取引を暗示させるようないくつかのエピソードが、清水自身によって紹介されている。そのひとつは、ある父親の死後、遺産相続をめぐって子どもたちのあいだに争いが生じたとき、死んだ父親が長男の夢のなかに現われ、彼らの争いに対して怒った、という話である。長男が弟妹にこの夢の話をしたことで、争いは収まったという。死者が生者に直接的に意思を伝えることが肯定されているだけでなく、その重要な回路として夢の役割が保持されている。

さらに次のようなエピソードもある。二十年ほど前に村のある家族が経済的理由からマジュリス・ブルタフリルと食事会を行なわなかったところ、ある日の午後、その死者の霊魂と思われるものが現われて、釜をひっくりかえし、なかのご飯をまき散らしたという。もとよりこれは「先祖の祟り」といったものとはかなり性格が異なる。しかし、故人の死後に一定の儀礼を営む義務が遺族にはあって、それを無視すれば故人の怒りを招くという感覚には、生者と死者との直接取引の回路が、依然として強く残されていることがうかがわれる。

回族の事例

中国には回族とよばれる少数民族がいる。その多くは今日でもムスリムの自覚をもっている。中国西北部・寧夏回族自治区で彼らの葬送習俗を調査した澤井充生の報告も興味深い（「死者をムスリムとして土葬すること」『社会人類学年報』二八号、二〇〇二年）。

ここでも宗教指導者がコーランを朗誦《ろうしょう》してアッラーに懺悔《ざんげ》する行為があり、死者の生前の罪を赦免してもらう願いが込められている。また遺体を安置した後に、遺族は葬儀参列者に金銭を配る。これは自主的な施しとされ、アッラーが死者の罪業を赦免するように祈るのだという。漢族の儒教的な観念や風習との融合も認められるが、イスラーム的な説明体系は堅持されている。死者が「鬼」になるといった話は聞かれず、したがって死者や先祖が祟るといった畏怖の念は意識されていないという。

追善廻向的な感覚と最も近いのは、死後二十一日目の儀礼であろう。ここでは招待された隣人・知人たちが遺族への弔問に際して自主的な施しを行ない、コーランを朗誦して祈る。これは、できるだけ多くの人々による祈念が死者を天国に近づけるという信念にもとづく行為とされる。澤井によれば、ムハンマドの言行録とされる『ハディース』には、「亡くなったムスリムのために百人もの同胞たちがとりなしの祈りを捧げれば、そのとりなしは受け入れられる」といった記述もあるというから、こうした風習を必ずしも非イスラーム的と呼ぶことはできない。

いずれにせよ、ひとくちにイスラーム文化圏といっても、じっさいの地域社会では、さまざまな土着化の形態と、さまざまな対応のバリエーションが展開されていることがわかる。

キリスト教圏の死者供養

ロシアのフォークロア

同じことは、今日のキリスト教文化圏にもいえる。とくに正教やカトリックの濃厚な地域では、死者供養的な習俗は根絶されるどころか、むしろ近年の民族主義やナショナリズムの高揚のなかで、再び顕在化する傾向さえある。

栗原成郎は、ロシアにおいてキリスト教以前の異教的な伝統を示すフォークロアが、民衆の意識の深層に息づき、それは共産主義政権崩壊後の人々にも見いだせることを指摘している（『ロシア異界幻想』岩波新書、二〇〇二年）。

そうしたフォークロアのなかには、死者が何らかの姿をとってあの世から戻ってきたり、何らかの訴えを知らせてくる、という信仰も根強く見られる。戦争で両脚を失った兵士が死んで、未亡人の夢に現われて、松葉杖を柩のなかに入れてくれと要求した話、生後六カ月で死んだ男の子が母親の夢に現われて、靴を要求した話などが紹介されている。

さらに、一九九〇年当時五十四歳の男性から聴取されたという、次のような話がある。死んだ隣人が夢に現われて、金がなくなったとぼやく。三日後に死んだ人がいたので、その人の墓のなかに小銭を投げ入れて彼に届けてもらうように頼んだ。この話を語った男性は最後に「これは、つまり、故人が追善供養を要求したのさ」とコメントした、と栗原は紹介している。

この「追善供養」と訳された原文のロシア語がどういう言葉なのかはわからない。しかし、先のイスラームの事例研究の場合と同様に、ここでも仏教用語がそのままロシアの文化に混入しているわけではないだろう。日本の読者に日本語の書物によって事態を伝えようとしたときに、はからずもこの表現が用いられたと考えられる。逆にいえば、世界各地の文化における「追善供養」的な観念や習俗の広がりと、その根強さが示されている、ということになろう。

ロシアではまた、死後四十日目にソロチーヌイという死者の追善行事が広く行なわれるが、この四十日という期間は、とくに死者が活発に人前に姿を見せるという。興味深いのは、先に紹介したヨルダンおよび中国の回族でも、死後四十日目の儀礼が重視されている点である。どちらの報告者も、これがイスラームの教義には見いだせないとして、正教からの影響を示唆している。キリスト教での四十日というのは、使徒行伝一・三に出る、受難後に復活したイエスが弟子たちに姿を現わした期間をさす。門外漢の筆者にはその経緯は不明だが、死後四十日目までは死者がこの世にとどまるといった観念が、ユーラシア大陸の一神教圏に広く普及しているという事実は注目に値する。

ラテン・アメリカの死者の日

ラテン・アメリカ世界では、カトリックと習合した死者の祭りが広く知られている。とくに十一月二日の万霊節を中心とした時期は、死者たちが帰ってくる日として、日本の盆行事にも類似した習俗が各地で行なわれている。万霊節は後に述べるように、十世紀末にヨーロッパで創設された行事であるが、その基盤には死者を祀るキリスト教以前の習俗があったといわれている。これがカトリックの行事としてラテン・アメリカに伝わると、先住民の死者祭祀と混交して、さらに新たな行事が生み出された。

ボリビア北部には、レイミーという人口約八千人のインディオ部族がいる。彼らを調査した英国の人類学者オリビア・ハリスによれば、レイミーでは十一月の万霊節と、二月から三月頃に行なわれるカーニバルが、二大祭典になっているという。死者たちが帰ってくるといわれる万霊節では、リャマが犠牲にされ、料理を並べた特別のテーブルが用意される。近親者たちは夜を徹して献酒を注ぎ続ける。教会の墓地では、過去二年間に死んだ者に対して特別の祭典が催される。墓の上には七、八フィートの階段状の祭壇が立てられ、多くの供え物がなされる。日本の新盆を彷彿とさせる行事である。この万霊節は雨季の到来と農耕の開始を告げる春の祭典でもある。

一方、雨季の終了と農作物の実りを祝うのがカーニバルである。現在のカーニバルには死者は直接関係していない。しかし、そこで重要な位置をしめる「悪霊追放の祭り」は、明らかにキリスト教以前の死者を送る行事であった、とハリスは述べている。彼女は残されたさまざまな証拠から、かつては春に死者たちを招き、いわばこの集合的な死者が農耕を助ける神として村にとどまり、やがて収穫期に再び死者を送り返すという考え方が、彼らのなかにあったのだと推定している（Olivia Harris, "The dead and the devils among the Bolivian Laymi", Maurice Bloch & Jonathan Parry ed., *Death and the Regeneration of Life*, Cambridge University Press, 1982）。

ただちに想起されるのが日本の先祖祭祀を論じた柳田国男の学説である。柳田もまた、盆と正月という二大祭典が先祖を迎えて交流する行事であったと考え、さらに山の神に姿を変えた集合的な先祖は、春先には田の神となって里に迎えられ、農耕の守護神として働くという考え方が、日本の民俗社会に広く見られることに注目したのであった。これらの学説の当否は別にして、地球のほぼ反対側に位置する二つの地域で、きわめて類似した死者祭祀の構造が想定されたという事実には、あらためて注目される。

メキシコもまた、万霊節に死者の祭りが広く行なわれることで知られている。古い習俗を残すとされるミスキック地方の万霊節では、死者の種類によって帰ってくる日が異なるという考え方もあるという（加藤薫「精霊の夜――メキシコ、ミスキックの祖先供養」『季刊民族学』二三号、一九八三年）。

たとえば交通事故や暗殺などで死んだ人たちは、すでに十月二十八日には帰ってくるという。翌二十九日には、洗礼を受けずに死んだ子どもたちが帰ってくる。三十日になると身寄りのない孤独な魂が、三十一日には小天使とよばれる子どもたちの死者が帰り、そしてようやく十一月一日に、ふつうに死んだ大人たちが帰ってくるのである。二日は日本でいう送り盆にあたり、早くも死者たちはあの世に戻っていくのであるから、ふつうの死者は一泊二日の滞在ということになる。これに対して、非業の死をとげた死者、つまりこの世に未練や執着を残しているかもしれない気の毒な死者たちほど、長く滞在させて長くもてなすという配慮が見られるのである。

外面はキリスト教の祭りという衣を着てはいるが、内実は死者との直接交流の習俗が見事に生きつづけている。本書の問題意識に立っていえば、生者たちの手によって、「浮かばれない死者」を「安らかな死者」に変えようという努力が、ほのかにかいま見られる行事としてとらえることも可能かもしれない。

アンデスの死者崇拝

知られているように、スペインによって征服される以前のアンデス地方では、豊饒をもたらす象徴として先祖を祀る風習が広く行なわれていた。死者の遺体はミイラ化され、村の墳墓や、山際の崖に造られた壁龕《へきがん》墓などに安置され、村人たちの崇拝を受けた。これらのミイラ化した先祖は、いつまでも村を見守り、子孫たちに豊かな農作物の実りや幸福をもたらすと考えられていた。

この地に侵入したスペイン人たちは、カトリックの教義にもとづいて、先住民の信仰を野蛮な偶像崇拝として根絶しようとした。土着の神々はその力を否定され、悪魔の地位に落とされる。死者の遺体に認められていた富や豊饒をもたらす力も剝奪され、悪霊的な表象へと変質させられていった。

とはいえ、先スペイン期の住人と墓に残るその遺骸はマチュ（昔の人）などの名で総称され、このマチュをめぐるさまざまな伝承が、今もインディオたちのあいだに語り継がれている。たとえばマチュは過去に肥沃な土壌をもたらしたばかりでなく、現在も村の農業の繁栄に重要な貢献をしているという。また、特定の農作物は特定のマチュの個人的専有物であって、村人がマチュに無礼を働いたりすれば、マチュの怒りによってその作物は育たなくなってしまう、などの伝承もある。さらに、キリスト教によって追放されたマチュはインディオに恨みや憎しみを抱く邪悪な存在になっていて、美しい女性に化けて村人を性的に誘惑する、といった話も広まっている（齋藤晃『魂の征服』平凡社、一九九三年）。

アンデスの先住民に抱かれた死者のイメージには、総じて子孫を見守り利益をもたらすという慈恵的な性格が強いようだ。何らかの未練をもった死者が祟る、といった側面はなかったのだろうか。無礼を働けば怒るとか、村人に危害を加えるといったマチュの邪悪な一面が、キリスト教によって強制された悪魔化の結果によるものか、あるいは死者たちが本来もっていた主体的な力によるものであるのかは、検討の余地があろう。

古ゲルマン社会の死者

ヨーロッパにおいても、キリスト教が定着する以前の古ゲルマン社会などでは、死者と生者との直接交渉・直接対決・個別取引が頻繁に許容される文化が広がっていた。阿部謹也は『アイスランド・サガ』などの資料をもとに、そうした文化の生き生きとした痕跡を探っている（『西洋中世の罪と罰』弘文堂、一九八九年）。

そこでは死後に生きつづけ、生者を守ったり、あるいは生者に危害を加える死者たちが盛んに登場する。ここでは恨みをもった死者が復讐するのは当然のことと考えられていた。死者の世界は生者にはコントロールできない領域にあり、死者が悪しき亡霊に変身したときには、それなりの処置が必要とされた。死者がさまよい歩くのを防ぐために、その首を切断して両脚の間に置くといった方法も知られていたが、頭がなくなっても歩き回る死者もいた。

総じていえば、ここでは恨む死者などへの対応は、力で切り捨てるという方向、本書の枠組みでいえば、〈穢れ―祓い〉の方向に傾斜し、彼らの苦しみに生者が同情して何らかのかたちで譲歩するような〈祟り―祀り〉の感覚は弱い。当然、〈調伏〉が強く〈供養〉は弱い、ということになる。

西欧のキリスト教社会では、あらゆる災因はサタンや悪霊など、絶対的な悪の属性をもった存在に一元化され、神の力によって悪霊を殲滅《せんめつ》するといった〈調伏〉が目立つ。悪霊たちと妥協して和解を模索するような〈供養〉の面は見いだしにくい。これはふつうキリスト教そのものの影響として説明されることが多いが、もしかしたら、こうした特性はむしろキリスト教以前の基盤にあったのかもしれない。とくに北欧のゲルマン地域などの場合には、そもそも力の対決に頼る〈穢れ―祓い〉の要素が前面に出ていたために、力による悪霊祓いを武器とするキリスト教を受容しやすかった、ということも考えられる。

阿部の指摘によれば、このように生者を守ったり危害を加えたりという主体的な死者のイメージが、ひたすら生者に救いを求める哀れなイメージへと変化したのは中世の中頃であり、それこそがキリスト教の普及による結果であったという。十三世紀の『黄金伝説』の説話から浮かび上がってくる死者のイメージは、現世に立ち戻りながらも、みな耐えがたいほどの苦しみを受けており、生者に救いを求める姿になっている。しかし、その一方で、カエサリウスの『奇跡をめぐる対話』などには、キリスト教の死生観の展開のなかにあって、なお『アイスランド・サガ』に見られるような主体的な亡者の信仰が、依然として強固に生きつづけていたという。

煉獄という妥協策

煉獄の誕生

キリスト教が拡大するなかで、在来の死者イメージに大きな変質をもたらしたのは、いうまでもなく最終審判における天国と地獄の二元的他界の教義であったが、中世ではそれに加えて、煉獄（purgatory）の教義の発達が重要な役割を演じた。煉獄とは、「とりなしの祈り（suffrages）」と呼ばれる生者の力添えによって、人がそこで受ける試練も短縮されるような中間的来世をいう。

中世のカトリック社会で隆盛をきわめたこの他界観は、後のプロテスタントによって聖書に根拠をもたない謬説《びゅうせつ》として激しく批判されるが、カトリックでは近年まで教義としての命脈を保っていた。日本でもよく知られたジャック・ル・ゴフの『煉獄の誕生』によれば、その萌芽は初期キリスト教にも見いだせるが、観念の完成、つまり本格的な「煉獄の誕生」といえるのは十二世紀後半であり、その後の約百年間、つまり十三世紀に最も隆盛をきわめた(渡辺香根夫・内田洋訳『煉獄の誕生』法政大学出版局、一九八八年)。

煉獄の誕生の背景には、キリスト教の教義に内在する根本的な問題点と、それが民衆層に浸透する過程で呼び起こされた深刻な疑義があった。たとえば、人が天国と地獄に裁かれる審判はいつ行なわれるのか、という問題がある。それは各自の死の直後なのか、世の終末の時なのか。後者の場合、それまで死者はどこにいるのか。そのときの死者はどういう状態に置かれているのか。また、地獄は本当に永久・絶対なのか、という問題がある。福音を聞かなかった者、洗礼を受ける時間のなかった者、悪意や意図をもたずに罪を犯した者、ごく軽い罪を犯した者は、どうなるのか。さらに、最大の疑問は、永遠の命(天国)と永遠の滅び(地獄)という二つの道しかないのか、という点である。

仏教の場合には、六道輪廻《りんね》の世界観があるから、たとえそこから解脱できず、しかも三悪趣とよばれる地獄・餓鬼・畜生などの道に堕ちたとしても、基本的には因果応報の輪廻のなかにあるわけだから、やがては抜け出る可能性が開かれている。地蔵菩薩《ぼさつ》や観音菩薩などを介して、さらには先に詳述したように遺族たちの追善廻向の行為によって、救われる可能性があった。極悪人の場合、永遠の地獄行きといった考え方もないわけではなかったが、理念的にはまさに「地獄で仏」に出会う道は残されていた。

しかし、本人の生前の信仰や行ないのみが死後の運命を決するというキリスト教の文脈では、絶対的な二者択一以外の逃げ道はない。完璧な聖者＝善人と完璧な瀆神者＝悪人はともかくとして、適度に信仰をもっていたが良いことも悪いこともやったという大多数の庶民たちにとっては、自分や家族が本当に天国を保証されているかどうかは、深刻な問題となった。

煉獄とはまさに、この根本的疑義を解決するために導入された、第三の他界であった。ル・ゴフは、ユダヤ・キリスト教の正典外文書、涼しき癒しの地（refrigerium）をめぐる解釈などを検討し、オリゲネス（一八五頃―二五四年頃）、アウグスティヌス（三五四―四三〇年）、グレゴリウス大教皇（五四〇頃―六〇四年頃）など、煉獄という言葉は用いていないが、その萌芽的な他界観を説いた、いわば煉獄前史の重要な思想家たちの所論を丹念にたどっている。

グレゴリウスの逸話

ここでそのすべてを検討することはできないが、とくに注目したいのは、グレゴリウスが著書『対話』のなかで、煉獄的な観念を提示するさいに用いた数多くの逸話である。

ル・ゴフによって紹介されている逸話から、三つの話を転載してみよう（筆者なりに要約した）。

ローマ司教座の助祭パスカシウスは、聖なる生き方をしたにもかかわらず、罪を犯して死ぬ。カプアの司教を務めたゲルマヌスは、アブルッツィ山中の温泉場に養生に出かけた折、死んだパスカシウスに出会い驚く。パスカシウスは自分のために主に祈っていただきたいと願い、もう一度ここへ来たとき私の姿が見えなかったら、あなたの祈りが叶えられたと思って下さいという。ゲルマヌスが熱心に祈り、数日後に戻ると、パスカシウスは見あたらなかった。しかし、こうした救いが可能になったのは、彼が無知から罪を犯したにすぎず、生前にみずから施しをしたからであると、グレゴリウスは言い添えている。

セントゥム・セラエ司教区にある聖ヨハネ教会の司祭は、湯気のわき立つ温泉で体を洗うのを習慣にしていたが、この場所で熱心に奉仕してくれる男がいた。あるとき司祭はこの男に御礼をしようと供物用のパンを持参し、贈ろうとした。しかし男は悲しそうに、「このパンは聖なるもの、私はこれを食べることができません。私はこの土地の主でしたが、犯した過ちのせいで死後もここに送りかえされました。そのパンは全能の神に献じて、私の罪のためにとりなして下さい。私の姿をここで見かけなくなったら、あなたの祈りが叶えられたと思って下さい」と答えて消えた。こうして、彼は人の外観はしているが実は霊であることがわかった。司祭がまる一週間、男のために涙を流し聖体のパンを奉献して、再び温泉に行ってみたら、男の姿はもはや見えなかった。

グレゴリウスの修道院で起こった実話だが、ユストゥスという名の修道士が生前に禁止されていた金貨三枚を秘匿したまま病死したことが発覚し、彼の遺体は墓に葬られず、掃き溜めに投げ棄てられた。死後三十日目から三十日間、彼のために憐れみのミサが行なわれたが、最終日の夜、死者、つまりユストゥスが兄弟のもとに現われ、今日まで自分は苦しみぬいてきたが、たった今(選ばれた者の)コミュニオンを許された、と語った。

いずれの事例においても、きわめて微妙なかたちではあるが、日本の民俗・民衆宗教で華々しく開花した「死者供養」に近い対処法が読みとれるであろう。

第一の事例では、ゲルマヌスという司祭による熱心な祈りが、迷える死者を最終的に天国に送る助けとなったことが示唆されている。一方で、グレゴリウスによる最後のコメントでは、この死者の罪が意図的なものではないこと、最終的な救いの根拠となったのは、あくまでも死者本人の生前の行為にあったことが強調されている。

第二、第三の事例では、生きている聖職による「とりなし」の祈りや「憐れみのミサ」が、苦しむ死者の救済に有効であることが明示されている。みずからの積徳を死者に振り向けてやるという、仏教風の「追善」観があからさまに主張されているわけではない。しかし、生者による「とりなし」といった行為が、いったんは地獄行きとなった罪人を救う可能性があるという考え方には、仏教流の追善廻向・死者供養ときわめて類似したものがある。

比較煉獄論の射程

温泉場の地獄

上で紹介した逸話には、いわば煉獄の比較研究ともいうべき方向に伸びていく注目すべき論点が内包されている。たとえば、第一と第二の話に出てくるように、地獄で苦しむ罪人がこの世の人間の前に姿をあらわし、みずからの苦境を訴えかける場として、温泉場が選ばれている点は興味をひく。熱湯が噴き出し、蒸気に含まれた硫化物が周囲の草木を枯らす温泉場の景観が、罪人たちが灼熱の責め苦を受ける地獄のイメージと結びつきやすかったからであろうか。

図6　立山の地獄。越中立山は、古くから山中に地獄があるとされてきた。

これはただちに、日本の各地に広く想定された山中の地獄観を思い起こさせる。最も有名なものとしては、『法華験記』『今昔物語集』などに記された越中の立山《たて(たち)やま》地獄に関する説話がある（以下は、その要約）。

三井寺の僧が立山の山中で年若い女に出会う。はじめは鬼神かと恐れたが、女は地獄（『今昔物語集』では小地獄）に堕ちて苦しんでいるので、父母に法華経を書写して供養してくれるように伝えてほしいと願う。僧は近江の国で女の両親を見つけ、願い通り供養したところ、女は父の夢に現われて、忉利天に生まれ変わったと告げた。

この立山地獄に関しては『今昔物語集』に別の類話もある。いずれも死後に苦しむ死者たちが生者の前に現われて、みずからの窮状を訴えかけ、やがて生者たちの供養によって救われる、という筋立てである。

近世から近代にかけては、下北半島の恐山なども、死者が集まる温泉場の地獄として知られてきた。ここでも苦しむ死者たちが直接生者に訴えかけたという多くの逸話が語られ、遺族たちがこれを供養するための、さまざまな儀礼や作法が発達してきた。イタコを介した死者との直接対話なども、そうした作法のひとつである。

クリュニー会の活動

ル・ゴフが詳述するように、西欧社会における煉獄は、長い前史をもちながらも、それが「煉獄」という名で明確な観念として完成したのは十二世紀の末であった。その直接的な要因はいくつか指摘されているが、重要なひとつはクリュニー会が果たした役割であった。

ベネディクト派のクリュニー修道院は、十一世紀に「クリュニーの改革」とよばれる修道会改革の中心となる。二大修道院長と称されたオド、オディロの時代に飛躍的な発展を示し、十二世紀には最盛期を迎える。同会の修道院はヨーロッパ全土で約千五百にも達したという。

このクリュニー会の成功の秘訣のひとつは、代禱《だいとう》という「とりなし」を積極的に説いたことにある（朝倉文市『修道院』講談社現代新書、一九九五年）。つまり、この世の生者が死者になり代わって、祈りの善行を行なうことによって、地獄で苦しんでいる死者たちの霊魂が、この苦しみから解放されると説かれたのである。朝倉文市によれば、「このクリュニーの成功と勝利を決定的なものにしたのは、キリスト受難後千年目の日が近づいているという人々の不安と当時の疫病とのまんなかにあって、すべての勤行が死者の祭礼に集中していたこと、そしてなお未開状態にあったキリスト教社会の人々の心に応えることができたことである」。

十世紀末、万聖節につづく十一月二日を万霊節として、正式に死者の記念日と定めたのも、このクリュニー会であった。ル・ゴフは、大修道院長オディロ（在任九九四―一〇四九年）の死後、彼の生涯を描いた修道士ヨツアルドゥスが事実として報告した、次のような逸話を紹介している（同じく要約）。

ある日、ひとりの修道士がシチリアからテッサロニケに広がる海の沖合で暴風のため小島に漂着し、ひとりの隠者に出会う。隠者はクリュニーという名の修道院を知っているかと尋ねたので、知っていると答えると隠者は次のような話をした。「ここから遠くない所に、明らかな神の御意志によって燃えさかる火を吹き出している場所があります。罪人の魂が一定期間、さまざまな刑罰を受けて浄《きよ》められるのです。大勢の悪魔がたえず責め立てます。しかし生きている者が修道士に祈禱をあげてもらい、貧者に施しをすれば、神の御慈悲によって受刑者の魂もこの苦痛から解放されるというのです。彼らの嘆きを聞きますと、とくにクリュニー修道会とその院長に訴えかけています」。この修道士は故郷に戻ると、この伝言を忠実に修道院長とその修道士たちに伝えた。彼らは喜び、さらに祈りや施しを重ねて、死者たちの平安のために励み勤めた。

この逸話には、いくつもの興味深い点が含まれている。何よりも注目されるのは、こうした逸話が、当時のヨーロッパ各地に勢力を拡大しつつあったクリュニー会の修道士たちによって、広く民衆相手に説かれたであろうと思われる点である。おそらく、こうした逸話は、それ自体が修道士たちによる唱導の話材だったのであろう。

アピールされているのは、たとえ罪を犯して地獄に堕ちた死者であっても、生きている者による祈禱の力でその苦痛を和らげる可能性があること、しかもその祈禱は、クリュニー修道院に依頼するのが最も効果的だと宣伝されていることである。死者の苦痛を和らげるというのは、死者を最終的に天国に送ることと同義ではない。聖ペトロを通して天国の鍵を預けられたと自負する教会の聖職であっても、神の決裁領域への直接介入は、さすがに畏れ多いことと考えられたのであろう。

しかし、「あなたが熱心にミサに参加し、教会に進んで寄進すれば、あなたの亡くなった肉親たちはみな天国が保証されますよ」という説教が聞かれるのは、ここから紙一重の距離にある。クリュニー会発展の原動力になったと予想されるこうした説法による布教活動は、法要・写経・寺への寄進などの功徳によって死者の追善供養が可能になると説いた、日本の中古から中世における仏教僧たちの伝道戦略と、ほとんど変わらないものであった。

日本の煉獄

ヨーロッパ社会に煉獄が誕生し、急速に普及した十二世紀から十三世紀は、来るべき立憲制と社会における「個人」の出現の種が播かれた転換期であった。ル・ゴフは、個人の死と最後の審判との間に、煉獄とともに「死後世界の市民」が誕生したことを指摘する。煉獄は十三世紀になると、神学における教義レベルでも勝利を得た。個人の運命への関心が高まり、煉獄は説教・遺言・民衆語文学など、いたる所に姿をあらわす。やがてそれは、十四世紀初頭のダンテの『神曲』において、民衆化の頂点を迎えるのである。

ル・ゴフはまた、煉獄を受け入れなかった地域には亡霊（幽霊）譚が多く、煉獄信仰をさかんに唱えた説教師の書物には亡霊がまったく登場しないこと、煉獄は高利貸しの救済を可能にすることによって、資本主義の誕生にも貢献したことなど、いくつもの興味ある着想を提示している。本書では触れる余裕はないが、これらは「比較死者供養論」の展開にとっても重要な論点となりうることだけは確認しておきたい。

地獄・天国への振り分けという審判に先立って、最終的には天国に行ける可能性のある者たちを一時的に収容してその罪を償わせるという、いわば懲役受刑者の収容所としての煉獄観に注目するとき、実はわが国の仏教界にも似たような考え方があったことに気づく。『沙石集』や『地蔵菩薩霊験記』には、解脱上人の弟子で障圓《しょうえん》(璋円)という僧が、碩学の誉れ高かったにもかかわらず死んで魔道に堕ち、ある女にとりついて種々の語りをしたという話がある。

このなかで女の口を借りて語っているとされた障圓は、生前の傲慢のために魔道(天狗《てんぐ》道)に堕ちて苦しむ者たちを一時的に収容する、春日の地獄について述べている。それによれば、春日の大明神を少しでも信仰した者は、いかなる罪を犯しても地獄へは行かせずに、春日野の下に地獄を構えて取り入れて下さるのだという。そこでは毎朝、地蔵菩薩が水を口に注いでくれたり、ありがたい経文や陀羅尼《だらに》などを唱え聞かせてくれる。そして、こうした仏法にもとづく慈悲の行為によって、最終的には死者たちは浮かび出ることができる、つまり極楽浄土へ往生することができるというのである。この春日の地獄は、まさに西欧中世における煉獄の日本版ともいえよう。

興福寺(春日野)の下に設けられた特別の地獄、という発想はきわめてユニークだが、さらに考えてみれば、この特別の地獄は、そこで一定の罪に対する罰を受けたのちに極楽浄土へと往生するという意味では、広く日本の社会に受容された仏教的な地獄一般とほとん変わらないものであった。少なくとも理念的には、仏教の地獄は永遠のものではなく、つねに救済への可能性が開かれていた。だとすれば、それはむしろ本来的に煉獄に近いものであったといえよう。地獄の比較論といったものを考える場合、日本の地獄に対応するのは、西欧の地獄ではなく、むしろ煉獄ではないか。「比較（死者）供養論」とは、実は「比較煉獄論」のことだったのである。

『沙石集』が成立した時期が十三世紀後半であるという事実にも注目したい。西欧においても日本においても、この時期、個人の死が大きな問題となり、死後に苦しんでいるかもしれない死者の処遇が、残された生者たちの強い気がかりとなったのである。世界宗教たるキリスト教も仏教も、その教義的理想はともかくとして、この現実の需要に応える方策を開発することで、民衆層へ深く食い込むことに成功したのであった。

しかし、それ以後の歴史において、両者がたどった道筋は大きく異なっていた。リジッドで二元論的な他界観をもつキリスト教世界では、煉獄の教義はやはり躓《つまず》きの石になりやすかった。案の定、それはプロテスタント宗教改革において集中砲火を浴びて、衰退していった。これに対して日本における仏教の定着の過程では、苦しむ死者の追善供養が、まさに民衆布教の最前線にあって、その中心的な原動力としての効力を発揮しつづけたのであった。

比較死者供養論の課題

以上、限られた材料ではあったが、比較死者供養論への展望を示してきた。このような短い考察からも、追善廻向・死者供養の比較研究が、興味深い広がりをもつことが理解できたのではないだろうか。

いわゆる世界宗教のような制度的・経典的宗教が各地に伝播していったとき、それぞれの地域には、本書で〈祟り―祀り／穢れ―祓い〉システムと名づけたものにきわめて類似したシステムが、かなり広く存在したと思われる。ウェイトの置き方に注目すれば、苦しむ死者たちの思いに共感し、彼らとの和解・妥協の道を模索する面が強いもの、いいかえれば〈祟り―祀り〉の面に特化したシステムもあれば、恨み言をいう死者などは力でねじふせるという〈穢れ―祓い〉に傾斜した場合など、多様なバリエーションがあったろう。

しかし、そのどちらであれ、未練や恨みなどを抱いて死んだと判断された人々の運命に対して生き残った者が抱く不安や負い目は、何らかの個別的な配慮や対応を必要とした。それはある意味で、人間社会の普遍的な課題のひとつだったのではないか。これこそが、メンシングがいうのとは違う意味での、ひとつの「普遍宗教」かもしれない。

世界宗教はそうした不安や負い目をどのように処遇し、いかなる対処法を用意したのか。いかにそれらを取り除き、忘れさせることに貢献したのか。あるいは逆に、そうした不安や配慮をいかに煽《あお》り、増幅させたのか。これらを個々の地域史の具体例のなかで検討していくことは、興味深い比較研究への道を開くと思われる。そしてこれは、とりわけ日本の宗教研究者が正面から取り組む価値のある、重要かつ刺激的な課題のひとつではないだろうか。

第五章　憑依再考

「憑依」という視角

直接交流の回路

これまでの章では、苦しむ死者への配慮と対処法に焦点を合わせた。そこでの中心主題を一言でまとめてみるならば、霊的存在に対する個別主義的応接と普遍主義的応接との動態関係の究明、となろうか。

つまり、一方では、身近な死者との直接対決・直接交渉など、いわば霊的な対象との「個別取引」の具体相に注目した。他方では、これを理念的に包摂しようとする世界宗教などの「普遍主義的教説」に目を向けた。そして、両者の葛藤・融合の諸相を、比較宗教論的な問題意識も念頭におきつつ、動態的な視野から解明することをめざしたのであった。

ところで、前章までの考察からも明らかなように、このような死者との直接対決・直接交流の具体的な事例を拾い集めてみると、そこには「夢」とか「幻《まぼろし》」、あるいは広く「憑依《ひょうい》」とよばれてきたような事象が、重要な構成要素になっていたことにあらためて気づく。とくに広義の「憑依」は、ねたみ苦しむ死者たちがみずからの思いを訴えかけたり、生者たちがそれに応えて何らかの対策を講ずるための、最も主要な回路のひとつであった。

そこで本章では、この「憑依」というテーマに焦点を合わせ、これまでに論じてきた問題をさらに別の角度から深めてみたい。同時にそれは、「憑依」という学術用語が近代の歴史に強く規定されたものであることを再確認し、今後の宗教研究におけるその有用性を問い直すという、重要な課題にもつながるはずである。

学術用語としての「憑依」

「憑依」という単語の辞書的な定義としては、「⑴たのみにすること。よりどころとすること。⑵霊などが乗り移ること。憑くこと。」(『日本国語大辞典』小学館)があげられる。宗教研究の分野では、たとえば神への絶対的な依存感情を表現したフリードリッヒ・シュライエルマッハーのAbhängigkeitsgefühlに「憑依感情」などの訳語が充てられてきたのが、⑴の用法に当たる。

しかし、ここで問題にするのは、いうまでもなく⑵の辞義である。漢語におけるこの用例は古代にまで遡ることができる。『日本国語大辞典』では⑵の用例として、『論衡《ろんこう》』という中国の雑家書からの引用が示されているが、本書は後漢の時代、西暦一世紀の成立とされる文献である。しかし、人類学・宗教学・民俗学などの学術用語として、広く日本の社会で一般名詞として用いられるようになった「憑依(あるいは憑霊)」は、明らかにドイツ語の Besessenheit、英語の（spirit）possession などの翻訳語であった。すなわち、近代西欧の学者たちが使用する学術タームが、そのまま日本の学界に輸入されたのである。

日本の学界で、学術用語としての「憑依（憑霊）」がいつごろから広く使われるようになったかは、正確にはわからない。昭和四年（一九二九）刊行の宇野圓空『宗教民族学』の索引には、「憑格」の語があって三カ所が示されている。そのうちのひとつは「憑霊または交霊の法」とあって「憑霊」が使われている。しかし「憑依」は見いだせない。昭和十七年（一九四二）に刊行された白鳥庫吉訳のバンザロフの論文には「遷移」、昭和十五年（一九四〇）に刊行された高橋勝之訳のミハイロフスキーの論文には「移霊」などの語があるが、「憑依」「憑霊」は見えない。

柳田国男の巫女論でも使われていない。むしろ柳田は、possession のような西欧の学術用語で現象を包括してしまう前に、「つく」という出来事、「神がかる」という出来事などを、表現に即して丹念に精査することを重視していたように思われる。昭和十六年（一九四一）の棚瀬襄爾『民族宗教の研究』では「憑霊」が、昭和二十五年（一九五〇）の秋葉隆『朝鮮巫俗《ふぞく》の現地研究』では、その序説に「憑依」が、いずれも possession の訳語として登場する。古野清人のシャマニズム論などでは、この語はすでに頻出する。一般化したのは、やはり第二次大戦後であろう。

この学術用語に関しては、宗教人類学のシャーマニズム論（あるいはシャマニズム論）における「脱魂」対「憑依」などの類型論をはじめ、さまざまな理論化が試みられてきた。古典的な巫女研究、「憑《つ》きもの」研究の成果を、現実の歴史的・社会的文脈に位置づけて再検討する事例調査なども、着実な成果をあげている。「憑依」の程度を三段階に類型化した佐々木宏幹の論（「憑入・憑着・憑感――憑霊の概念」『聖と呪力の人類学』講談社、一九九六年）、「つく」という日本語の幅広い含意をふまえて多様な憑霊現象をとらえなおそうとした小松和彦の論（『憑霊信仰論』伝統と現代社、一九八二年）などは、その代表的な業績といえよう。

「憑依」研究の課題

表象活動の社会性

こうした研究の進展につれて、当初は明確な輪郭をもっているかに思われた「憑依」が、じっさいにはきわめて定義しにくい曖昧な概念であること、研究上の問題としては、「憑依とは何か」という本質論争よりも、何を「憑依」と認定するかをめぐって繰り広げられる社会的な争奪戦の見きわめこそが重要であること、なども、徐々に認識されるようになってきている（川村邦光『憑依の視座』青弓社、一九九七年）。

「憑依」をめぐる表象活動の社会性に注目するとき、まず問題となるのは、憑依の状態を指示していると見なされてきた具体的な用語自体が、すでにそれぞれの社会の文化的・歴史的文脈のなかで強い価値観や政治性を帯びてしまっている、という点である。たとえば、日本語の「憑く」「取りつかれた」などの言葉には、何らかの邪悪なものに拘禁されたといった、暗黙の否定的評価がすでに織り込まれている場合が多い。英語の be obsessed や be possessed も同様である。

よく言われるように「ツク」という現代の日本語には、「今日はツイている」のように幸運を意味する用法がある。しかし、これは花柳界などでの客の「つき」からきたもので、霊などの憑依とは直接には関係しないと思われる。

それに対して、たとえば「預言者が幻《まぼろし》を見た」「高僧が見仏《けんぶつ》体験を得た」などの表現によって書きとどめられた記録では、「霊などが乗り移ること。憑くこと」という憑依の定義とは無縁であるとする理念的な規制がはたらいている。そして、研究に従事する者たちもまた、こうした規制を暗黙の前提として受容しがちであった。

聖書の文言とユタの証言

『新約聖書』から三カ所ほど引用してみよう（新共同訳による。傍線は筆者）。

「マタイ三・一六―四・一」イエスは洗礼を受けると、すぐ水の中から上がられた。そのとき、天がイエスに向かって開いた。イエスは、神の霊が鳩のように御自分の上に降って来るのを御覧になった。そのとき、「これはわたしの愛する子、わたしの心に適《かな》う者」と言う声が、天から聞こえた。さて、イエスは悪魔から誘惑を受けるため、〝霊〟に導かれて荒れ野に行かれた。

［ルカ二・二五―二七］そのとき、エルサレムにシメオンという人がいた。この人は正しい人で信仰があつく、イスラエルの慰められるのを待ち望み、聖霊が彼にとどまっていた。そして、主《しゅ》が遣わすメシアに会うまでは決して死なない、とのお告げを聖霊から受けていた。シメオンが〝霊〟に導かれて神殿の境内に入って来たとき、両親は、幼子のために律法の規定どおりにいけにえを献げようとして、イエスを連れて来た。

［使徒四・三一］祈りが終わると、一同の集まっていた場所が揺れ動き、皆、聖霊に満たされて、大胆に神の言葉を語りだした。

これらの記述には、「憑依」を暗示するような言葉はいっさい使われていない。もちろん、ここで問題にしているのは、翻訳された日本語としての表記である。たとえばギリシア語原典にまで戻れば、シメオンの物語などはさまざまな釈義が行なわれてきた。しかし、日本のごく一般的な信徒に、聖書の物語がどのようなものとして受け取られてきたか、そして受け取られているかを考える場合には、それがどのような日本語で表現されてきたかという問題こそが重要になる。

同じ聖書には、一方で「悪霊に取りつかれて」のように、明らかに「憑依」として類別されることを期待するかのような表現もある。イエスが人に取りついた悪霊を豚に移して湖に追いやったという、共観福音書のすべてに収録された有名なエピソードを、マタイ伝から引用してみよう。

［マタイ八・二八―三三］イエスが向こう岸のガダラ人の地方に着かれると、悪霊に取りつかれた者が二人、墓場から出てイエスのところにやって来た。二人は非常に狂暴で、だれもその辺りの道を通れないほどであった。突然、彼らは叫んだ。「神の子、かまわないでくれ。まだ、その時ではないのにここに来て、我々を苦しめるのか。」はるかかなたで多くの豚の群れがえさをあさっていた。そこで、悪霊どもはイエスに、「我々を追い出すのなら、あの豚の中にやってくれ」と願った。イエスが、「行け」と言われると、悪霊どもは二人から出て、豚の中に入った。すると、豚の群れはみな崖を下って湖になだれ込み、水の中で死んだ。豚飼いたちは逃げ出し、町に行って、悪霊に取りつかれた者のことなど一切を知らせた。

ここで、やや唐突だが、筆者が沖縄で面談したユタとよばれる女性からの聞き書きを紹介してみたい。いわゆるカミダーリィという、成巫《せいふ》にいたる時期を回想した体験談の一節である。

そして神様に歩かされて、夜中の三時になるといつも御嶽《うたき》まで歩かされて、そうすると、天が開いたように光りがさして、昔の（琉球王朝の）お役人のような立派な着物を着たおじいさんが降りて来られてですね、「わたしの可愛いクァンマガ（子孫）よ、よく来たね」とお話をされる……

この語りを、先の聖書の引用と比較してみよう。どれに最も近いかといえば、明らかにイエス自身の事跡を記した最初の引用例、すなわちマタイ伝三章一六節以下の文言であろう。傍線部を対応させてみれば、瓜二つともいえるほど酷似している。にもかかわらず、一般にユタといえば、まさにカミダーリィ（神がかり）する沖縄の土俗的宗教者と見なされてきたし、研究者たちもそのようなものとして、「巫者」「シャーマン」の範疇に含めてきた。

ユタが「憑依」される人物であることは、自明の前提とされてきたのである。

信仰者の解釈

近年、世界のキリスト教界では、ペンテコステ・カリスマ派とか聖霊派とよばれるような教派の台頭が注目されている。広くは聖霊運動とよばれる。ここで「聖霊」とは、キリスト教における三位一体の神の位格のひとつをさす。そして聖霊運動とは、この聖霊のはたらきや体験を積極的に重視する運動をいう。

こうした教派の集会では、人々が「異言《いげん》」を語ったり、カリスマ的な伝道師から聖霊を受けた人たちが、身体を直立させたまま次々に真後ろに倒れたりする。異言とは、ある種のトランス的な状態のなかで本人にも理解不能の言語があふれ出る現象である。集会では聖霊に倒された人々を背後から支えるために、キャッチャーと呼ばれる役割のスタッフを用意することも慣例化している。また、「聖霊に満たされた」人々がホーリー・ラフター(聖なる笑い)という状態になって笑いころげまわったり、預言を受けたと称して、神やイエスの言葉を語り出すといった情景も珍しくない。

これらの現象は「聖霊のバプテスマ(洗礼)」「聖霊充満」「聖霊さまに満たされた」などと表現される。いずれも神の直接啓示を受けた証拠だという。しかし、こうした状態に対して、「聖霊が憑いた」とか「聖霊の憑依」といった表現が用いられることは、絶対にない。

他方で、聖霊やイエスの御名《みな》においてサタンや悪霊を除去するという、いわゆるエクソシズム（悪霊の追い出し）も行なわれる。牧師やそれを助ける信徒たちは悪霊に「憑かれた」とされる人を囲んで、「ナザレのイエスの御名によって命ずる。悪霊よ立ち去れ」などと激しい口調で迫る。「憑かれた」人物は、時として激しく抵抗し、暴れたり、暴言を吐いたり、嘔吐を繰り返す。しかし、最後には唯一全能の神の力に屈すると信じられている。

エクソシズムのような奇妙な風習はキリスト教世界では過去の遺物であって、近代化とともに消滅するだろうと考える人は多い。しかし、たとえばローマ・カトリックのお膝元であるイタリアでは、一九九〇年代に入ってから、それまで三十人足らずだった公式エクソシストが二百人に急増したという報告もある（島村菜津『エクソシストとの対話』小学館、一九九九年）。

悪霊の追い出しを信じる過激なクリスチャンのなかには、キリスト教徒以外の異教徒はすべてサタンに欺かれていると断言する人もいる。彼らにとっては、日本のイタコやユタなどとよばれる人々は、まさしく「悪霊に憑かれた者」である。要するに、人々や豚たちは悪霊に「憑かれる」。だが、聖霊に「憑かれる」ことはない。聖霊（神の御霊）はただ「（人の）上にとどまって」「満たし」「導く」のみである。

しかし、当然のことながら、これらは聖書編纂者やキリスト教徒たちの明確な信念と意図のもとに選ばれた信仰の言葉である。つまり、すでに用語の選定段階において、信仰者の立場からの解釈が埋め込まれているのである。「憑く」もの、つまり憑依を引き起こすのは悪霊のみであって、「聖霊が憑く」ことはない、という立場である。

われわれには、この「信仰」自体を批判することはできない。問題は、この「信仰」にもとづく二分法が、「学術研究」の分業をも固定化してきた点にある。従来の「宗教研究」では、ひとつの暗黙の分業体制が、みごとに確立してきた。つまり、「ついた」「神がかった」という表記に出会えば、それは「憑依」であり、シャーマニズム研究の対象であり、宗教人類学や宗教民俗学の守備範囲とされる。ところが、「高僧に仏の示現《じげん》があった」「見仏の体験を得た」「預言者が幻を見た」などの表記であれば、それは「神秘体験」であって、仏教・キリスト教研究に入る、と見なされてしまうのである。

研究者ができること

あらためていうまでもないことだが、憑依の本体論は、少なくとも神学や教義学を除く学術研究の視座からは問うことができない。つまり「本当に霊が存在するのか」「憑依するとは本当にはどういうことなのか」といった問いは、信仰論争としては興味深いが、学術的な議論にはなじまない。

研究者が問題にできるのは、いつ、どこで、だれが、どのような事象をどのような表現や表記でとらえてきたのか、という点に限られる。重要なのは、語られ、あるいは文字テキストとして残されたさまざまな表象の一定の部分を、ある学術用語（たとえば「憑依」）で切り取ったとき、そこにどのような研究上の展望や視界が開かれてくるか、逆に、その用語の導入によってどのような問題が覆い隠され、死角に入ってしまうのか、といった疑問を自覚的に精査してゆくことであろう。

「憑依」の学説史を考えたとき、たんに厳密で客観的な定義をたてようという努力は、もはや多くの実りをもたらさないであろう。たとえば「憑依」の本質的定義の決定版、といったものを仕立て上げることに精力を注いでみても、さほど有効な展望は望めない。むしろ、それ以前に求められているのが、従来の学問的営為への根本的反省ではないだろうか。

つまり、これまでの研究者たちが、どのようなテキストに描かれたどのような事象に対して、「これは憑依である」あるいは「憑依ではない」と認定してきたか、そして今も認定しつづけているのかを、丹念に再点検すること、さらにはそうした検討を通して、一定の事象群をこの用語でくくることによって開かれてくる有意義な研究視座を、積極的に掘り起こしていくことである。

「憑依」研究の可能性

ポジティブな神霊の憑依

以下では、日本の民俗・民衆史的な宗教研究の分野に限定して考えてみたい。

これまで研究者たちによって常識的に「憑依」の範疇におさめられてきたのは、一方で、人が怨霊やモノノケなどに「取り憑かれた」とか「物狂いになった」といった事象、他方で、貴船・春日・金峯山などの巫女と称する宗教者に、何らかの高貴な神が乗り移って託宣を下した、といった事象である。

前者では、「つく」「くるふ」「霊病《りょうびょう》」「物ぐるひ」など、後者では、「つく」のほか「託す」「のる」「かかる」「おりる」などの表現が多く用いられる。あえて二分法に類別すれば、ネガティブな対象とポジティブな対象による「憑依」ということになる。

とくに後者は、卑弥呼《ひみこ》や神功皇后《じんぐうこうごう》に代表されるような、古代日本の祭政一致的な社会における基本的な宗教形態を示すものとして注目された。近代においても、民間においては、ある人物を通して、由緒ある神や、人々に好意的な霊的存在などが意思を伝えようとしていることを、本人が納得し、周囲もこれを認めているようなケースが、数多くみられた。それらは特定の社会集団の統合や、道徳的な秩序維持にも肯定的な機能を果たす。

このように社会的権威の中心部分に組み込まれた憑依現象を、社会人類学者のI・M・ルイスは「中心的憑依カルト」と名づけた（Lewis, I. M. *Ecstatic Religion*. second edition, Routledge, 1989）。村落共同体に組み込まれた年占《としうら》行事や山岳信仰の講などにおいては、特定の参加者に神が降臨すると見なされることもある。

たとえば、東北地方南部の村落には「はやま」と称する山や神社に対する信仰が点在するが、この葉山信仰では、籠《こも》りの行事の最後に託宣の神事が行なわれる場合がある。託宣を得る神役は氏子のなかから選ばれ、神が憑くと、脇に控えた神官や僧侶、法印が問いかけて託宣を得る（岩崎真幸「葉山信仰」『日本民俗宗教辞典』東京堂出版、一九九八年）。また、木曽の御嶽信仰で重要な位置をしめる御座《おざ》の儀礼では、前座《まえざ》と中座《なかざ》という役割の二人の行者が一組となって前座が神霊を降臨させ、忘我状態となった中座にその神霊を憑ける。神霊自身に変身したと見なされた中座は、人々の依頼に応じて病気治しや占いなどの一連の儀礼を執行する。講社の系統によって儀礼の所作にはバリエーションがあり、降臨する神も御嶽の神だけでなく、諸神霊から霊神《れいじん》と称する死後の行者の霊まで多様だが、いずれも人々に有益な情報を告げたり、病気の有効な治療法を授けたりする点では一致している（菅原壽清「木曽御嶽の御座」『民俗宗教5・シャーマニズムの世界』東京堂出版、一九九五年）。

こうしたケースでは、憑かれる媒介者は基本的に社会集団の権威を承認しており、その支配や操作のもとにおかれた「のりわら」「よりまし」などの形態をとることも多い。

しかし日本の宗教史全体の流れからいえば、律令体制の確立や、仏教の定着・普及などの過程を経て、こうしたポジティブな神による託宣も含めて、「憑依」の価値は徐々に低下していった。それは、概して社会的に地位の低い宗教者の活動であり、価値的にも低俗なものであるというイメージが醸成された。近世期には、家職の堅持と他職との差別化の意図のなかで、ミコなどの社会的地位の低下が進む(西田かほる「神子」『民間に生きる宗教者』吉川弘文館、二〇〇〇年)。

憑依の価値低下

近代社会の価値観・宗教観は、この評価にさらに拍車をかけた。とくに明治維新から第二次大戦終結までの時期は、「憑依」を連想させる宗教活動は、原則として法令でも禁じられ、取り締まりの対象となった。こうしたマイナスの評価は、研究に携わる人々の前提にも暗黙の影響を与えてきた。

たとえば、「神がかり」「物ぐるひ」などの表記は、何の疑念もなく「憑依」の事例として類別される一方、ある高位の貴族や仏僧が参籠中の堂社で神仏の「示現を得た」とか、「夢で貴人に出会った」と記録された伝承などは、これまた何の疑いもなく、「憑依」のカテゴリーとは異質の、一般には、より高級な宗教体験と見なされることが多かった。たとえば聖徳太子が夢殿で金人に出会った、という逸話のように。しかし、じっさいに両者の体験そのものにどれほどの違いがあるかという点は、現実のテキストからは判定できない。

　上記のキリスト教の聖書に見られたのと同様に、文字テキストの記録者たちの側には、ある体験の高貴性や道徳性を示唆する主張と、その主張を正当化する一定の社会的権威がつねに存在してきた。制度的高位者の神秘的体験は、巫覡《ふげき》や拝み屋たちの「憑依」などとは異質のものであって、両者を同一のカテゴリーに入れるなどとはもってのほかである、という固い禁制が存在した。そしてこの禁制は、特定の宗教体制から自由であるはずの研究者の視角をも歪めてきたのである。だが、じっさいには、仏教説話集などで高僧の「夢」と表記された体験には、「トランス状態での神がかり」とよんでも違和感のない事例も数多く含まれていた。

不明瞭な境界

　もし「憑依」を、さらに広く神秘体験とか宗教体験などとよばれてきた事象の延長上に位置づけ、そうした範疇へと開放していくような視角のなかで見なおすならば、現実には必ずしも人々の口から「憑かれた」「死者が下《お》りた」「お告げが下った」などの表現が聞かれるとはかぎらない事例にも、注目する必要がある。そこでは、「夢をみた」「神仏の示現」などの言葉で記録に残された広範な資料が、あらためて検討されねばならない。

たとえば謡曲から一例をあげてみよう。『二人静《ふたりしずか》』という有名な演目がある。ここではひとりの「菜摘女《なつみのおんな》」が、静御前《しずかごぜん》の亡霊に「憑かれた」と称して、二人の舞い手が同一の所作で舞うのであるが、まったく同じ趣向がいわゆる夢幻能形式における「諸国一見の僧」の場合には、「夢」での出会いとして表現される。しかし、古く本田安次が示唆したように、夢幻能においてワキとシテが作り上げる世界は、巫女の口寄せや神がかりと深く重なり合う（『能及狂言考』丸岡出版社、一九四三年）。亡き人の消息や思い残した心情が、生きている者たちに伝えられるという機能面をみれば、それはイタコの口寄せと少しも変わらない世界である。

ほぼ同一内容の体験であるにもかかわらず、著名な仏僧であれば「夢」や「示現」と記され、名もない在家の婦人であれば「憑かれた」と記録されるということが、頻繁にありえたと考えられる。

平安後期の僧で、融通念仏宗の開祖として知られる良忍は、しばしば夢ないしは半覚半睡状態で神仏の示現を体験するという伝承に彩られた仏僧である。『古今著聞集』巻二「大原良忍上人融通念仏を弘《ひろ》むる事」によれば、彼は二十三歳から世間の名利を捨て、深く極楽往生を願って不断に念仏すること二十四年、四十六歳の夏に、「日中に、只《ただ》仏力に依《より》て自心にまかせずまどろみたる夢」で、阿弥陀仏《あみだぶつ》が示現して融通念仏の秘伝を受けたとされる。さらに早旦《そうたん》には青い衣を着た壮年僧が来て、勧進の念仏帳に入ることを自称したとあり、これも「夢にもあらず、うつゝにもあらず」という状態として記述されている。のちに名帳を見ると、まさしくその筆跡があり、記された文言から鞍馬《くらま》寺《でら》の毘《び》沙門《しゃもん》天王であったことが判明する。

この鞍馬の毘沙門天と良忍の結びつきは深く、天承二年（一一三二）正月四日にも、鞍馬寺に参籠《さんろう》して毘沙門天の示現を得た話がある。それによれば、寅《とら》の刻が終わるころ、夢に天の幻のような心地がして、「自身と驚覚しての給《たま》はく」とある。そして、梵天王《ぼんてんのう》や諸神たちを念仏帳のなかに加え、つねにお前を守護してやるといった、毘沙門天の言葉が語られるのである。最後には「夢覚《さめ》てみれば眼前に其《その》文あり」とも記されている。

図7　夢で毘沙門天に対座する良忍。（中央公論新社刊『続日本絵巻大成11　融通念仏縁起』クリーブランド美術館所蔵より）

ここで「夢」と表記された良忍の体験を正確にとらえることはむずかしい。しかし、「自身と驚覚しての給はく」という事態は、良忍が対面したはずの毘沙門天の言葉を思わずみずからの口に乗せて一人称で語った、ということではなかったかと思われる。また、「夢覚てみれば眼前に其文あり」という記述からは、彼自身がある種の変性意識状態のなかで、いわば念仏帳に自動筆記した結果とも解釈できる。いずれにせよ、今日の研究者がこの場面を目撃したならば、明らかに「憑依」ないしは「憑入」などとして記録にとどめたであろう。

この場面、『融通念仏縁起』などの絵巻では、参籠《さんろう》中の良忍が袈裟《けさ》を着て坐った姿勢をとり、その正面上方に毘沙門天の示現した姿が描かれている。ほぼ同時代の絵巻『山王霊験記』でも、肥後の国から上ってきた範顕という僧侶が、春日社に参籠して夢で神仏の示現を得た場面が描かれており、舞殿《まいどの》前の藤の木の下に端坐する範顕の正面に、地蔵菩薩《ぼさつ》と束帯姿の高貴な男性（春日明神）が立っている。これらはいずれも「霊の憑依」ではなく、「神との対面」であったという解釈を強調するものになっている。しかし、「まどろみ」とか「夢」などの表記にもかかわらず、完全に横臥した姿勢での熟睡時の体験ではない。少なくとも当人には、寺社の内部という場、参籠中であるという状況は把握されており、従来の研究で、「憑依」とされてきた現象とのあいだに明確な境界を引くことは不可能である。

もちろん絵巻のなかには、はっきりと横臥した熟睡状態で夢の示現を得ている図柄も多い。ここで主張したいのは、当時の「夢」「眠り」概念には多様な幅があり、少なくとも近代の「夢」対「覚醒時の幻視」、「睡眠」対「トランス」などの二分法を、無条件に実体視してはならないということである。

「憑依」をとらえる視角

従来の研究において、「憑依」は具体的な社会的表現や歴史的な文字テキストの表記にあまりにも引きずられてきた。だとすれば、この言葉の学術用語としての効力を取り戻すための第一歩としては、まずはその外延を可能なかぎり押し広げてみること、いいかえれば、より一般的な宗教現象の一形態としての広い仮説的な定義のなかに解き放つことが必要であろう。

そのような最大限に広い「憑依」の仮説的定義を立てるとすれば、それはおおよそ次のようなものになるだろう。

ある主体(一般には人間だが、祭具・動植物・器物・土地建物などの場合もある)が、他の神的ないし霊的存在(神・仏・聖霊・精霊・死霊・祖霊・動物霊・邪霊・他人の怨霊など)から、即時的、直接的、かつ不可抗的な拘束性をともなう影響力(善悪は問わない)を受けていると、複数の人間によって認定された現象の総称(この定義を〈A〉と名づけよう)。

一見してわかるように、この〈A〉の定義は明らかに広すぎる。しかし、制度的宗教者の高尚な体験と、たんなる巫覡の憑依、という二分法のなかでブラインドになってきた領域に光を射し込むためには、とりあえずの効果をもつといえるだろう。

他方で、これまでの研究者が「憑依」として包括してきた合意が、何らの現実の事態とも無関係に存在してきた、というわけではない。それらすべてを政治的表象に還元したり、恣意的な概念操作の産物と見なしてしまうのも不当であろう。「憑依」として包括したくなる言動の具体相が、通文化レベルにおける一定の類似性を示していることは、明らかな事実である。そこで次のような限定が必要になる。

たとえば日本語の表記なら「つく」「かかる」「おりる」などの言葉で、あるいは震《ふる》え・自傷行為・意識喪失といった独特の身体的・心意的反応を伴って、「憑依」がひとつの完結した実体であるかのような印象を定着させてきた慣習的表現法は確かに存在したし、今も存在する（この慣習的表現法を〈B〉とする）。

筆者の考えによれば、宗教研究者が問うべき課題とは、具体的な歴史的・社会的文脈において、だれが、どのようにして、〈A〉のなかから〈B〉を区画化していったのか、また、その過程における解釈の争奪戦を通して、どのような宗教的世界が開かれ、あるいは閉じられることになったのか、を問いつづけることである。

この争奪戦においては、当事者が否定するにもかかわらず、社会的権威や権力をもつ上位者が「憑依」のレッテルを貼ることがある。逆に周囲の認定に対抗して当事者が「憑依」を積極的に主張する場合がある。また当事者と周囲とが、いわば共犯的に「憑依」の認定を共有する場合も多い。しかも、これらは相互の力関係や駆け引きを通して、時間の推移のなかで微妙に変化したり、逆転したりする。

こうしたダイナミズムは単なる社会学的な分析の対象にとどまらない。葛藤のダイナミズムが人々の宗教的な意味や力の重要な源泉となることに気づくなら、それは「宗教」を考えるうえでも、恰好の対象となるはずである。

その具体的な試みとして、日本の中世の文献を題材に、広義の民衆宗教研究への応用を考えてみたい。すなわち、「つく」「託す」「くるふ」「霊病」「物ぐるひ」などの表記によって示唆された「憑依」をめぐる解釈の争奪戦の力学が、いかに多彩な宗教的創造性を掘り起こし、その起動力となりえたのか、といった点に関心の照準を合わせてみよう。

天狗の憑依

大切にされた個別的対応

中世の説話集には、「つく」「託す」「くるふ」「霊病」「物ぐるひ」などの表記による物語は少なくない。そこでは「つく」者、「つかれる」者は、いわゆる巫覡的な人物にかぎられない。一般庶民はもちろんのこと、仏教僧侶にも「つく」「つかれる」というカテゴリーの表記が適用された。その具体例については、次章でやや詳しく見ることになるが、「憑依」を上で〈A〉とした最も大枠の定義まで広げて考えれば、それは当時の仏教文化全体を覆い尽くしていた、といっても大げさではないだろう。

前章までの問題関心に重ねていえば、このことは、まさしく仏教がその民衆化の過程のなかで、苦しむ死者に代表されるような個別的な霊的存在の意向を、普遍主義的原理によって切り捨てなかった証拠ともいえよう。仏教はむしろそうした個別的対応を大切にすることによって、個々の霊的存在に懇切丁寧に応対したのである。

仏教徒が関係する憑依の物語のなかでもとくに注目されるのが、いわゆる天狗道《てんぐどう》に堕ちた仏僧などが、憑依霊となって、さまざまな事柄を語るという一連のモティーフである。日本の天狗には複雑なルーツや性格があり、専門研究者の解釈も多様である。ただ、中世には、天狗道を輪廻《りんね》界のひとつとみる考え方が、かなり普及していた。仏道修行に励み、かなりの知識を身につけながらも、驕慢の心や現世への執着を捨てきれなかった者が堕ちるとされたこの他界は、解脱を逃した者が行く「魔縁」「魔道」にはちがいなかったが、地獄・餓鬼・畜生のいわゆる三悪趣《あくしゅ》と比べれば、あきらかに上位に位置づけられていた。

その意味で、天狗道に堕ちた死霊の憑依とは、「高貴で善良な神霊の託宣」とはいえないとしても、単に「低級で邪悪な霊に憑かれた」とも言いきれない曖昧さを帯びるようになる。一方で「物狂い」などの兆候を示しつつも、身につけた仏道の博識を披瀝《ひれき》したり、あの世の者だけが知りうる極秘情報なども握っていると考えられていた。じっさい、当時の仏僧たちは、権威ある経論からの正攻法の学問とは別に、こうした天狗との問答、あるいは天狗に憑かれた者の口を通して得られる言葉から、仏道のいわば「裏情報」を積極的に得ていたふしがある。

『比良山古人霊託』について

その代表例として、よく知られた『比良山古人霊託《ひらさんこじんれいたく》』(以後『霊託』)をとりあげてみよう。延応元年(一二三九)、藤原(九条)道家が病気になったさいに、彼に仕える二十一歳の女人に比良山の大天狗と称する霊が憑いた。『霊託』は、道家の病気平癒のために加持祈禱に訪れた兄の慶政《けいせい》上人が、この女人の口を借りて言葉を発する天狗の霊を相手に行なった問答を記録したとされるものである（『新日本古典文学大系四〇』岩波書店。本論中の叙述は、木下資一による校注・解説に依った）。

冒頭および末尾の記述によれば、慶政と霊との問答は五月二十三日から二十八日の期間中、三度にわたって行なわれた。「或る時は子丑《ねうし》の時、或る時は寅《とら》の時まで」とあるから、いずれも深夜の零時から明け方の四時くらいの時間帯である。時代は承久《じようきゆう》の乱から十八年後にあたる。隠岐島《おきのしま》に流されていた後鳥羽《ごとば》院は、この年の二月に配流先で没し、その遺骨が都に運ばれ大原に葬られたのが五月十六日。この天狗の憑依事件はそのわずか七日後の出来事である。巷《ちまた》では、六月になると後鳥羽院の怨霊が洛中に乱入して諸宮・諸院を悩ますかもしれない、といった風評も流れていたようで、この問答にもそうした京都の公家社会の緊迫した空気が反映されている。

問答の当事者である慶政は『閑居友』の作者ともされる人物で、当然この『霊託』の編纂にも中心的に関わったと考えられる。三度の問答を一編にまとめた経緯からもうかがえるように、じっさいに語られた対話の忠実な記録というより、彼の強い政治的な意図や思惑のもとに編集された文書とみるべきであろう（小原仁「『比良山古人霊託』の成立」『古代文化』四七―八、一九九五年）。とはいえ、そうした政治的・社会的ファクターを差し引いても、これが日本の宗教史における一級の「憑依」資料である事実に変わりはない。

問答ではまず、女人の口を借りて語っている天狗の正体は何か、ということが明らかにされる。自分は聖徳太子の時代、藤原鎌足以前に生きた摂関家の先祖であって、法性寺《ほっしょうじ》一帯の惣《そう》領主であると、この天狗を称する主体は一人称で語っている。法性寺は病気になった九条道家が出家し、住んでいた寺である。「我すでに根本惣領主たり《こんぽんそうりょうじゅ》」という文言もあるから、その近辺を支配するいわば地域の支配霊といったところであろうか。この支配霊が道家の側近に仕える女房の口を借り、祈禱僧である慶政の質問に答えて、さまざまな霊界の情報を伝授した、という筋立てである。

天狗から情報を得る

『霊託』において何よりも注目されるのは、天狗に対する慶政の質問が、さまざまな著名人たちの死後の消息や、世事に関する予言、仏法に関する知識などに及んでいる点である。もちろん慶政が天狗と問答した第一の目的は、弟の道家を苦しめている病気の原因を究明し、これを除くことであった。すでに加持祈禱によって「本体の霊気」は抜けているはずなのに、いまだ道家の容態が思わしくないのはなぜか、と問う慶政に対して、天狗は、たしかに本体の霊はすでに抜けているが、崇徳院、大原の僧正承円、権僧正法円、ある女人の生き霊などが、なお障りとなっていることを明かす。そして、邪霊退治の法を伝授して、心正しく慎しみをもって暮らせば心配にはおよばない、と答えている。

しかし、問答はこれだけで終わってはいない。慶政は今がチャンスとばかりに、天狗に向かってさまざまな問いを投げかけるのである。

まず、道家周辺の要人たちや、慶政自身が何らかの関心を寄せている人物たちが、死後に得脱《とくだつ》・往生できたかどうか、といった情報を引き出すことが試みられている。こうした問いに対して天狗は、北条義時、政子、後高倉院、後堀川院、北白川女院など、当時の権力者に関係のある要人の転生先については、「知りません」と巧みに逃げているが、九条兼実《かねざね》、近衛基通《このえもとみち》、慈円などの著名人については、はっきりと「この道においでになります」として、自分と同じ天狗道に堕ちたことを明言している。

このほか、法然や親鸞《しんらん》門下の念仏者たちは「正法を誹謗の者」であって、出離得脱どころか悪道に堕ちると手きびしい。「法然房は、どこに生まれたか」という問いには、無間《むけん》地獄に堕ちたと答え、また親鸞の直弟子で存命中の善念、性信については、無間地獄や畜生道あるいは魔道に堕ちるであろうと予言する。

興味深いのは、いわゆる旧仏教の高僧の転生先に関する部分である。明恵《みょうえ》房高弁については、「都率《とそつ》の内院《ないいん》に上生《じょうしょう》されました」とするが、つづく「解脱《げだつ》房は、どこにお生まれになったか」という問いには、「解脱房とは誰ですか」と答えられない。慶政が「少納言已講貞慶《こうじょうけい》という法相宗の碩徳《せきとく》だよ」と教えてやると、「私は学問や教養が乏しいので、知らない事も多いのです」などと言いわけして、巧みに追及をかわしている。

道家の娘で二十五歳で産褥《さんじょくし》死した、後堀河院中宮藤原竴子《しゅんし》について問われると、やはり魔道に堕ちて、天狗たちの慰みものにされて実に気の毒な状態にある、と答えている。慶政が、ずいぶん仏事を修したのに、なぜ効果がなかったのかとたずねると、仏事を修したといっても形式的で真実の心がなかったので、竴子にとりついて死の原因となった十楽院《じゆうらくいん》僧正の怨霊が今も離れないのだと明かす。そして、これを祓《はら》うには、五壇法を修し、浄行なる阿闍梨《あじやり》が番僧とともに加持陀羅尼《だらに》を唱えればよい、という対処法まで教えている。とくに効果的なのは不動の呪《じゆ》で、そのなかでも「慈救の呪」が第一であるとも語られる。

この例のように、天狗から得られる情報は、たんに死者の転生先に関するものだけではない。それは怨霊への適切な対処法をはじめ、仏法の奥義にまで及んでいる。天狗というのは正式の仏典には見えないという慶政の疑問に対しては、「細かな事を軽々しく打ち明けることはできない」としながらも、言葉をつくして、その実在を力説し、説明に腐心している。また、「京都には何事かあるだろうか」「関東には何事かあるだろうか」など、世事一般の動向に関する質問にも、それぞれ回答を与えている。いわば一種の運勢占いである。

このように『霊託』という資料は、小編ながら多くの興味深い内容を含んでいる。そこでは天狗道に堕ちた死者という、いわば境界的な憑依霊に託して、輪廻世界の極秘情報や、正式の経典には書かれていない仏法の極意が明かされ、世俗的出来事の予言や運勢判断などが語られるのである。ここに見られる基本的な構造と内容は、いずれも民俗・民衆レベルで活動している今日の民間宗教者たちの「憑依」にいたるまで、ほぼ変わることなく連綿と受けつがれてきたものといえよう。

「憑依」解釈の豊かさ

天狗になった真浄房

やや時代はさかのぼるが、十三世紀初頭に成立した鴨長明の『発心集』にも、第二の八話「真浄房《しんじやうぼう》、暫く天狗になる事」という興味深い「憑依」資料を見いだすことができる。話の筋立ては、物狂いの状態で死んだ仏僧をめぐって、その母親が周囲から息子に付与された解釈図式を逆手に利用しつつ、望ましい結果を導くことに成功したというものである。その概略を少し細かくたどってみよう。

鳥羽の僧正（覚猷《かくゆう》）の弟子に真浄房という僧がいた。彼は往生を願う心が深く、修学の道を捨てて、念仏に専念しようと発心《ほつしん》する。折りよく法勝寺に三昧職《さんまい》の欠員があったので、師の格猷からここに斡旋してもらう。「身を非人《ひにん》になして、彼《か》の三昧の事に命を続《つ》いで」とあり、みずから世俗の栄達を捨てて修道に専心した仏者として描かれている。念仏に励み、乞食に施しをするなどの功徳も積み、死後は必ず極楽往生するであろうと見られていた。

ところが、あろうことか「いと心えず物狂はしき様なる病ひをしてかくれにけり」という最期を迎えてしまう。つまり、一種の精神錯乱状態のまま死んでしまったのである。当時の通念からすれば、これは明らかに極楽往生など望めない悪趣への転生を暗示する臨終であった。

残された老母は大いに嘆くが、やがて五年ほどが経過したころ、今度はこの母親が「物めかしき事どもありける」状態となる。つまり、やはり何らかの「物狂い」的な兆候を示したのであろう。親しい人たちが心配して集まってきたところ、とつぜんこの老母が不思議な言葉を語り出す。

それは五年前に死んだ息子が、老いた母親の口を借りて訴える弁明であった。彼は自分が生死を離れて往生する資格がありながら、師の僧正に対して「後世にも必ずお供いたします」などと約束したことが仇になって、天狗道という思わぬ道に引き入れられてしまったと語る。僧正というたんなる人間を仏のごとく崇拝したことが悪因となったのである。しかし、来年には天狗道にとどまるべき期限の六年が切れるので、今度こそ必ず極楽へ行きたい。だから、どうか供養してほしいと訴えてきたというのだ。

彼女はしばらく語りをすると、「あくび度々《たびたび》して例さまになりにければ」、つまり、何回もあくびをして平常に戻ったとある。ここでは「つく」「おりる」といった表現はいっさい用いられていないが、こうした「あくび」の記述は、それが明らかに息子の霊が母親に

「憑いた」ことを明示しようという慣習的表現であったと考えられる。

経典を書写するなど、心のかぎりの供養をしてやったところ、翌年の冬になって、その母が再び息子の言葉を語り出したという。前後の状況から察するに、深夜の出来事と思われる。語られたのは次のような言葉であった。「皆さん、前にあんなことを言った真浄房が、またやって参りました。なぜなら、皆さんが真心をこめて私の後世を弔って下さった嬉しさを申し上げようと思ったからで、しかも、すでに暁には得脱《とくだつ》するからです。ここに参ったのは、その証拠をお見せするためです。まずはこれまでの私の身のくさく、汚らわしい臭いを嗅いでごらんなさい」。こう言って息を吐いてみせると、家中に耐えられないほどの悪臭が広がったという。

その後、夜もすがら物語りして暁に及ぶころ、母親は「ただ今、すでに不浄身を改めて、極楽に参ります」という言葉を発して、もう一度息を吐いた。今度は、芳ばしい香りが家の内に満ちたので、周囲の人々も真浄房の往生を納得した、というのが説話の結末になっている。ここでは母親が言葉とともに発する臭いの変化が、この語りの主体が明らかに息子の真浄房であること、つまり死者が憑いて語っているのだということを示す、明確なサインとして描かれている（口語訳には『新潮日本古典集成』一九七六年の三木紀人の校注を参照）。

憑依による死者救済

先にあげた他の事例と同様に、この話もまた『発心集』という説話集の語りであって、ただちに史実として受け取ることはできない。著者の長明の意図としては、人はわずかな執着によって往生を逃すことがあるという教訓話を示しているのであって、母親の口を通して息子が語ったとされるこの話も、そうした仏教的世界観を補強するエピソードとして添えられているにすぎない。

しかし、ここで注目されるのは、「物狂い」という状態によって、いわば往生に失敗したという汚名を受けて死んだ息子の名誉を、遺された母親が回復している点、しかも今日の言葉でいえば明らかに「憑依」という言葉で包括されるような状態を手段として、それを実現したという点である。

この母親は、息子が何らかの執着によって往生に失敗してしまったのではないかという周囲の解釈を否定してはいない。悪霊を力ずくで祓ったり、強引に善霊のはたらきとして解釈しなおすといった操作もしていない。むしろ「物狂い」という周囲の解釈をそのまま受容しつつ、仏教の輪廻転生の理論を巧みに使いながら、「死者の口寄せ」ともいうべき所作を通して、死んだ息子に他界の情報を雄弁に語らせるのである。

ここでもまた、真浄房が堕ちたとされる天狗道の境界的性格が、重要な役割を果たしていることが理解できよう。彼女はこの死霊の語りの力によって、死んだわが子に弁明の機会を与えるとともに、最終的には息子が極楽往生できたという事実をみずから納得し、周囲の人々にも納得させることに成功している。「あくび」や「息のにおい」といった、いわば身体的な変化が、死者が「ついた」あるいは「おりた」ことを人々に納得させる慣習的表現として通用していたことも興味深い。「憑依」解釈の社会的争奪戦とは、たんに言葉や世界観（他界観）の提示や応酬だけではなく、人々がみずからの身体性をも含めた、全人的な関わりのなかで展開されるものであることが、あらためて納得される。

真浄房という固有の人物に関する歴史的事実は別として、おそらくこのような事例は、現実にも数多くあったと推測される。つまり、仏教の民衆布教の最前線にあって、制度的仏教サイドから提示される世界観や救済観を受容しつつ、しかもみずからに付与された「ものつき」「物狂い」などの表示をあえて拒否するのではなく、むしろそれを積極的に引き受け、逆用することによって、たとえば死者との対話といった新たな宗教的な救済の道を切り開いていった人たちが数多くいたであろう、ということである。

豊かな憑依環境

憑依を媒介として死後の運命や他界の様子が語られた例としては、すでに十世紀の「宇多院の河原院左大臣の為に没後諷誦を修する文」（『本朝文粋』巻十四）に載る源融《みなもとのとおる》の託宣などが知られている。延長四年（九二六）、宮中に仕える女性に河原院左大臣（源融）の亡霊がついて、地獄の苦しみとその救済方法を示したという（勝浦令子「女の死後とその救済」西口順子編『仏と女』吉川弘文館、一九九七年）。

『古今著聞集』巻二十に載る「阿波國《あわのくに》智願上人が乳母の尼死後化生して馬と成り上人に奉仕の事」なども注目される説話である。これは智願上人に献身的に奉仕する馬が、上人を慕って死んだ乳母の生まれ変わりであることが発覚したという話だが、ここでも奇妙な因縁が認知されたのは、ある尼に霊がついて異常な状態となったので、これに問いただしたところ、「我は上人の御めのとなりし尼也、云々」と語ったことによる。

天狗の世界に迷い込んだ者が、そこでさまざまな見聞をしたという話は、『天狗草紙』などに残されているが、『太平記』（天正本）巻二十五の「天狗直義《ただよし》の室家《しつけ》に化生《けしやう》する事」にも、廻国《かいこく》の修行僧が天狗たちの謀略を見聞した話がある。この僧は仁和寺《にんなじ》の堂の縁で夜明かしをした晩、愛宕《あたご》山の方から四方輿《しほうごし》に乗り、大勢の従者を連れた天狗たちが下りてきて、目の前で密談する現場を目撃してしまう。僧は、「夢の如くながらうつつ」で、自分自身が天狗道に堕ちたか、それとも魔物にたぶらかされたのかと、呆然とした状態であったと記されている。

下りてきた天狗の正体は、先帝・後醍醐天皇の外戚にあたる峰僧正、南都の智教上人、浄土寺の仲円僧正、それに大塔宮護良親王《おおとうのみやもりなが》などであった。彼らはみな死んで天狗道に堕ちたという設定である。昼夜に三度、鉄丸を飲まされて苦しむ場面なども目撃される。天狗たちは武家方に実権を握られた怨念を語り、復讐の謀略を相談する。その方法とは、姦通の罪を犯している足利直義の弱点につけこんで、大塔宮が直義の息子に転生するという突飛なものであった。じっさいに、その後まもなく直義の奥方が懐妊したという筋立てだが、天狗たちの復讐が輪廻転生の回路を利用して果たされるというモティーフはおもしろい。彼らは依然としてこの世に激しい執着と怨念を抱いている。だからこそ成仏できずに天狗道に堕ちたのだが、にもかかわらず、そうした怨念は輪廻という仏教的回路を通して晴らされるというのだ。そして、こうした奇抜ともいえる怨念の解消法が創出される場こそが、一介の旅僧が体験した広義の「憑依」だったのである。

『太平記』には、巻二十六「大稲妻天狗未来記《おほいなづまてんぐ》の事」などの類話もある。羽黒の山伏雲景《うんけい》が、やはり旅の途上で愛宕山に連れていかれ、天狗から国家の大事に関わる予言を聞かされた、という話である。

これらは、中世の文献から断片的に拾い上げた事例にすぎない。しかし、ここには、日本の民俗・民衆的な宗教史における「憑依」の特徴を考えるうえでの、有力な手がかりが示唆されている。とりあえず注目されるのは、わが国の（あるいは広く「非一神教的な」）宗教伝統における、憑依現象の豊かさである。たとえばキリスト教社会のように、霊的存在の属性が聖霊と悪霊のような二分法で固定されておらず、ポジティブな対象とネガティブな対象とが分かちがたく混在し、めまぐるしく変換しうるという環境は、「憑依」をめぐる解釈の葛藤にも、独特の個性や多様性を生み出すことになった。霊的存在の多層的・非二元論的性格は、仏教の「輪廻転生」や「追善廻向」の論理などと結びつくことによって促進され、いっそう豊かな憑依環境を熟成させてきたのである。

応用への展望

救われたキリシタン

聖霊・悪霊の二分法が厳格に定められているはずのキリスト教でさえも、わが国のような霊的環境のなかでは、「憑依」の多彩な解釈の展開を生み出すことがある。本章の最後にそうした実例をひとつだけあげておきたい。十六世紀のキリシタン布教を記録したルイス・フロイスの『日本史』二十一章（第一部三十章）は、豊後とその周辺地方での出来事を記述した部分であるが、そこに次のようなエピソードが収められている。

平戸島の生月に住むひとりのキリシタンの婦人が、妊娠したさいに、堕胎するための薬を用いた。ところが彼女はその堕胎がもとで死んでしまった。仲間のキリシタンたちは、彼女が大罪を犯して死んだのを見て、彼女の遺体を十字架が立っている墓地にではなく、町はずれの野原に異教徒として葬ることを望んだ。

それから数日が経って、ひとりの若い男性キリシタンがたまたま病気になった。その人はもはや死にかけたときに、次のように話をした。「あの婦人が私に現われて、こう言ったのです。『キリシタンたちは私を十字架がある墓地に葬ろうとしなかったけれども、私はあの人たちが推測しているような所、すなわち地獄にいると思ってはなりませぬ。といいますのは、主なるデウス様は、私が死ぬ前に、私の痛悔と涙を御覧になり、私の霊魂に御慈悲を示されたからなのです』と」。その若い男は、以上のことをキリシタンたちに明らかにすると、その後、ふたたび健康をとりもどしたという（現代語訳は、松田毅一・川崎桃太訳『完訳フロイス日本史6・ザビエルの来日と初期の布教活動』中公文庫、二〇〇〇年、二一九―二二〇頁に依った）。

この逸話には詳しい後日談がないため、当時のキリシタンたちのあいだで、この堕胎死した女性の死後の運命が最終的にどのように判断されたかは不明である。しかし、おそらく主なるデウスの慈悲によって救われたと認定されたのであろう。そうだとすれば、注目されるのはその解釈の転換を導いたのが、もっぱら知り合いの男性信徒の証言であった、という事実である。これは母親が息子の言葉を代弁することで極楽往生を認めさせたという、上述の『発心集』の事例と構造的に酷似している。

堕胎という当時のキリシタン社会における大罪そのものが弁証されたわけでも、消されたわけでもない。厳格な善悪二元論の教理を適用するかぎり、みずからが犯した罪を背負って死んだ婦人が救われる余地はない。それを可能にしたのは、ひとえにこの男性キリシタンの個人的体験談であった。病気によって死にかけたという記述からは、一種の臨死体験ともいえようが、先に死んだ女性信徒との即時的・直接的な出会いが語られており、その意味で、まさしく広義の「憑依」を装った発言、と言いうるであろう。民衆層の信徒のなかでは、名もない平信徒が「憑依」の体験をふまえて語った霊的世界の解釈こそが、司祭や宣教師たちの教理的解釈をも圧倒するほどの説得力を発揮したのである。

こうした問題はさらに具体的な事例研究によって精査しなければならないが、「憑依」の解釈をめぐる社会的力学において、霊的世界がもっている多層的・非二元論的性格の重要性は、とくに強調しておきたい。それは日本の宗教史における憑依の表出形態に多様なバリエーションを与え、「憑かれた」当事者が主体的で独創的な再解釈を生み出したり、何らかの社会的影響力を発揮する機会を広げてきたといえるのである。

シャーマニズム研究への反省

本章で試みたのは、「憑依とは何か」といった本体論からの離脱であった。異教世界の神託を偽の神に「憑かれた」現象と見なし、他方で一神教の伝統にある宗教者たちを真の神の言葉を託された預言者として区別するという二分法は、今日では学術用語として定着しているはずのシャーマニズムという言葉のなかにも、脈々と流れている。

シャマンあるいはシャーマンとは、十七世紀後半に当時のヨーロッパ人が、シベリアのバイカル湖周辺のツングース民族の宗教者サマンから名づけた言葉である（楠正弘「シャマニズム論の背景と展開」『印度学宗教学会論集』二八号、二〇〇一年）。やがて、同種の異教的宗教をあらわす一般名詞となった。この用語の学術的な利用価値は、今日でも失われていないが、ヨーロッパ世界という風土のなかで生み出されたこの言葉の不幸な出自を忘れてはならない。

シャーマニズムという言葉には、世界宗教の権威を異教世界から守る防護壁として鋳造され普及したという一面がある。何よりも護らねばならなかったのは、ユダヤ・キリスト教の預言者たちだった。そこにはもちろんイエス自身も、黙示録の執筆者たちも含まれる。『新約聖書』の福音書には、じっさいにイエス自身が周囲からは悪霊憑依を疑われた人物であったことが繰り返し記されている。たとえば、マタイ九・三四、一二・二四、マルコ三・二二、ルカ一一・一五、ヨハネ七・二〇、八・四八―五二、一〇・二〇など、その事例の多さは、こうした対決がいかに熾烈なものであったかを示す証拠である。

極端な言い方をすれば、旧約・新約の預言者たちは決して「憑かれた」人々などではないのだ、という公理を死守するために、西欧の植民地主義的な世界進出のなかで異教世界に見いだされた宗教者たちに、「霊に憑かれたシャーマン」という定義が押しつけられたのである。この「隔離の戦略」にもとづく一般名詞の鋳造は、学術世界をも完璧に支配することに成功した。

結果として、それは権威ある世界宗教の預言者たちを学術研究の露骨な分析の視線から覆い隠す役割をも果たしてきた。「憑依」は「シャーマニズム」というカテゴリーのなかに囲い込まれ、その「シャーマニズム」は、もっぱら世界宗教以前を生きる古代人や先住民の文化へと囲い込まれたのである。

いわゆるシャーマニズム研究の学説史を紹介したテキストなどには、レイモンド・ファースが霊媒（medium）と預言者（prophet）を分けたこと、ミルチア・エリアーデが憑霊（spirit possession）を正当なシャーマニズムの定義から除外しようとしたことなどが書かれている。しかし、これらも単に中立的な学説上の知識としてのみ受けとめるべきではない。当人たちがどこまで自覚的に意識していたかは別として、このような概念の線引きをめぐる理論化の背後には、何が「正当」で「本物」の宗教体験なのかをめぐって争われた、血なまぐさい闘争の傷跡や、世界宗教が長い年月をかけて構築した、巧みな自己正当化の防護壁が隠されているかもしれない。

ここでシャーマニズムや憑依をめぐる従来の研究成果をすべて疑問視しようという意図はない。近年では、この概念を旧来の西欧的偏見から解放し、「自然との共生」を実現してきた先住民文化の豊かさの象徴として再評価したり、より包括的かつ根源的な人類の宗教形態をあらわす呼称にまで拡張させようという試みも多い。そこでは「イエスもムハンマドも偉大なシャーマンだった」「釈尊も空海も日蓮もシャーマンだ」といった言説も出てくる。あまりにも楽天的なこうした試みにも、一定の文化運動としての意義は認められよう。

しかし、そもそも「憑依」であれ「シャーマニズム」であれ、歴史的痕跡を負った定義そのものが、ある重要な部分を覆い隠してきたのだということ、しかもその隠された部分こそが、今後の宗教研究において明るみに引き出さなくてはならない必須の部分であることは、あらためて強調しておきたい。

ここで重要なのは、たとえば「ついた」「神がかった」「導かれた」「夢をみた」「出会った」「異言が出た」など、さまざまな解釈や相互のレッテル貼りが入り乱れる現実社会のなかで、人々がそうした表象やレッテルを拒否したり、あるいは独自の解釈や身体反応を通して、あえてそれらをわが身に受けとめることによって、みずからの人生を切り開いていくための力を獲得したり、あるいは逆にそれらを奪われ閉じさせられていくという、具体相に着目することである。

「憑依」という学術用語がなお有効性をもつとしたら、さまざまな社会的表象をめぐって展開されるこれらの葛藤や緊張が、いかにして独特な宗教的意味世界を産み出したり、逆にそれを抑圧し切り捨てていったのかという、ダイナミックな様相をとらえる道具としてはたらく場合である。こうした有効な道具としての利用方法は、文献研究においても、フイールド・ワークにもとづく調査研究においても、なお応用可能である。

第六章

仏僧と憑依

仏者的世界に広がる憑依

仏教信仰と巫者信仰との融合

すでに前章で示唆したように、「憑依《ひょうい》」の解釈や意味づけをめぐる緊張や葛藤は、広義の仏教僧にも決して無縁なものではなかった。それは制度的権威に保護された聖職階級から半僧半俗の行者にいたるまで、広い意味での仏者的世界と深い関わりを保ちつづけてきた。本章では、この問題を考えてみたい。

前章で〈A〉として示した広義の定義に立てば、祖師や聖人とよばれるような著名な高僧たちの伝記のなかにも、数多くの「憑依（憑霊）」体験を見いだすことができる。ましてや日々の暮らしのなかで一般民衆と深く接触した仏教者たち、たとえば沙弥《しゃみ》・持経者《じきょうしゃ》・行者・ヒジリなどとよばれた中下級の仏教布教者たちの活動に目を向けるとき、「仏者的世界」と「巫者《ふしゃ》的世界」とは、建前ほどには二分されてはおらず、むしろ両者は判別しがたい状態で融合していた実態が浮かび上がってくる。

この仏教信仰と巫者信仰との融合という問題は、一般論としてはしばしば指摘されるものの、日本の民衆的な宗教史においてこの両者がじっさいにどのように融合し、またどのような相互関係を取り合ってきたのかを、具体的な資料に即して丹念に検証した研究の蓄積は、いまだ多いとはいえない。その原因はいろいろ考えられるが、最大の難点は資料的制約であろう。一般庶民の生活の場を描いた資史料が少ないという量的制約とともに、そもそも歴史的に遺された文献は多少とも各時代の知的エリート層の手を経たものであるために、「巫覡《ふげき》」などの対象に向けられた価値観のバイアスが、文献の用語自体にはじめから深くしみ込んでいたことがあげられる。

前章で詳述したように、「つく」「くるふ」「霊病」などの表記は何らの疑念もなく「憑依」の事例と見なす一方で、仏僧が参籠《さんろう》中の夢で貴人に出会って対話したとか、神仏の示現を受けた、などの記述については、これまた何の疑念もなく憑依とは異質の範疇の体験に類別することが、かなり一般的に行なわれてきた。しかし、はたしてこれは妥当な手続きといえるだろうか。

「シャーマニズム」という学術用語自体が、成立上の大きな問題をかかえていることは、すでに述べた。この用語によって開かれる広い射程を確保しようとするならば、文献上の語句の表記に幻惑されることのない読解の力が求められる。エリートの手によって記された個々の表記を実体論的・本質論的な現象記述として鵜呑みにするのではなく、むしろその表象をめぐって展開されたはずの、政治的・社会的主導権の争奪戦を見ぬく感性なども必要になってこよう。

無住一円の説話集

本章で中心的な資料として扱ってみたいのは、十三世紀後半から十四世紀初頭に、無住一円（一二二六―一三一二年）によって編まれた仏教説話集、『沙石集』『雑談集《ぞうたんしゅう》』である。一円という人物は都のエリート僧ではなく、いわゆる八宗兼学の遁世僧として、若い頃には常陸、長じては尾張などの地にあって、民衆布教の実践なども経験したと考えられている。彼が生きたこの時代は、日本仏教の民衆化が広く進んだとされる時期とも重なっている。

じっさい、彼の手によって編纂された説話集には、一般庶民の日常生活の最前線にあって、当時の仏教伝道者たちが、「憑依」という危険でもあり魅力でもある切り札を、どのように扱い、どのように利用していったかを知るための、恰好の素材がころがっているのである。

＊本書で使用したテキストは、『沙石集』が岩波「日本古典文学大系」八十五巻、一九六六年、『雑談集』が三弥井書店版、一九七三年である。文中の巻数などは、すべて上記刊本に従っている。『沙石集』は、とくに六巻以降は諸本によって編成上の相違が多いため、厳密には細かな本文批判が必要となろうが、本書の議論の大筋には支障ないと判断した。

「憑依」の表記と現実

夢という回路

本題に入るまえに、前章で論じた「憑依」をめぐる一般的な注意点と見通しを、いまいちど確認しておきたい。

平安後期から鎌倉時代のさまざまな仏教説話集では、当時の人々が現世を超えた霊威的な次元に直接的に触れたり、そこからの情報を入手したりする主要な回路として、何よりもまず「夢」という表記があり、これはとくに広義の仏僧との関係において頻繁に用いられた。平安中期から後期にかけてまとめられた『法華験記』や各種の『往生伝』などでは、夢とは寺社への参籠によって意図的に求めるものから、偶発的に見てしまうものまで多様で、夢で往生を予見したといった例や、臨終時における来迎《らいごう》・引導体験の例などは枚挙にいとまがない。なかには「眠らず覚めず」のような、いわば半覚半睡状態を示唆する表現もあり、明らかに、ある種の忘我状態のなかで現世を超えた世界と直接交流する体験が、数多く含まれていた。

したがって、ここでの「夢」という表記を明確な輪郭をもった実体概念として鵜呑みにすべきではない。たとえば寺社での参籠で見たという夢の説話のなかには、神殿から貴人・老人・童子などが現われた、といった記述が豊富に認められる。その多くは神仏の化身や眷属《けんぞく》などであったという筋立てだが、これらは「夢」とはいえ、すでに寺社の内部という場が前提とされ、本人にも参籠中であるという意識は保たれている。

『法華験記』上巻第二十四話、比叡山の根本中堂に参籠した沙門頼真《しゃもんらいしん》が夢で前世の因縁を知った話のように、形は何も見えず、ただ音声《おんじょう》のみを聞いたとされる事例もある。記紀神話の時代から、古代の夢は必ずしも映像を伴うとはかぎらず、耳に聞こえるだけのものが多いことは、すでに指摘されており、今日の用語でいえば、広義の「変性意識状態」全般を含むものであったと考えられる。

当時にあっても「夢」という言葉は「うつつ」と対比され、何らかの「眠り」を前提としていたことは事実である。しかし、実はこの「眠る」という表現自体が、近代の「睡眠」概念をはるかに超えた広い意味内容を含んでいた。

『古事談』巻三の九十五話「性空、生身の普賢菩薩《ふげんぼさつ》ヲ見ル事」は、よく知られた性空《しょうくう》と神崎の遊女とのエピソードである。播磨国《はりまのくに》書写山のヒジリ性空は、生身の普賢菩薩に会いたいと祈請したところ、夢告によって神崎の遊女の長者がその応現であることを教えられる。遊女のもとを訪れた性空は、祈りのなかで舞い踊る遊女が普賢菩薩の相貌をもってあらわれるのを目撃する。このとき性空は「眠りて掌を合はする時、件の長者普賢の貌を応現す」るが、「目を開く時は、また元のごとく女人の貌となり」とある。すなわちここでの

「眠り」とは、心を静めて瞑目した状態と考えられる。仮にこの用例を敷衍させることができるとすれば、少なくとも当時の仏教説話集における「夢」とは、静かに目を閉じた時の体験、という広い意味を帯びていたことになろう。

表記のイデオロギー性

夢観念やその原義に関する詮索はともかくとして、むしろ重要なのは、夢という言葉で出来事が語られた具体的な文脈である。少数の例外を無視して概括すれば、仏教的な説話集において夢という表記が用いられたのは、ある体験が正当なる神や仏との接触であることを肯定する文脈であった。結論的にいえば、説話集などの文献に記された夢とは、何よりも出会われた対象の霊威を正当化し、当該の体験の質を権威づけるという、強いイデオロギー性を含んだ言葉だったのである。

これに対して、今日の学術用語では問題なく「憑依」に該当すると受けとめられがちな「つく」といった表現は、たとえば『法華験記』では、わずか数例にすぎず、しかもそこでは「ついた」主体は、いずれも蛇に転生した死者、つまり何らかの未練や執着を遺した「ねたみ苦しむ死者」である。また「つかれた」のは「（僧の）妻」「ひとりの女」など、すべて僧以外の周辺の人々で、女性が目立つ。

『発心集』巻一の第五話には、六、七百夜も「付き給へ、付き給へ」と祈りつづける僧侶に、周囲の者はこの僧が天狗《てんぐ》を付けようとしているのかと怪しんだところ、実は「道心付き給へ」と祈っていたのだという話がある。「つく」という言葉に対して当時の人々が抱いていた否定的なイメージを知る事例として興味深い。

一方、今日の学術用語で「憑依」と分類される現象には、怨霊や天狗などのいわば低級霊とは別に、いわゆる神の託宣、つまり由緒ある神がミコなどの口を通して特別の情報を伝える、というモティーフがある。これを表記する言葉としては、「たくす」などのほか、やはり「夢」が多く用いられたが、同時に「示現《じげん》」という言葉が好んで使われた。仏僧たちはもとより、当時の人々が有名寺院や山中の堂などに積極的に参籠し、夢を通してさまざまな情報や能力を獲得するという宗教様式は、このミコを媒体とする神の託宣を、その基本的なモデルとして形成されていったと見ることもできる。

いずれにせよ、「夢」「つく」「示現」などの言葉の違いは、強い社会性と権力構造を反映したものであって、必ずしも現象の実体論的な差異を意味してはいないのである。

このように述べると、いわゆる心理主義的な立場からの批判が予想される。「憑依」とは人格の転換であって本人は語った内容さえ記憶していない。これは明らかに「夢」や「示現」の体験とは異質ではないか、といった批判である。これは一見したところ、きわめて客観的・科学的基準にもとづく類別に見える。

しかし、「憑かれた」「神がかった」とされた人物が、その間の記憶を完全に喪失しているかどうかといったことは、それこそ客観的には判定しがたい場合がほとんどである。シャーマンと総称される人たちが、自分は何も覚えていない、などと証言することは多いが、よく話してみると顕在的・潜在的に記憶が残っているケースは少なくない。「夢」の記憶もそのようなものであろう。これは彼らが嘘をついているのかどうか、という問題ではない。むしろ彼らが「何も覚えていない」と積極的に語ろうとする、あるいは語らざるをえない状況とは何なのか、という問いかけが大切なのだ。宗教的な体験を担う当事者の口から、「私は何も覚えていないよ」といった証言が語り出される状況と、その意味こそが、問われなければならない。

仏教説話集と憑依

仏教説話集においては、仏主神従の論理のなかで、神の託宣もまた、仏教に追随・迎合した内容が多くなる。たとえば神が僧侶の参拝を忌まぬと宣言したり、仏教徒を激励したり、輪廻のなかで苦しむわが身を嘆いて仏教的な供養を求める、といった筋立てである。こうした動きに連動して、「憑依」という宗教形態の価値自体も引き下げられていく。巫覡の活動は、基本的に仏僧のそれとは区別された一段と低いものとして位置づけられ、仏僧とは、もっぱら第三者に「ついた」霊の正体を見抜き、これを供養・調伏する宗教者として描かれたのである。

これまでの日本巫女史では、古代には王権の中心部分にも関与した巫女が、歴史の流れのなかで次第に周縁的な身分へと押しのけられていく過程を、「巫女の淪落《りんらく》」などの言葉で表現してきた。淪落という用語から支配層の眼差しを通した道徳臭を除けば、要するに、男性優位の体制的仏教のなかに、女性に仮託された憑依の信仰が従属的に組み込まれていくプロセス、ということになろう。

無住一円の説話集においても、こうした基本姿勢は変わらない。『沙石集』巻七の二十四話「真言の功能の事」には、カンナギの呪詛が真言の陀羅尼《だらに》の力に屈した話がある。観勝寺の大円房上人の門弟は宝篋印《ほうきょういん》陀羅尼を誦《じゅ》して物狂いの者を多く治したが、あるとき物狂いの女にこの陀羅尼を誦したところ物を吐き出した。それは呪文とこの物狂いの女の名が書かれた呪詛の符であった。物狂いの女はサメザメと泣いて言う。「ああ、情けない。仏法は人をお助けになるものなのに、わが身をかくも責めなさるとは。私は京に住む巫《かんなぎ》です。人を呪詛する方法を心得て、これまで世を渡ってきましたが、この女房が姉上の夫を横取りされたので、姉上が呪詛してくれとおっしゃったのです。だからこの符を書いて、いろいろと呪詛しておりましたら、陀羅尼がいらっしゃって、私も責めるし、符も責めて追い出してしまわれましたよ」と。要するに、嫉妬にかられた女性の依頼を受けて呪詛を行なった巫が、陀羅尼の力に負けて、呪詛を受けた病者の口を通して真相を白状した、という話である。

さらに『雑談集』巻七「法華事」には、病気のときに「巫女」を呼んで太鼓をたたいたり湯立てなどをしたところで、定業《じょうごう》から救われることはできない、といった仏教的論理によって巫者信仰を批判した文章なども記されている。

とはいえ、彼が編纂した説話集のなかには、苦しむ死者の霊が、直接僧に「付いた」という話をはじめ、かなりの自律性をもって仏僧と対等に渡り合うミコの姿や、体制的仏教のなかに深くしみ込んだ巫業《ふぎょう》的宗教形態の痕跡をうかがわせるような説話も見いだすことができる。以下では具体例に即して、これらの問題を検討してみたい。

付く僧、付かれる僧

臨終の妄念

まず最初に取り上げるのは、『沙石集』巻四の第七話「臨終ニ執心ヲソルベキ事」である。

これは天台座主（顕真）に、小《お》原《はら》（大原）の上人の死霊がとりついたという話である。この上人は「無智ナリケレドモ、道心アル僧」で、このような浮き世に長生きしても仕方がないと覚悟を決め、三七日《さんしちにち》（二十一日間）、無言の行をして結願《けちがん》の日にみずから首をくくると宣言する。噂を聞きつけた京都中の道俗男女が、結縁《けちえん》のため上人を拝もうと寺に集まって来るが、上人はいざとなると現世への執着が起こり、死にたくないと言い出す。最後は弟子たちに責められて、不本意ながら首をくったとされている。

それから半年ほど後、座主僧正が病気になる。座主僧正とあるが、じっさいには顕真が天台座主に就任する以前の、大原に退隠していた時期の話である。「例ナラヌ気色《けしき》」に見えたため、護身加持をして陀羅尼を誦したところ、僧正は次のように口走ったという。「アワレ制止《せいし》給ヘカシ、思《おもひ》留《とどま》ラムト思《おもひ》シニ、サル御事ナカリシ、口惜《くちをし》ク候」。自分は気が変わってもっと生きたかったのに、なぜ制止してくださらなかったのか、という恨み言である。「彼の頸《くび》ク、リ上人付《つき》奉リタリケル」と記述され、例の上人が僧正にとりついて病気をひき起こしたと判断されたことがわかる。最後は一円によって、妄念執心の恐ろしさが説かれている。

この事例は、やがて天台座主になるほどの高位の仏僧に対しても、妄執によって魔道に堕ちた死者が「付く」と表記される場合がありえたことを示している。しかもここでは「付奉リタリケル」とされる死者もまた仏僧であった。研究者の分類に従えば、顕真は官僧、小原の上人は遁世僧という身分の差はある（松尾剛次『救済の思想――叡尊教団と鎌倉新仏教』角川書店、一九九六年）。写本によっては、霊にとりつかれたのは「座主僧正ノ御弟子」とされる。だが、ともかくも仏僧が仏僧に「付いた」のである。物狂いなどの災因としての「憑依」が、仏僧たちに加持祈禱などの職責を提供しただけでなく、仏教寺院という体制自体の内部にも、深く喰い入っていたことは明らかである。

同じく『沙石集』巻十第十話「妄執ニヨリテ魔道ニ落《おち》タル事」もまた、僧が死霊によって物狂いの状態になったという話である。ここで魔道に落ちたとされたのは、かつて「ナニガシノ宰相《さいしやう》」といわれ才覚もすぐれた出家者で、高野山に隠居して道心者として知られていた人物である。

彼は念仏して息が絶え、周囲の者たちは往生できたと喜んでいたところ、一年ほどたって仲間の僧が物狂いの状態になって、不審なことを口走るようになる。やっとのことで問いただすと、先に死んだあの出家者だとわかる。「スガタ、コワザシ、スコシモタガワズ」とあるから、声色だけでなく表情も死んだ出家者そのものに見えたのであろう。周囲の僧たちは意外に思って、なおも問いかけると、とりついた入道の霊は、この世に妄念が残って往生しそこなった恨みを語ったという。この話は、高野山の僧などのあいだでも、物狂いの状態が死霊の憑依として深刻に受けとめられ、しかも霊との問答といったことが、日常的に行なわれていたことを推察させる事例として興味深い。

情報源としての天狗

『雑談集』巻六の「錫杖の事」にも、紀州の由良にある禅寺で、亡くなった寺の長老の霊がひとりの行者に託して語った、という話が載せられている。ここでは「霊《リヤウ》、行者に託《タク》シテ語《カタ》リ侍シ」という表記が用いられ、行者が物狂いになったとか、病態に陥ったなどの記述は見られない。とはいえ、この世に未練を残した霊が、魔道に堕ちた苦しみを強く訴えているという点で、その内実は先の事例とほとんど変わりない。ここで長老の霊はみずからの未練を、行者の口を通して語る。

若くして遁世して中国にまで渡って勉強したが、母親の恨みが深くて、それが道行きの妨げになったという内容であった。さっそくその母親を訪ねあてて、寺が彼女を死ぬまで養ってやったとされている。ここでも行者にとりついた霊は、同じく仏道を志した僧であり、したがってそれへの対処も、苦しむ死者の願いを聞き入れる方向で解決がはかられている。

さらに、この話の後には、天狗と僧とのいわば直接的な対話も記されている。天狗が寺の前の木に下りて、「自分はいつもこの木の上に来ています。私のために法楽《ほうらく》の九条《くじょう》の錫《しゃく》杖《じょう》を聞かせて下さい」と頼む。僧は「法楽はたくさんあるのに、なぜとくに錫杖を望むのか」とたずねる。すると天狗は「どの法楽も貴いものですが、ことに錫杖の魍魎《もうりょう》・鬼神の段を聞くと、苦しみが和らぐのです」と答えたというのである。

前章で注目した天狗の憑依である。この事例では、天狗がみずからの苦患《くげん》を救ってもらうための方策を僧に教え、しかも、数ある法楽のなかでもとりわけ九条の錫杖が効果的であるという、重要情報を打ち明けている。

『沙石集』巻七第二十話「天狗ノ人ニ真言教《をしへ》タル事」は、ある修行者が奥州に修行し、山麓の古堂に泊まったところ、夜更けに山から下りてきた天狗の一団に遭遇したという話である。修行者は恐ろしさのあまり隠形の印を結んで仏像の裏に隠れていたが、天狗の首領とおぼしき法師がこれを見つけ、印の結び方の誤りを指摘して、正しい方法を教えてくれたという。

一円はここでも天狗を解説して、鬼類《きるい》の一種であって、真実の智恵がなく我相驕慢《がそうきようまん》の者が堕ちるのだと述べている。しかし、この説話のように、一方的に人に危害を及ぼすわけではなく、仏道修行者に対しては、真言の秘法を教授することなどもありうると考えられていたのである。

天狗から仏道や他界の極秘情報を聞き出すという、前章で詳述した『比良山古人霊託』と同じ趣向である。しかし、比良山の事例では天狗に憑依を確保されたのは九条家に仕える二十一歳の女房で、仏僧はあくまでもこれを問いただす役割を確保されていたのに対して、この事例では、天狗との直接的な問答が示唆されている。いずれにせよ、憑依的な宗教形態を通して、権威ある経論の類《たぐい》からは得ることのできない知見が、天狗という、仏教の裏側を生きるエイジェントとの直接交流によって入手されているのである。教義・経典の学習とは別に、仏教のいわば民衆バージョンの個性的な伝達回路が存在し、みごとに機能していたことが知られる。

怨念と呪詛

『雑談集』巻六の「霊之《の》事」では、ある地頭に財産をだまし取られて悶死した「有徳《ウトク》の山寺法師」が、この地頭の妻にとりついて、一家を殺してやると口走ったという話が見える。「カノ妻《ツマ》ニ霊託《リヤウタク》シテ、病狂《ヤミクル》ヒ口《クチ》ハシリテ」と、霊が「託した」ことによる病いと断定されている。

驚いた地頭は、財産はすべて返し、神にお祀《まつ》りもするし、菩提も弔うので助けてほしい、と訴える。神に祀ることを約束すると、法師の霊は満足して、さらに後世の弔いを依頼するとともに、生前に鎌倉の浜の大鳥居に打ち込んだという三、四寸ばかりの釘と、この釘を打つのに使った石を、タライに吐き出したという。さらに「恥ずかしいことだが、私の正体をお見せしましょう」と言って吐き出したのは、何とカエルだった。験者がこれらを竹の筒に入れ、祠《ほこら》におさめて祀ったとあるから、一連の過程に験者なるものが介入していたこともわかる。

験者が介入し、最後は地頭側が財産を返還し、祠を建てて怨霊を祀るという解決方法がとられている。その過程では、地頭を恨んだ法師が生前に呪《のろ》いをかけたことも発覚した。タライに釘や石やカエルを吐き出したのは、いうまでもなく霊に憑かれたとされる地頭の妻である。

この説話をただちに実話と見ることはできないが、まったく荒唐無稽なフィクションとは思えない。『沙石集』巻七第二十四話には、東大寺戒壇院の僧が語った話として、ある在家の女人が霊病になったとき、千手陀羅尼を誦したところ、刀のような物を吐き出したとあり、これも誰かの呪詛によるものであろうと述べられている。当時の験者が呪詛の解決にあたった具体的な技法がうかがい知れるとともに、災因そのものへの仏者の関わりが注目される。少なくとも、「有徳の山寺法師」と称されるような仏僧たちが、みずからが修得した法力を頼みとして、こうした呪詛の行為などにも積極的に関わっていたことは確かであろう。

誇り高きミコたち

自律的な巫女の系譜

すでに述べたように、カンナギ、ミコなどとよばれた巫者的な女性宗教者たちは、体制的な仏教や神道の制度化のなかで、従属的な地位へと落とされていった。その姿はたとえば験者の憑祈禱《よりぎとう》においてヨリマシをつとめる女房たちや、あるいは『梁塵秘抄《りょうじんひしょう》』の今様、「わが子は十余に成りぬらん、巫《かうなぎ》してこそ歩くなれ、田子の浦に汐《しほ》ふむと、いかに海人《あま》集ふらん、正《まさ》しとて、問ひみ問はずみ嬲《なぶ》るらん、いとをしや」などによって例示されてきた。

「巫女の淪落」という歴史の流れは、総論としては正しい。とはいえ、なかには、かなりの主体的自律性を保ちつつ、仏僧に拮抗しうる力を認められた巫者たちも依然として存在した。

その代表格として、『大鏡』兼家伝に出る「うち臥《ふ》しの巫女」がいる。これは賀茂の若宮がついたといって、横臥の姿勢で託宣することから、この名で呼ばれた巫女である。現在や未来の事などすべて言い当てるので、兼家に重用され、最後は彼の膝を枕にして託宣したとされる。一定の出自や身分の女性であったことも示唆されており、だからこそ、このような扱われ方が可能になったのかもしれない。

『宇治拾遺物語』巻十三第五話には「夢解《ゆめとき》の女」というのが登場する。若いころの吉備真《きびのまき》備《び》とされる備中国の郡司が、夢合わせに訪ねた夢解の女の家で、たまたま立ち聞きした国守の御子の吉兆の夢を無断で買い取り、まんまと出世したという話である。大臣にまでなるはずの夢を取られた国守の御子の方は、官職もないままに一生を終えてしまったとされている。

夢解の女とは、先の『大鏡』兼家伝などでは「夢解《ゆめとき》も巫《かんなぎ》も」として、巫とは区別されている。しかし、ある種の霊能によって夢を判断し、人の運命までを左右するのであるから、広義の巫者《ふしや》に含めることは可能であろう。日に複数の依頼客が訪れていることからも、かなりの評判を得ていたと思われる。なじみ客の賄賂に応じて他人の吉夢を取らせてやるといった、したたかな職業人としての一面もうかがえる。

これらはいずれも、先に挙げた由緒ある神霊の託宣という宗教形態をモデルとして、仏教的権威の外側に身を置くか、あるいは、その権威に匹敵しうる霊能の力を頼みとしつつ、一定の自負と誇りをもった自律的な巫者たちの系譜、といいうるであろう。

仏教的権威の活用

これに対して、すでに体制化された仏教の渦のなかに巻き込まれながら、逆にその教説や権威を巧みに活用することによって、宗教者としての活路を開いていった人々も数多くいたと考えられる。

『古事談』巻三第二十五話に出る「金峯山ノ巫女」は、恵心僧都源信が占いを依頼したミコの話である。

金峯山に「正シキ巫女」がいると聞いた源信は、ただひとり出かけて行き、心中の諸願を占うよう依頼する。するとこの巫女は、次のような歌占をしたという。「十万億ノ国々ハ、海山隔テ遠ケレド、心ノ道ダニナヲケレバ、ツトメテイタルトコソキケ」。これを聞いた源信は感激のあまり涕泣《ていきゅう》したとされている。歌占という優雅な形式のなかに、源信の感涙を引き出すほどの仏教的精神も織り込まれている。

恵心僧都が吉野のカンナギから託宣を得たという話は、『沙石集』巻一第四話にも収録

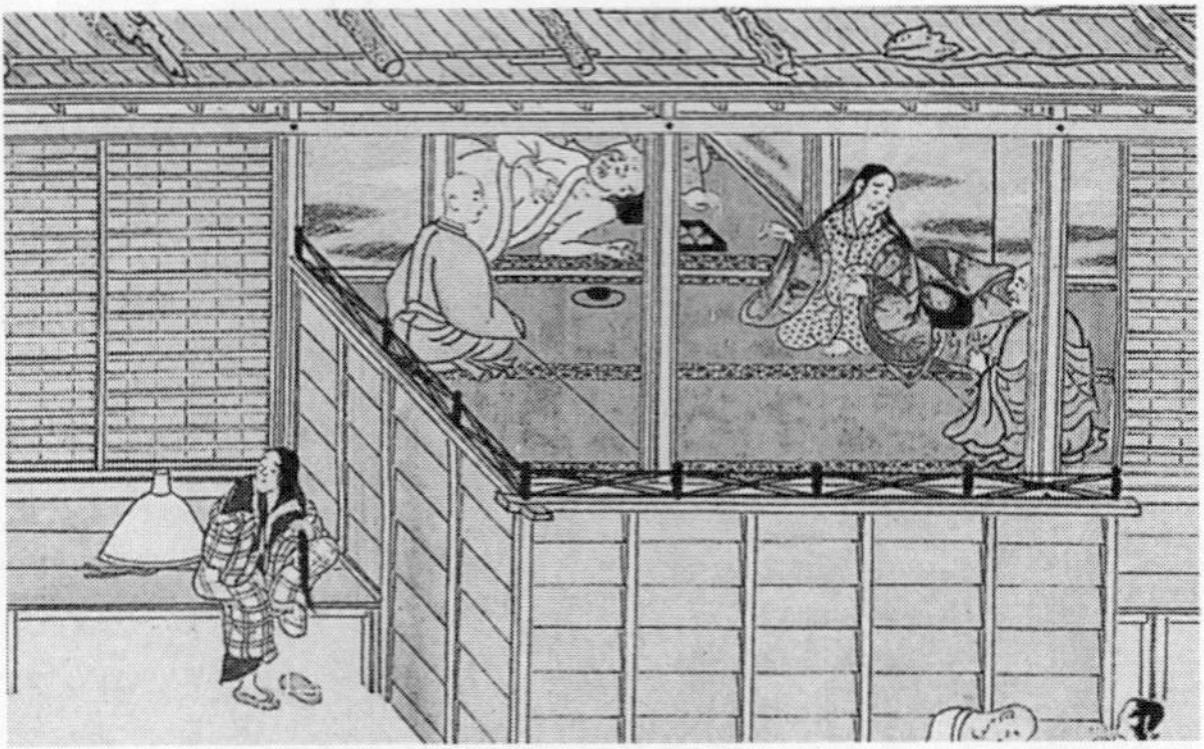

図8　春日の巫女。病人の治療によばれた場面。（「模本　春日権現霊験記」東京国立博物館所蔵）

されている。ここでは和《わ》光同塵《こうどうじん》が長すぎて仏法についても忘れてしまったと吉野明神が語ったとされ、いっそうくだけた巫女像が描かれている。「金峯山ノ巫女」とは、『梁塵秘抄』二六五にその芸達者ぶりが描かれている「金の御嶽にある巫女」であろう。春日社、貴船社、住吉社、熱田神宮などの巫女と同じく、すでに既存の体制的な宗教組織に所属するミコのひとりである。『沙石集』では、巻一第十話「浄土門ノ人神明ヲ軽《かろんじ》テ罰を蒙る事」に登場するミコなどが注目される。九州で地頭職にあった浄土門の学生が、社僧神官らとトラブルを起こす。彼らは「呪詛してやる」と脅すが、呪詛を否定する浄土門の学生は相手にしない。しかし、間もなくこの学生は「悪キ病付キテ、物狂ハシ」という状態になってしまう。母親の尼は思い悩んで息子に譲歩を求め、さらに神の力に頼ろうとするが、神明を否定する学生はあざ笑って冒瀆の態度をとりつづける。すると神がミコに憑依して、さまざまに託宣する。

ここでは「神子《みこ》ニ神《かみ》ツキテ、様〳〵《やうやう》ニ託宣シケルニ」とあって、「つく」という表記が使われている。母親は平身低頭して謝ろうとするが、当の学生はあくまでこれをあざ笑ったため、ミコの方も許さず、ついに学生は神罰によって首がねじれて死んでしまう。それでも軽蔑された神の怒りはおさまらず、母親の尼、さらにこの神の咎《とがめ》を封じるために雇われた陰陽師《おんようじ》までもが次々に命を落とす、という筋立てである。

いうまでもなく、ここでは神祇《じんぎ》不拝を説く浄土門徒に対する一円自身の批判が含まれているが、それと同時に、仏教的権威をも巧みに利用しながらも、みずからの託宣の正しさを主張する、誇り高き巫者たちの気概を示す事例にもなっている。母親が神への取りなしを求めて、神田を返すので命だけは助けてほしいと懇願するが、それに対するミコの態度は、すこぶる高圧的なものだった。彼女は高笑いして、首をねじられても、まだ神を疑うような者は心が汚れていると、門徒の男を批判する。また、自分は十一面観音の化身であって、真に弥陀《みだ》の本願を頼む真心があって念仏するならよいが、お前のように汚く濁った心では、どうして本願にかなうだろうか、と叱りつけたとある。

このミコは「十一面観音の化身」という権威を背景に、専修《せんじゅ》念仏にこだわる学生に対して批判の説教まで垂れている。彼女の自信を支える神の力それ自体が、すでに強力な仏教的権威によって裏打ちされていたことに注目したい。

アルキ御子と仏舎利

同じ『沙石集』には、アルキミコの語の早い時期の用例として注目されてきた、巻二第一話の「仏舎利感得シタル人の事」がある。

河内の国に生蓮坊《しようれんぼう》という入道がいた。何としても仏舎利《ぶつしやり》を得たいという願いが強く、不空三蔵の「一心頂礼《ちやうらい》ノ舎利《しやり》礼《らい》ノ文《もん》」を唱え、毎日五百回、五体投地の礼拝を繰り返していた。十四、五年の後、太子廟に参籠したところ、夜半になって夢に廟窟からひとりの老僧が現われ、「お前が所望する仏舎利は、すぐ横に寝ている者に頼みなさい」と告げる。生蓮が驚いて傍らを見ると、そこには確かに色白で髪が長く、二十二、三歳の「アルキ御《ミ》子《コ》」が寝ていた。さっそく起こして事情を話すと、彼女は「浄土堂へいらっしゃい。お渡ししましょう。簡単なことですよ」と言う。

生蓮はいぶかしく思いながらも一緒に堂に行くと、このアルキミコは、脇にかけた守り袋から六、七寸の水晶の塔を取り出した。その瞬間にあたりは明るくなる。やがてミコはおもむろに仏舎利を十粒ほど取り出し、「この中から一粒を選びなさい」と言う。生蓮が「私に縁のある御舎利があれば、それをお教え下さい」と手を合わせて祈ったところ、ひとつの舎利が虫のように這い寄ってきた。ミコは「これです」と渡してくれたという。生蓮は感涙にむせぶ。

廟の前に戻ってから、彼はミコに住所や名前をたずねるが、「これといった住所はありません。名前は寂静《じやくじよう》と申します」と言って再び横になってしまった。生蓮が少しまどろんで明け方に探すと、もう彼女の姿は消えていた。周囲にたずねたところ、「ここ七、八日ほど見かけたが、どこから来て、どういう人かは分からない」と言われてしまう。最後は「神仏の化身だったのであろうか」と結ばれている。

説話特有の神秘的潤色を無視して散文的事実経過のみをたどれば、アルキミコとよばれるような女性が、太子廟に付設された浄土堂などを活動の場とし、しかも脇にかけた守り袋のなかに、仏舎利と称する宝珠を入れた水晶製の仏塔を常時携帯し、時に応じてこの舎利を配布していた点が注目される。寂静という名からは、アルキミコとはいっても、みずからは尼僧の自覚をもった宗教者ではなかったか。

わが国における尼僧と仏舎利との緊密な関係については、すでに先学の研究によって明らかにされている（田中貴子「仏舎利相承系譜と女性」『日本の女性と仏教会報』四号、一九八七年）。日本に将来された仏舎利はとくに王法護持の象徴とされ、天皇家の舎利相伝の次第には王家に関わりのある女性たちが深く関与していたという（西口順子「成仏説と女性」日本女性史論集5『女性と宗教』吉川弘文館、一九九八年）。天皇家との関係や出生の事情を公表できずに出家して尼となった王家の女性たちには、仏舎利が分与され、これが王権とのつながりの「思い出」を保証するとともに、彼女たちの矜持の支えともなったのである（細川涼一「王権と尼寺——中世女性と舎利信仰」『列島の文化史』五、日本エディタースクール出版部、一九八八年）。

上の事例に出る寂静と称するアルキミコもまた、聖徳太子廟という、王権の系譜を強く感じさせる場所に結びつけて語られているのは暗示的である。彼女自身が、皇室と直接に関係をもった尼僧のひとりであった可能性は薄いだろう。むしろ、当時のアルキミコ的な女性宗教者のあいだでは、仏舎利と称する貴石や骨片などをひそかに携帯し、これを究極の護符として用いる風が、かなり一般的に行なわれていたのではないだろうか。仏舎利といった、いわば仏法と王法という二つの権威を帯びた象徴を操作し、さらにこれを人々に分与することは、みずからが誇示する霊能を正当化し、一定の社会的承認を得るための効果的な戦略のひとつではなかったかと思われるのである。

「憑依」の再解釈と逆利用

高僧の言葉を語る女性

制度的仏教から独立するか、あるいは積極的にその権威を利用することで、一定の自律性を保ちえた巫者的宗教者の痕跡を見てきた。これに対して、物狂いの解決そのものに仏教の輪廻転生《りんねてんしょう》や追善廻向《ついぜんえこう》の論理が介在したり、巫儀《ふぎ》の問答場面が仏教的な教理解釈の場と見なされたりするようになると、一見したところ仏教的体制のなかで負の烙印を押された者が、自覚的ないしは無自覚的に仏教的な教説を逆用して、みずからの特殊な霊能を発揮したり、あるいはまた、仏法の奥義を解き明かす宗教者として周囲の期待に応える、といった事態も生じてくる。

前の章で検討した『発心集』の真浄房とその母親の話などは、そうした方向への萌芽がみられる。つまり、周囲から貼られた「憑依」のレッテルを再解釈したり逆利用することによって、積極的な意味世界を切り開こうとする方向である。

『沙石集』巻一第六話「和光ノ利益甚深ナル事」には、解脱上人の弟子の障圓《しょうえん》（璋円）が死んで魔道に堕ち、ある女にとりついて種々の語りをしたという話が載せられている。これはすでに第四章で日本的煉獄の例として取り上げたが、さらに詳しく検討してみよう。

奈良の少輔《しょうゆう》の僧都《そうず》障圓は、碩学として知られていたが、死んで魔道に堕ちた。「或《ある》女人ニツキテ」語った話の内容は、次のようなものであったという。

春日の大明神の御方便はありがたいもので、生前に少しでも縁のあった人は、たとえどんな罪を犯しても、別の地獄へは行かせずに、春日野の下に地獄を構えて、そこに入れて下さいます。そこでは毎朝、第三の御殿から地蔵菩薩がおいでになり、灑水器《しやすいき》の水をかけて下さるのです。その一滴の水が罪人の口に入ると、苦しみもしばらくは和らぎます。少し正念に徹すれば、大乗経典や陀羅尼《だらに》などを唱え聞かしていただけます。この方便によって、やがてはその地獄から浮かび上がることもできます。学生たちは、春日山の東の香山《こうせん》という所で、大般若経の説経を聴聞します。論議問答することなどは人間と変わりません。昔学生だった者はここでもみな学生で、親しく大明神の御説法を聴聞させていただいています。

説話を額面通りに受け取れば、こうした他界の内容を語ったのは、死んで魔道に堕ちた障圓という高僧の霊である。しかし、じっさいに起きた出来事の現場に目を向ければ、これを語ったのは、まさに魔道に堕ちた霊が「ついた」とされた女性なのである。おそらくこの女性は周囲からは「霊に付かれた」などといわれながらも、興味津々の僧俗たちの質問に答えて、さまざまな語りを行なったのであろう。

しかもその内容は、仏教的な輪廻観にもとづきながらも、きわめて独創的である。なかでも、春日野の下に用意された特別の地獄といった他界観は興味深い。こうした特別の地獄観は、すでに興福寺側から喧伝され、広く流布していたものであろうか。あるいは、このように高僧の霊にことよせて語りをした女性たちによる独創の産物だったのだろうか。

それなりの功徳を積めば脱することも可能だという。これがカトリックにおける「煉獄」の日本版ともいえることは、先に指摘した通りである。

この女性は、すでに神仏に関するかなりの知識と信仰心を身につけていたと考えられる。当初は魔道に堕ちた霊に付かれたとされたものの、その豊かな語りによって周囲の注目を集めたのである。やがては、かなりの自律的な霊能者として、道俗の質問や依頼に応えていったのではあるまいか。これはあながち根拠を欠いた憶測ではない。というのは、まさにこうした憑依のレッテルを貼られた人物が、寺院にとっても好都合な伝承を逆利用しつつ、かなりの評価を受けた巫者的宗教者へと変貌していく過程を示唆する説話が、じっさいに残されているからである。

霊病の女

同じく『沙石集』の巻十末第一話「霊ノ託シテ仏法ヲ意《コヽロ》エタル事」に描かれた、京都に住むひとりの巫者的な女性などは、その好例である。物語の流れに沿って、やや詳しく検討してみよう。

京の都に住むある女人が「霊病《リヤウビヤウ》アリテ種々《シユぐ》ニ祈《イノレ》共、シルシナシ」、つまり霊病《りょうびょう》になって、あれこれ祈禱したが効果がなかった、という話である。評判の験者を呼んで祈禱してもらうが、あざ笑って相手にしない。東山の観勝寺の上人は験力にすぐれているというので、呼んで符を懸けさせようとしたところ、哄笑して「この符は私も知ってるよ。あの上人は宝篋印陀羅尼《ほうきょういんだらに》の法を成就した人だ。道心ある上人だから尊いものだ。高いところに懸けなさい」などと言う。ところが、別の上人が同じように符を懸けようとしたところ、「ああ、ばかばかしい。これも知ってるよ。秘密の事だから言わないけど。驕慢の気持ちがあるのが許せない」と言われてしまう。

ある有験の名僧と評判の人がつくった符を見たときなどは、「ああ、けがらわしい」と言って、足で踏みつけ、唾を吐きかけて捨ててしまう。周囲の者が「これだって仏法ではないか」とたしなめても、「たしかに仏法かもしれないが、名利《みようり》を求める汚れた心があれば、仏法にそむく」と動じない。有徳の験者などと世間からは崇められている仏僧たちも、じっさいには解脱も往生もかなわぬような驕慢の心をもっており、そんな連中が作った護符などに効き目はない、という痛烈な批判である。

このように、主人公の女性は、まず冒頭で「霊病」のレッテルを貼られている。つまり霊《りよう》に憑依されて苦しむ病人として紹介されている。しかし、その後の展開を見るならば、彼女の活動は、まさにこの迷える霊を一種の守護神としてさまざまな判断を下す、かなりの自律性をそなえた巫者的な人物であったことが見えてくる。

なぜ名もない女性に、これほどまでに強気の発言ができたのだろうか。それは彼女に取り憑いた霊の性格に原因があった。何かと仏法の道理ばかり言い立てるので、「そんなに仏法の理をご存じなのに、どうして人に取り憑いて悩ましたりするのですか。合点がいきませんね」と問うと、霊は女人の口を通して、自分の正体を明かすのである。それによれば、この霊は、かつて天台山（比叡山）の草創期の者だった。しかし、頭ばかりの知識で、真の道心がなかったために、紙一重のところで出離《しゅつり》に失敗して魔道に堕ちてしまったのだという。だから、霊ではあるけれども人に危害を及ぼすことはない、とも語っている。当時の天狗が必ずしもつねに邪悪な存在とは考えられていなかったことは、先に指摘した通りである。前にも取り上げた巻七第二十話「天狗ノ人ニ真言教タル事」では、魔道に堕ちた天狗には善天狗と悪天狗の二種類があり、前者は依然として仏道の志があり、修行者を害することもしない、などと述べられている。

本話でも、魔道に堕ちた霊は、当世の智者と言われる人たちのことを、あれこれ論評する。法性寺の聖一《しょういち》上人という人は、末代に有り難いほどの智者ではあるが、それでもまだ三昧《さんまい》には達していない、といった具合である。

仏法の奥義に精通した巫者

女性に取り憑いた霊が仏法に詳しいことが評判になると、仏法について問答してやろうと訪れる遁世者もいた。ところが、この女性はそれを察知して、「あの坊さんが私に物を聞きに来るんだって。何を聞きに来るのか。笑っちゃうわ」などと小馬鹿にする。これを伝え聞いた遁世者は、あわてて道を引き返したという。また、この女性の夫が、知り合いの高野山の真言師を祈禱に呼ぼうと隠れて手紙を書いていると、それを察知して、「そんな人を呼んでも無駄よ」と言い当ててしまう。

さらに、この女性が北野天神に参籠したときのエピソードは注目に値する。たまたま、ある持経者が読経する声が聞こえてきたとき、彼女は簾《すだれ》から走り出て、この僧の頭をはりつける。経の読み方がまちがっているというのだ。驚いた持経者が、ではどう読んだらよいのかと問い返すと、彼女はすらすらと読んでみせたうえに、その解釈までみごとに語って聞かせたというのである。これには聞く人たちも随喜し、持経者も納得したという。

彼女がこれほどまでに自信ある批判ができたのは、彼女に取り憑いて語らせている霊が、まさに同じように魔道に堕ちた行者だからである。ここでは、仏道において挫折した者の死霊であるがゆえに、同じ道に堕ちている者たちの弱点を見抜くことができる、という論法がつらぬかれている。仏教的な意味づけを逆手《さかて》に利用しつつ、悪霊に憑かれたとされた自己の状態を、かなりの自律性をもった宗教者の立場へと変換させることに成功した事例といえよう。

一円自身は、説話の後段で、博学でも真に知恵のない者は魔道に堕ちるのだ、といった平凡な教訓で片づけようとしている。しかし、じっさいには、問答をしようと訪ねてきた遁世者のエピソードにも示されているように、仏法の奥義に精通した者としての実力も認められていたのである。北野天神で持経者を殴りつけた場面の描写には、「驚いて見ると、ごくふつうの女房だった」とあり、男性持経者も何ら抵抗することなく、素直に教えを乞うている。

もはやここには、物狂いなどの状態に苦しむ霊病者という雰囲気は感じられない。むしろ、つつしみ深さと威厳に満ちた尼僧的な宗教者としての風格をすでに具《そな》えていたのであろう。おそらく当時こうした女性が実在し、一方では「霊病」などといわれながらも、一定の仏教的教養を武器に、絶大な評判を得ていたことが推察される。この説話に登場する「霊病の女」は、今日でも広く活躍しているカミサマ・民間巫者・拝み屋さん・霊能者などとよばれている人々の典型を示すものであり、その長く太い系譜を証拠づけるとともに、彼ら、彼女たちと、制度的な仏教との深い関わりの履歴をも明らかにしてくれる。

主体的な憑依

やや時代はさかのぼるが、慈円の『愚管抄』には、建永元年(一二〇六)のころ、仲国《なかくに》法師の妻と称する女性に後白河法皇が憑いて、「我レイワヘ」と言い出した、という記述がある。公卿が詮議した結果、これを祀ることがほぼ決まりかけたとき、慈円が疑義を呈してやめさせたという。慈円の言い分は、怨霊というのはそれに定められた人だけがなるもので、後白河院がなられるはずはない。だからこの女にとりついて、このような偽りを語るのは野狎天狗《やかん》の類にちがいない、というものであった。ここでは、天狗は邪悪な魔物の一種と考えられている（大隅和雄『愚管抄を読む』平凡社、一九八六年）。

こうした逸話を念頭におくとき、上で見た『沙石集』に描かれた女性の話が、一段と大きな意義をもつことが理解できるのではないか。ここでは、天狗の憑依がもはやマイナスのイメージではとらえられていない。むしろ天狗道に堕ちた修行者という仏教的意義づけを逆手にとって、これを巧妙に活用しているのだ。このような解釈を背後から支えた民衆の期待にも着目しなければならない。

『雑談集』巻九の「万物精霊事」には、万物に仏性が宿るという一円の本覚論的な思想が表明されているが、その例話として、律宗の名僧として知られる忍性《にんしょう》の話が載せられている。常州三村山に忍性が入って、ここを律宗の拠点としたさいに、周辺を結界して殺生の禁断をきびしくしたため、東條という所のキツネたちがこれを聞き及んで移住してきた、という話である。これが判明した経緯は、キツネたちが「人ニ託シテカケリ」とされている。

この「人」とは、どのような人だったのか。キツネの言葉が託されたというのは、俗にいう「キツネつき」であろうか。たしかにここでも最初は何らかの「物狂い」「霊病」の状態を示したのかもしれない。しかし、キツネの語りと称するその言葉は、やがて周囲の人々に説得力あるものとして受容されていく。

おそらくそこでは、「忍性さまが殺生の戒律を重んじたことがありがたく、私たちも集まって来ました」といったキツネの言葉が積極的に語られ、それを喜んだ周囲の仏教者たちによって、さらにこの話が喧伝されたのであろう。最終的に『雑談集』に記録されるほどの評判になったということは、もはやただの「キツネつき」ではなく、ひとりの巫者的な人物として認められていたとも推測される。だとすれば、ここでも、仏教の民衆層への定着を下支えする巫者たちの姿が、かいま見られることになる。

これらの説話もまた、すべてを史実と見なすことはできない。しかし、当時のミコ的な人々が、仏僧による調伏や憑祈禱《よりぎとう》における霊媒の役割といった従属的な地位へと一方的に組み込まれていっただけではなく、むしろ、人々から期待された特殊な能力を頼みとして、民衆層への仏道布教の最前線にあって、その伝播と定着に主体的な働きを演じる場合がありえたことが示唆されている。

制度的宗教の建前のなかで作られた「救う男性」と「救われる女性」という図式が、民俗・民衆的な宗教をとらえる視線をも曇らせてきたことは、近年さまざまな角度から反省されている(今井雅晴「仏教と神道の共存」『年報日本史叢』筑波大学歴史・人類学系、二〇〇一年)。ジェンダーの問題のみならず、より一般的な命題としていえば、日本仏教の民衆伝道の現場では、「憑依」の宗教形態が、きわめて中心的な役割を果たしていたのである。本章でとりあげた事例もまた、そうした実態を示す貴重な資料のひとつとして、読むことができるであろう。

第七章 憑依から供養へ

初発の憑依

恐ろしい体験

「憑依《ひょうい》」とは恐ろしい体験である。よく未開社会の遺風とか、外国の奇習などとして紹介されるテレビ番組の映像のなかでは、神や霊に憑《つ》かれたと称する人々が、自分の身体に傷をつけたり、口から泡を吹いてころげまわるようなシーンがある。これはたしかに恐ろしげである。しかし、ここで「恐ろしい」といったのは、そういう恐ろしさではない。

多くの憑依、とくに初発の体験としての憑依は、むしろ不気味な静寂のなかに始まる。憑依とは、何か得体の知れないもの、この世ならざるものが、圧倒的な力で自分の心身を拘束してくるという体験である。それは凍りつくような孤独の出来事なのだ。自分は狂ってしまったのではないか。そのように思う人も多い。

あのイスラームの聖典コーランの言葉を神から託されたという開祖ムハンマドも、そうした体験者のひとりであった。

ムハンマドは四十歳のころ、メッカ郊外のヒラー山中の洞窟で瞑想中に、とつぜん何者かに呼びかけられる。最初の呼びかけは「読め」あるいは「起きて警告せよ」などの言葉であったらしい。後にこの最初の啓示は、大天使ジブリール（ガブリエル）によって告げられたものとも言われるようになるが、その時のムハンマドは、不安のあまり家に帰って頭から布をかぶって震えていたという。それは狂気への不安、悪霊憑依への不安であったかもしれない。しかし、次々と下る啓示の圧倒的な迫力によって、やがてみずからが唯一絶対のアッラーに選ばれた最後の預言者である、という自覚を獲得していったのであろう。

同じことは、イザヤ、エレミヤ、エゼキエルなどの名で伝えられるユダヤの預言者や、さまざまな黙示録の語り手たちの体験にもあてはまるだろう。彼らが残した言葉のあるものは、後に教団が組織化される過程のなかで正典に組み入れられ、あるものは正典外文書、つまり異端として排除された。「信仰」の立場からすれば、両者には天と地の開きがあるが、本書のような「憑依」論の視点に立てば、これらの人々の体験のあいだに明確な質の違いを見わけることはむずかしい。

狂うことの意味

むしろ、こうした体験は、世界宗教の成立や形成に名を残した人たちだけの専有物ではない、と考えるべきであろう。長い歴史を通して民間で活動してきた、そしていまも活動している行者・民間巫者《ふしゃ》・霊能者などとよばれる、多くの無名の人たちに共有された体験でもある。彼らの場合、自分は狂ってしまったのではないかという不安は、さらに深刻だ。「狂気」は容易に他者から貼りつけられるレッテルとなる。「憑依」の事実を公言し、世間に明かすことは、つねに狂人と解釈される危険に身をさらすことでもあった。

たしかに「憑依」と「狂気」は紙一重である。近代の精神医学は、あらゆる憑依現象を病理の言葉に還元する道を開いた。本書ではあえてこの道はとらないが、近代医学の説明体系に従うならば、「憑依」は何らかの「病理」のカテゴリーにおさめることができる。他人の考えや、目の前にいるはずもない何者かの声が聞こえてくるといった訴えは、精神分裂症（近年の用語では「統合失調症」）の典型的な「症状」とされるようになった。

もっとも、これまたよく知られているように、前近代社会では「狂う」という概念自体が、多面的で豊かな奥行きを失っていなかった。古代の文献には「託ふ」を「くるう」と読む例がある。「クルヒ」は神がかりとなって激しく動く「舞い」の所作をあらわす言葉でもあった。舞踏や芸能の起源を憑依に求める学説もある。何らかの結びつきがあったことは疑いない。

憑依は狂うことと深い関わりをもってはいたが、患者として病院に通うことを強いられる近代の「精神病」と、ただちに同義ではない。それははるかに豊饒な意味の広がりを秘めた世界だったのである。

憑依の社会化

憑依霊の名づけ

本書のテーマに引きつけて考えれば、「憑依」とはきわめて個別的な霊との、まさしく直接対決・直接交流・個別取引の体験から始まる。人間としての主体的な力ではいかなる抵抗もできないような外部の存在が、一直線にみずからの心身に向かって射し込まれ、即時的・圧倒的な力をもって拘束してくる。

初発の憑依の恐ろしさとは、その不可抗的かつ威圧的な拘束力の恐ろしさであり、その意味で「祟《たた》り」の恐ろしさに似ている。どちらも、きわめて個別具体的な他者との、個別具体的な関係性のなかで、他者の側の圧倒的な主導権が作動するのだ。「供養」と「憑依」という言葉で代表させた本書の二つの大きなテーマ、すなわち、浮かばれない死者への対処法の問題と、憑依の解釈をめぐる葛藤の問題は、この霊との個別的・拘束的な出会いという通路において、深く交錯し、結び合う。

初発の憑依がもつ直接性に切れ目が生じ、孤独の体験が社会と結ばれる最初の契機となるのが、憑依した霊的存在に名前をつけ、体験それ自体の存在理由を言語化するという行為である。ここで名づけに失敗し、他のいかなる人とも共有できないような解釈の世界に引きこもるとき、それは文字通り「狂気」と判定される。圧倒的な憑依の拘束性は当人の内部に閉じこめられ、もはや当人の主観性を離れた場所からは解釈できない。

奄美・沖縄地方の民間巫者として知られるユタは、カミダーリィとよばれる心身の異常に苦しむ試練の期間を経て、一人前のユタとして成巫《せいふ》することで知られているが、具体的には、自分に憑依している霊の正体を見きわめ、これを祀《まつ》り直すことによって、みずからの守護霊的な存在に昇華させていく過程として物語化される。チヂなどとも呼ばれるこの守護霊は、最終的にはそれぞれのユタごとに個性的な名前でよばれることが多い。つまり、その守護霊だけの固有名詞が与えられる。たとえば、「大里の按司《あじ》神」「天地龍宮のアシビ神」のように。

これに対して、同じ民間の巫者的な宗教者でも、本土の場合には、龍神・稲荷《いなり》・不動・観音など一般的な神仏名が守護神に選ばれることが多い。○○稲荷や△△不動などとして、各自の個性が主張される場合はあるが、制度的宗教で認定された神仏の範疇は確保されている。青森県の津軽地方でカミサマとよばれる巫者たちは、しばしば赤倉様という特殊な神を祀る。これは岩木山北麓の赤倉沢に鎮座する神をさすが、こういうローカルな神であっても、個別の巫者を超えた社会性がある。

沖縄と本土の巫者を比較した場合、すでに憑依霊の名づけの段階で、前者の方がその個別性にこだわっていることがわかる。だとすれば、沖縄の巫者は本土の巫者にくらべて、明らかに危険な橋を渡ろうとしている。あえてみずからの憑依体験の個別性にとどまることは、理屈のうえでは主観性への閉塞であり、一歩まちがえば、「狂気」という孤立の谷へと転落する。

とはいえ、じっさいには、ユタの憑依霊には画一的ともいえる共通の了解事項が認められている。カミダーリィの段階で憑依し、本人を苦しめた霊的存在の正体は、たいていの場合、何代か前の先祖、つまり系譜上にある死者の霊と考えられている。直接の先祖でない場合でも、何らかのかたちで先祖と関わりがあった霊的存在、たとえば先祖が祀るべきであったのに怠慢から捨てられてしまった神、などが多い。

だから、憑依して苦しめるのも悪意があったからではなく、霊自身が苦しんでいることを訴えるためである。一般には「ウガンブスク（御願不足）」などの言葉でよばれる。拝みが不足していた、という意味である。つまり、祀られることもなく、無視されてきた気の毒な霊が、その寂しさを訴えるために子孫のだれかに憑依して、これを苦しめるのだ。そして正しい祀り方が回復されたとき、その霊は強い守護神的な存在に変わる。

これはユタの成巫過程のみならず、ユタが相談に訪れる客に語る標準的な災因論と、その対処法でもある。沖縄では「祟り」という言葉はあまり聞かれないが、まさしくこれは、

図9　沖縄のユタ的宗教者の拝み。（沖縄本島北部の拝所にて）

本書で〈祟《たた》り―祀《まつ》り〉システムと名づけたものにほかならない。

沖縄の憑依文化の基底には、〈祟り―祀り〉システムがしっかりと息づいている。そうであるからこそ、個々の憑依霊はそれぞれに固有の名称をもてるほどにまで、個別性にとどまることを許容されているのだ。〈祟り―祀り〉システムとは、具体的な顔や個性をもった霊との「個別取引」のシステムであった。当地の民俗宗教に見られるような広範にして多彩な憑依の意匠は、堅固な〈祟り―祀り〉システムに支えられることによって、その気ままな増殖を保障されてきたともいえる。

かつて琉球王国の支配下にあった沖縄地域とは異なり、日本の本土では、巫者的な人物の言動にも、仏教・神道などの制度的宗教の影響力が深く影を落としている。先に見た守護神の命名にあらわれているように、初発の憑依体験を、すでに一定の歴史的認知を得た神仏に結びつけて社会化する道はいっそう広い。霊的存在との個別取引を、普遍主義化の方向に引き込む志向性が高かった、ということである。とくに仏教的な礼拝対象が使われる場合には、〈供養《くよう》／調伏《ちょうぶく》〉システムが作動しやすい。

もちろん出自が仏教であれ神道であれ、さまざまな神仏の属性や機能は、それぞれの巫者的人物の憑依体験から、いかようにでも解釈できる。じっさい、それぞれの解釈は実に多彩である。しかし、ゆるやかな分業観は広く共有されてきた。たとえば浮かばれない死者を成仏させるための「供養」には地蔵菩薩《ぼさつ》や観音菩薩がふさわしく、邪悪で穢《けが》れた霊の「調伏」には不動明王や帝釈天、毘沙門天の力が期待される、といった分業観である。

仏教者と巫者の分業体制

すでに述べたように、この仏教的な普遍主義化は、霊との個別取引そのものを一気に抑圧・排除する方向には進まなかった。むしろ〈供養／調伏〉システムは〈祟り―祀り／穢れ―祓い〉システムのうえに寄生し、これを温存した。巫者的な人物が孤独の闇のなかから切り出す霊たちの声は、とりわけ地蔵・観音・不動・薬師などの仏教的諸尊に結びつけて物語化されるとき、世間からの全面的な拒絶を免れることができた。

巫者的な宗教者が、いつの時代にも弾圧の風を受け、「狂気」というレッテルを貼られたり、批判や嘲笑の的となりやすかったことは周知の通りである。しかし、一方で制度的仏教の僧侶たちが葬祭を独占し、「安らかな死者」「懐かしい先祖」の再生産に従事しはじめたとき、そこにいたらない、あるいはそこからこぼれ落ちてしまう「浮かばれない死者」たちの思いに配慮し、彼らの道行きを介護する役割もまた、広く残されることになった。

思えば〈供養／調伏〉システムとは、ある種の普遍主義化の試みではあったが、死者との個別取引の道を全否定するものではなかった。それどころか、正統を主張する仏僧たちが、人々に身近な死者の追善供養を勧め、盆や彼岸における先祖との親しい交流の意義を強調すればするほど、そこには同時に、巫者的宗教者たちの「憑依」を媒介とした個別取引のマーケットが、大きく開かれていったといえる。

人々の願いは「浮かばれない死者」を「安らかな死者」に移行させることにあった。制度的仏教者と巫者的宗教者とは、この民衆の願いに応える役割を相互補完的に担いつつ、巧みな分業体制を築き上げてきたのだ。

憑依の隔離策

初発の憑依の社会化において、普遍主義化への徹底を極限にまで押し進めたのは、いうまでもなく一神教的な世界宗教だった。そこでは神とサタン、聖霊と悪霊の二元論が憑依の解釈それ自体を二元論的に引き裂いた。絶対の神による心身の拘束は、もはや「憑依」とよぶことを許されなかった。それは神の「啓示」であり、「召命」であり、「導き」とされた。あるいは、「神秘体験」などの絶妙な用語によって、体験の高雅な出自が保証された。モーセ、イザヤ、イエス、パウロ、そしてムハンマドに対して、「憑かれた」「神がかった」などの表現は絶対の禁句となった。

他方、悪魔・悪霊たちは、依然として人々に「取り憑く」霊威として残された。異教徒たちは、憑依のなかに生きていた。彼らは邪悪な霊に操られ、偽の神に仕える人々であった。唯一絶対の創造神を認めない異教徒が、何らかの「神」によびかけられたとき、それは「憑かれた者」となり、「シャーマン」とよばれた。第五章でも触れたように、シャーマン、シャーマニズムの概念は、こうした一神教的な伝統の文脈のなかで鋳造され、保護され、やがて学術用語にまで押し上げられた。

日本の制度的仏教も、この隔離の戦略によって、みずからの権威を維持しようとしたことに変わりはない。聖徳太子、弘法大師、明恵上人、親鸞聖人、日蓮聖人と尊称をもってよばれるようになった人たちの体験は、「憑依」の臭いのかからない言葉のなかで保護されていった。彼らは「示現」を受け、「夢」によって教えられ、「見仏」の体験はあっても、「憑かれ」たり、「神がかり」することは決してなかった。

「祟り」「供養」「憑依」の内的連関性

とはいえ、善霊と悪霊の二元論が徹底しない霊的環境では、この隔離策も厳格さを欠き、曖昧さを残すものとなった。高貴な神々たちは相変わらず託宣を下し、各地の村落行事では「神がかり」が正統な神意の伝達回路として確保されてきた。前章で見たように、「憑依」は仏僧の世界にも巧みに場所を得たし、制度的仏教も民衆布教にあたって積極的にそれを活用した。善悪の絶対性をすりぬけた天狗たちは、「物狂い」や「霊病」の回路を通して、仏法の奥義や裏情報をさかんにリークした。仏僧たちのなかにも、その恩恵にあずかろうとした者は少なくなかった。

さらに、本書で注目した、広大な死者たちの世界が温存された。個別の死者との直接交流・個別取引は、抑圧・排除されるどころか、仏教の葬祭化の過程のなかで積極的に保護された。ねたむ死者、恨《うら》む死者、羨《うらや》む死者、非業の死をとげて浮かばれない死者たちは、依然として強い「祟り」の力を維持することができた。彼らは生者に祟り、祀りや供養を要求しつづけた。とりわけその要求は、巫者的宗教者を介して直接に生者のもとに訴えかけられた。

反対に、一神教的文化が支配的となった社会では、「憑依」は悪霊たちと異教徒の領域へと押し込められた。うらみ苦しむ死者たちの声は、絶対神の摂理のもとに一元的に回収され、その積極的な発言を封じられていった。死者と生者との個別取引も極度に制限された。悪霊はつねに祓《はら》われ、叩きのめされねばならなかった。本書の言葉でいえば、〈穢れ―祓い〉や〈調伏〉に類似したシステムは、悪霊祓いなどのかたちで確保されたが、〈祟り―祀り〉や〈供養〉のシステムが生き残る余地はなかった。

やや強引な図式にまとめてしまえば、祟りが温存され、供養が奨励された日本では、憑依もまた黙認された。これに対して、祟りや供養を否定した一神教社会では、憑依もまた強く抑制される傾向が強かった。いずれにせよ、「祟り」「供養」「憑依」が、ひとつながりの構造の内にあって、密接な内的連関性をもって結ばれていることは理解できたであろう。

キリスト教の聖霊運動

供養・憑依とキリスト教

教義のうえでは「祟り」や「供養」を否定した一神教のなかにも、時として、それに類似した現象が見られることは、すでに述べた。そのようなケースにはまた、抑圧したはずの「憑依」が顔をのぞかせることがある。

日本の場合、第五章でも触れたように、十六、七世紀のキリシタン布教においては、そうした事例は豊富に見られたであろうと推察される。しかし、旧士族層や都市部の知識人をおもな担い手とする近代のキリスト教では、儒教的な武士道徳に代わる新たな倫理思想や人生哲学の面が強調され、民俗宗教的な要素などは土着の迷信として否定された。というよりも、それらは最初から念頭に置かれなかった。

たしかに、キリスト教を日本人が受容するうえで最大の障害となるのが、根強い「祖先崇拝」であることは早くから指摘され、これを克服するためのさまざまな方策が講じられるとともに、ある種の妥協策も工夫されてきた。しかし、キリスト教会のなかで死者の「祟り」が語られたり、「憑依」に関わる儀礼や礼拝が執行されるといったことは、ほとんどなかったといえるだろう。

聖霊運動の台頭

伝道の最前線の現場でこうした局面が問題になってくるのは、むしろ近年の聖霊運動においてではないか。キリスト教におけるこの運動の動向については、すでに第五章でも簡単に触れたが、あらためてとりあげてみたい。

二十世紀の後半、とりわけ一九八〇年代以降に世界のキリスト教に起こった注目すべき出来事のひとつは、聖霊の働きやその体験を重視するグループの大規模な台頭である。その直接の震源は、アメリカで起こったペンテコステ運動やカリスマ運動などにあるといわれているが、アジア、アフリカ、ラテン・アメリカなどの非西欧圏では、聖霊の働きを重視する独立教会の運動などが、すでに植民地時代からの歴史をもっている。それらの基盤には、「シャーマニズム」の学術用語で一括されてきた土着の宗教伝統が生きていた。

ここで西欧の神学者たちによる「聖霊」論の長い論争史をたどる余裕はないが、欧米起源のペンテコステ・カリスマ運動などと、非西欧圏における種々の応答の諸形態をひとつの社会現象として、「キリスト教聖霊運動」という用語で包括することは有意義であろう。この運動がとくに顕著な地域は、ラテン・アメリカ、アフリカなどで、アジアでは韓国、フィリピンなどがあげられる。日本ではさほど爆発的な浸透は見られないが、一定の影響力をもちはじめ、主流教派からの批判や反発も大きくなっている。

この運動の特徴としては、異言《いげん》、預言、悪霊祓い、神癒《しんゆ》、手を高くあげて聖霊に満たされたとされる恍惚状態での礼拝、リズミカルな歌と踊りによる賛美、などがあげられる。いずれも近代の主流教派では危険視され、場合によっては異端とされた信仰や実践である。しかし、これらの特徴に本書のテーマとの深い関連性が潜んでいることは、一見して明らかであろう。とくに、本人にも理解不能の言語があふれ出る「異言」の現象や、神の言葉を託されたとする「預言」などは興味深い。当事者の立場からはいずれも「聖霊に満たされた」状態として理解されるが、本書の視点に立てば、まずは広義の「憑依」のなかに位置づけてみる必要のある現象であろう。

ひとくちに聖霊運動といっても、その内部にはさまざまな教派や考え方の違いがある。とくに「異言」現象などは、これを救済の証拠とみるグループもあれば、悪霊による憑依だと主張する人たちもいて、むしろ運動内部における対立が熾烈である。これはまさしく、本書で注目した「憑依」の解釈をめぐる葛藤そのものである。キリスト教聖霊運動の最前線とは、こうした激しい葛藤が日々繰り広げられている現場なのだ。

霊の戦い

八〇年代以降にアメリカの福音派を中心に活発化した聖霊運動では、「霊の戦い」がひとつの重要な標語となった。聖霊運動が非キリスト教圏の風土に伝道しようとすれば、当然そこにあった在来の信仰と衝突する。これら異教の礼拝対象はいずれも悪魔の手先、あるいは悪霊として一括される。悪霊は人に憑依して苦しめる。だから聖霊の権威と力によって祓い、追い出さなくてはならない。布教伝道は文字通り、聖霊と悪霊の戦いの場として解釈される。

キリスト教をいまだに頑固に受け入れない国、たとえば日本などを典型とする地域では、さらに高度な「戦略レベルでの霊の戦い」が必要とされる。目先の悪霊と対症療法的に戦うだけでは不十分で、地域を支配してキリスト教の定着を妨害してきた悪魔の活動を、全体的に打破しようというものである。「十／四十の窓」などと称して、ユーラシアからアフリカ大陸にかけての北緯十度から四十度までを、悪霊を打破すべき重点地帯とする理論もある。

具体的には、そのスペシャリストとされる伝道師たちを海外から招き、各地の有名な神社・仏閣・霊山などの「悪霊の要塞」を訪れて、所有権をサタンから主イエスに取り戻す宣言などが行なわれる。何人かのグループで皇居の周囲や伊勢神宮などをまわって、悪霊の支配からの解放を祈る、などという企画もある。内容は悪霊の打破と追い出しだが、現象的には通常の参詣や巡礼にそっくりの行動となる。いわば巡礼の裏バージョンである。

じっさい、多くの遍路で賑わう四国の八十八カ所では、その悪霊からの解放を祈って巡り歩くキリスト教徒がいる。沖縄のある島では、ユタなどの指導のもとに人々が巡り歩く島内のウガンジュ(拝所)を、聖霊運動のキリスト教徒のグループが同じように定期的に巡っては、悪霊との戦いをつづけている。

聖霊運動に見る「憑依」と「供養」

祈りの歩行ミニストリー

「霊の戦い」とは、アメリカ主導の経済的グローバリゼーションの宗教版にほかならない、という悪口も聞かれる。背後に政治的な保守主義者やキリスト教ファンダメンタリストの後押しがあることはまちがいない。その一方で、「霊の戦い」という標語や実践があまりに過激でついていけないという日本人は、聖霊運動の内部にも少なくない。そうした人々にとっては、ひたすら力ずくの戦いを強調するのではなく、もう少し穏健なやり方を模索する聖職者が歓迎される。

そのひとりにG師がいる。彼もまた広くは「戦略レベルでの霊の戦い」に従事するアメリカ人伝道師だが、みずからの方法を「祈りの歩行ミニストリー」とよんで、日本をはじめ世界各地を活発にまわっている。興味深いのは、彼のミニストリーには霊との和解といった局面が見られることである。もちろんそれは悪霊との和解ということではない。しかし、G師にはかなり鋭敏な霊的な賜物《たまもの》、キリスト教を離れた文脈でいえば「霊感」があると認められており、彼の活動には、この能力を駆使した「死者供養的」とさえいえるような要素が見いだせるのである。

以下、カリスマ運動の平信徒グループであるベテルセンターが発行している、『ベテルレポート』十三号(二〇〇一年四月)より、サハリンと日本で行なわれたG師による「祈りの歩行ミニストリー」の記録から引用してみよう。

その町(サハリン)を歩くと、丘から何千人もの叫び声が聞こえてきました。何なのだろうと思って、地元の人に聞くと、それは、冷水の中につけられる拷問を受けながら最後まで耐え忍んだ何千ものクリスチャンが、最後に銃殺されて埋められた丘なのだそうです。私はその丘のきよめのためにいのりました。その晩の集会には、数百人がいやされ、今まで見たこともないほどの強力ないやしが次々と現われました。ガンがいやされ、心臓がいやされ、足が立ち、目が開き、担架で運ばれてきた人々がすぐに飛び上がりました。……

大規模な神癒《しんゆ》が強調されているが、それが実現した原因として、クリスチャン殉教者たちを想起し、彼らのために祈ったという昼間の行為があげられている。G師は殉教者たちが血を流した丘で、まさしく死者たちの苦しみの叫び声を聞いたのである。そして、「その丘のきよめのために」祈ったのである。すると、あたかも霊の呪縛が解かれたかのように、大量の癒しが実現したというのだ。

これは多くの日本人が「死者供養」と呼んできた感覚にきわめて近いことがわかるだろう。表現や神学的な背景は異なっているとしても、これは憑依を介して苦しむ死者の声を聞き取り、彼らを供養することで生者の災因を取り除こうとする民間巫者たちの行動様式と、大きく重なっている。

さらに次のような報告がつづく。

（四国にて）高松市を見下ろせるところに行き、町の祝福を祈り、壇ノ浦（屋島の檀ノ浦と思われる）を見下ろして、壇ノ浦の合戦で流された血の呪いを取り去る祈りをしました。そして、周囲の山々、丘、木々が神に向かって手を打ち鳴らすようにと、みことばを用いて宣言しました。

源平の合戦にまでさかのぼって、そこで流された血が呪いになっているという筋書きは、武士であった先祖の祟りを災因とする、民間巫者たちの語りそのものである。次にあげるエピソードでも、武家時代に流された血の贖《あがな》いが語られている。これは愛知県での活動報告の一部である。

私はそこ（愛知県の泉の森という山の中腹）で幻《まぼろし》を見せられました。要塞があり、戦いで捕虜になった少年たちを引き連れている侍たちが見えたのです。その侍たちは少年たちを虐待しては殺していきました。……周囲は木々や草で覆われているのに、その場所だけにはまったく植生がありませんでした。……私は先ほど見た幻を人々に説明し、この場所にある無実の血を流した罪のための支払い（贖い？）をする祈りをしました。イエス様の名前によって、罪の代価のために支払われた（贖われた）血を注ぎ……十字架でイエス様が「彼らを赦してください」といって引き取られた霊を支払い（贖い）ました。

その場の雰囲気が変わりました。……（十八カ月後）私はその場所に同じ通訳者とともに戻る光栄にあずかりました。……かつて何もなかった場所には十八カ月の高さとなった草や木々が一面に生えていました。そして、その場所から泉が湧《わ》いていました。……祈った翌日から泉が湧き、また別の岩からも泉が湧いたそうです。

無実の罪によって流された死者の血が土地を不毛にする。十字架のイエスが、引き取った霊を贖う。これによって、呪われた不毛の土地に草が生え、泉が湧く。しかも、物語全体が、これを媒介する宗教者の「幻」に支えられて成り立っている。

イエスを地蔵や観音におきかえれば、巫者的宗教者たちの語りのなかに、ほとんど類似のモティーフを見つけることができる。にもかかわらず、従来の研究体制のなかでは、巫者たちの証言はシャーマニズム研究の「憑依」の事例として片づけられ、キリスト教伝道師の「幻」とは異質の分類箱に整理されてきた。「憑依から供養へ」という本章の視角には、この断ち切られた両者の糸を結び直したいという希望も含まれている。

沖縄の聖霊運動から

近年の沖縄で活発化したキリスト教聖霊運動にも、死者の供養を彷彿とさせる事例が見いだされる。次にあげるのは、すでに別の拙著（『民間巫者信仰の研究』未來社、一九九九年）で紹介したものであるが、この文脈にふさわしい事例なので、あえて再説してみたい。時は一九九七年、場所は沖縄のX教会で、この教会では九〇年代に入って聖霊運動を積極的に取り入れ、「悪霊の追い出し」なども日常的に行なうようになった。以下は、その事例のひとつである。

ここでは基本的に四人の人物が登場する。まずAは当時五十七歳のX教会の牧師。Bはその妻（牧師夫人）である。また、Pというのは三十二歳の男性信徒で、悪霊に憑かれたとされる当人、QはPの妻で、同じくX教会の会員である。PQは一九九二年に結婚し、二人の子供がいる。この夫婦はPが悪霊に憑かれたのを教会で追い出してもらったことがきっかけで、九三年に受洗した。しかし、その後もPは喫茶店に置いてあるようなゲームが好きで、収入があるとこれに費やしてしまう。ABによれば、Pは気は優しいのだが意志が弱く、仕事も続かない。妻のQも、「もう限界。一緒には暮らせない」と訴えていた。

こうしたなかで、九七年七月、Pが再び悪霊に憑かれるという出来事が起こる。

夜中の一時ころ、牧師宅へQから電話があり、「主人が帰宅したが、主人でない。様子がおかしい」という。ABはすぐにPQ宅に向かう。Pは台所の流しの前に横になって目つきも変わっていた。AとQは祈る役、Bは悪霊の「追い出し」をする役と、それぞれの分担を決める。Aが祈り始めると、Pは老婆の声になって話し始めた。Qはこれが

Pの祖母の声であるとした。祖母は離島出身者だったが、まさしくその地方の方言で語っていた。

三十分ほどすると、Pはとつぜん僧侶のような声になって、お経を唱えはじめた。Pの本人はこれまで経典などに接したこともないのに、流暢で抑揚のある声だった。このお経が約一時間ほどつづいた後、今度は突然、Pが首を押さえて「痛いよ、痛いよ」と泣き出した。涙をボロボロ流して、本当に痛そうだった。「首が痛い。首の骨が折れてる」と言う。さらに「自殺っていうけれど、本当は僕は突き落とされたんだ」などと言う。Aが「お前はいったい誰だ」と聞くと「僕はZだ」とはっきり名前を答えた。Bが「あなたは違うでしょ。あなたはPさんでしょ」と言っても、「僕は友達のZだ」と譲らない。「友達なら関係ないでしょ。ここにいることはできないのよ」と諭《さと》すが、「いやだ、友達だからここにいたい。友達なんだから追い出さないで」と言う。そして「僕は本当は自殺ではなくて、突き落とされたんだ」などと繰り返す。Bは「イエス・キリストの御名《みな》によって命ずる。悪霊よ、出て行け」といった通常の追い出しの命令も何度も試みるが、出ていく気配はまったくなかった。Pの服は涙でびしょ濡れになる。

長い膠着状態が続くなかで、Bはついに「イエス様におまかせするしかない」という思いから、「それじゃ、あなた、イエス様の十字架のもとへ行きなさい」と言ってみた。すると、この言葉によって「スッと霊が消えた（Bの表現）」。その瞬間にPも我に返った。Ｐに尋ねると、これまで数時間のことは何も覚えておらず、まったく記憶にないという。Ｚというのは、高校時代にマンションから飛び降り自殺した友人の名前で、Ｐのゲーム仲間だったことも判明した。

この事例で興味深いのは、Ｚという自殺した友人を自称する霊が、あたかもＺ本人であるかのようなリアリティをもって登場し、周囲もそのように受けとめている、という点である。ＡＢ牧師夫妻の公式見解では、Ｚを自称していたのはＺ本人の霊魂ではなく、じっさいは悪霊が人々を欺くためにＺの名をかたっていたのだ、とされる。それが証拠に、Ｚを名乗る前には、祖母や僧侶など、悪霊はさまざまな装いで欺こうとしていたというのだ。したがって、祖母の声とされたのも、祖母本人の死霊ではなく、悪霊が姿を変えて取り憑いたのだと解釈された。

しかし、悪霊を追い出す過程で行なわれた長い対話や解決方法を見ると、必ずしもこの公式見解がつらぬかれているとはいいにくい面もある。とくに当事者のＰＱ夫妻自身、さらにはこの話を聞いた一般教会員の意識のなかでは、じっさいに恨みや怨念をかかえて苦しむ友人Ｚの死霊が出てきたのであって、それが教会の力によって、すなわち「イエス様の愛と力によって」救われたのだ、といった受けとめ方が、否定しがたく見られる。

最後の解決方法で功を奏したのは、「イエス様におまかせ」して、Ｚの霊と称するものをイエスの十字架のもとに送ることであり、ここにもまた、民間巫者たちが得意とする苦しむ死者との和解に類似したモティーフが認められる。「イエス様」を「観音様」や「地蔵様」に置き換えれば、「憑依」を介して崇る死者の苦しみが伝えられ、生者たちがこれを丁重に「供養」して災因を解消するという、典型的な〈供養〉システムの解決法といえよう。

行者仏教の世界

従来の「憑依」研究への反省

従来の研究史では、「憑依」の担い手といえば、制度的な宗教体制からは疎外されがちな、民間の巫者的な宗教者が取り上げられることが多かった。「祖先崇拝」を担うのは由緒正しい宗派の仏僧であり、「シャーマニズム」を受け持つのは民間の、どこかいかがわしい職能者、あるいは新宗教などに関わるような連中だ、といった二分法は、社会的な通念だけでなく、研究者たちの前提にも深く影響してきた。

近年、こうした二分法への批判・疑念が高まっている。とくに本書のように苦しむ死者への対処法といった問題に注目して宗教史を再点検してみれば、両者がはっきりと分けられないこと、むしろ両者をつなぐ境界領域に目を向ける視角こそが、宗教史のダイナミクスを解明する重要な鍵になることは、もはや明白である。

いわゆる民間巫者の研究も、制度的仏教に所属していないか、その影響が弱い「純粋な」ミコたちに対象が絞られすぎてきたことに、批判が向けられるようになっている。巫者研究といえば、東北や沖縄に集中し、しかも女性に集中してきた。だが、今日の社会、あるいは過去の時代をふりかえってみても、「憑依」を介して死者の「祟り」「供養」などを積極的に説き、こうした観念の普及や定着に大きな役割を果したエイジェントとしては、むしろ仏教的な装いをまとった講元・道場主、結社や庵を主宰する行僧、あるいは修験や半僧半俗の法師・ヒジリなど、あえて総称すれば「行者」とよべるような人々の広大な世界が存在したのである。

こうした人々の活動が、巫者研究からも、仏教史の研究からも、比較的手がつけられずに取り残されてきたという事実は否定できない。やはりその原因は、上であげた研究体制の二分法が、大きな壁になっていたからであろう。筆者自身も、フィールド・ワークを中心とした民間巫者研究をテーマのひとつとしてきたが、批判されているような二分法にとらわれていたという反省がある。

行者仏教の意義

長谷部八朗はこうした境界領域を「行者仏教」という用語で包括し、その究明が日本仏教、さらには日本宗教の解明に大きな意義をもつことを主張している（「日本仏教と行者」『宗教研究』三三三号、二〇〇二年）。

彼は堀一郎、中山太郎、柳田国男などの先駆的研究に依りながら、「行者」の古態を『日本霊異記』で浄行禅師・菩薩、『法華験記』で聖《ひじり》・聖人・沙門《しゃもん》・上人、そしてとりわけ法師などとよばれた人々に求め、中世・近世・近代へとつづく系譜を跡づけた後、今日の行者の諸形態について類型化を試みるとともに、その特徴を考察している。

いうまでもなく彼らこそ、本書で苦しむ死者の救済史を再構成しようとしたとき、まっ先に注目した、あるいは注目せざるをえなかった人々の群れである。長谷部が認めるように、ここで広義の「行者」として分類された人々は、歴史上きわめて多彩な展開を示しているが、僧俗の境界領域で生きる僧職者であると同時に、巫者性をもそなえた人物は少なくなかった。「憑依」をめぐる意味づけの解釈や認定それ自体が、強い社会性を帯び、時代の政治的な力学に左右されてきたことに気づくならば、従来の憑依論は「ミコの系譜」といった、あまりにも狭い分野のみに限定されてきたことが、あらためて痛感されるのである。

長谷部の指摘でもうひとつ興味深いのは、とりわけ近年、巫者の世界に「行者仏教」へ歩み寄る傾向が強まっているという点である。たしかに、そうした傾向は認められるようだ。東京や大阪などの都市周辺でも、かなりの仏教的な知識や行法を身につけた講元や庵主を見いだすことができる。彼（彼女）らのなかには、一方で巫業的な仕事によって「霊能者」などと呼ばれ、他方では仏法に詳しい僧侶的な人物として信頼されている人も少なくない。

真言宗の高野山、日蓮宗の身延山はもとより、曹洞《そうとう》宗でも鶴岡の善宝寺《ぜんぽうじ》や、神奈川の大《だい》雄山最乗寺《ゆうざんさいじょうじ》などの祈禱寺では、その繁栄を支えている信徒層のなかに、多数の「行者」的リーダーに率いられた講集団や信徒団体の存在が認められる（佐藤憲昭「善宝寺信仰とシャーマニズム」『日本宗教の正統と異端』弘文堂、一九八八年、山岡隆晃「大雄山最乗寺における仏教的複合について」『宗教研究』二五八号、一九八三年）。しかし、いわゆる巫者研究の蓄積にくらべると、こうした行者的な人々の実態研究はほとんど進んでいない。これらを細かく調べていけば、おそらく、先述のキリスト教聖霊運動に見られたような、「憑依」や「供養」解釈をめぐる最前線の現場が見えてくるであろう。

北関東のA院

こうした現代における行者仏教のひとつの事例として、北関東の小都市に拠点をもつA院を取り上げてみよう。

A院を主宰するのはX院主という昭和十六年生まれの女性僧侶である。幼い頃に父はビルマで戦死し、母とも別れ、祖母や親戚に育てられる。二十一歳で四国の男性と恋愛結婚するが、夫は「飲む・打つ・買う」の人物で、Xは子供たちを抱えて苦労の日々を過ごす。そうした苦しみのなかで、高知県の山奥にある寺に通うようになる。真言密教系の単立寺院であったが、住職はやはり行者的な男性で、彼女はここで密教系の経典や真言などの教授を受けながら、きびしい行を積むことになる。得度も受けた。

その後の経緯は省略するが、やがて関東に暮らすようになったXは、「因縁透視」などの霊能が評判となって相談者が集まるようになり、その人柄にも引かれて信者集団とよべるようなグループが形成される。関東各地を転々とした後、一九九四年に現在の家屋を購入してA院として活動している。

Xは現在でも一方では、いわゆる霊能者的な役割を期待されている。週日の昼間などには、電話予約をした相談者が訪れる。しかし他方では、真言密教系の女性僧侶として、多くの弟子を育てている。注目されるのは、こうした弟子たちの大半が二十代、三十代の若者だという点である。男女比は約一対二。女性の方が多いとはいえ、熱心に行に励む若い男性信徒が三分の一もいる点が注目される。

彼らはちょうど結婚して子どもができる年齢で、信徒同士でカップルになる例もある。病気、失恋、失業、家族や職場の人間関係など、人生の挫折を経験したり、生きる目標を求めてここを訪れたという人が多い。暴走族だった人、覚醒剤を体験した人もいる。いずれもX院主の「きびしいけれど優しい」という人柄にひかれ、強い信頼と敬慕の念をもっ

図10　A院の滝行。（栃木県の行場にて）

ている。近所にアパートを借りて、毎日のように来る人も少なくない。こうした熱心な弟子たち、あるいは信徒といえる人たちは、もちろんかなりの出入りはあるが、常時五十人くらいはいる。たまに訪れる人を入れれば百人をこえる。

X院主の指導のもと、弟子たちは勤行《ごんぎょう》や修行に励んでいる。月に一度の供養会《くようえ》・不動会《ふどうえ》・滝《たき》行《ぎょう》、週に三回の精進会《しょうじんえ》などの定例行事のほか、年に一度の四国遍路、高野山参拝なども行なわれている。供養会や不動会ではX院主が護摩をたくこともある。

毎月の第三日曜日には滝行が行なわれる。自動車で栃木や群馬の山麓にある滝まで行って、先達の指導のもとに一人ずつ滝の下に立つ。毎回二十人以上が参加する。この滝行の小規模な修行として、個人的に受ける禊《みそぎ》の行がある。A院には禊堂《みそぎどう》が併設され、いつでもこれが受けられる。堂には不動尊が祀られ、シャワー形式で冷水が出る。修行者は不動の呪などを唱えながら水を浴びる。時間は人によってまちまちだが、ほぼ二十分くらいである。もちろん真冬でも行なわれている。この禊は百八回で成満《じょうまん》となる。すでに三回四回と成満した人もいる。

制度上は法人格もない宗教団体にすぎないが、高野山の宿坊とも太いつながりをもち、勤行の式次第では前讃《ぜんさん》・護身法《ごしんぼう》・般若心経・各諸尊の真言・観音経・不動経のほか、大日讃・仏讃・理趣経などが用いられる。弟子たちは修行の程度に応じて、初級・中級・上級コースに分けられ、経典の唱え方を指導されたり、真言・陀羅尼・印契などを伝授されていく。真言密教の次第をほぼ忠実に相承しているため、専業の真言僧も顔負けの節回しとリズムで讃や経典を唱えられる若者も多い。理趣経全文をほとんど暗記している人さえいる。じっさい、すでに十人以上がX院主を通して得度者となっている。

このようにX院主の活動は、霊能者と密教系尼僧との二本立てといえるが、両者の役割は分離しているわけではない。中核的な弟子たちも日々の悩み事などをXに相談するが、そんなとき「仏様（あるいはお大師様）に聞いて」答えが与えられることもある。また、供養会や精進会などの勤行時にも、Xはしばしば諸尊や死者たちの声を聞く。勤行が終わったあとに、「きょうは十一面観音さんがこうおっしゃっていた」とか「きょうはホトケさんになれずに苦しんでいる人（死者）たちの叫び声が、ずいぶん聞こえました」などと告げられることも多い。

浮かばれない死者や水子が災因となること、こうした死者たちの苦しみに共感し、きちんとした供養を行なえば生者の幸せにもつながることなど、民間巫者たちによって担われてきた基本的な考え方は、しっかりと維持されている。

亡き息子の救い

ここでA院の熱心な信者のひとりである、四十代の女性の手記を紹介してみたい。

彼女は早くからXの信者だった。離婚して一人息子を育ててきたが、一九九九年十一月に、この息子が病死してしまう。次の手記は、子供の死から二年近くが過ぎた、二〇〇一年の夏に書かれたものである。

最愛の一人息子を亡くした後、一年間は泣く事を御院様《ごいんさま》（X院主のこと）から禁じられました。理由は親が悲しみ嘆いていると、子供の罪になり、閻魔《えんま》様から罰を受ける……という事でした。苦しんで頑張っていった息子に、死んでからも尚《なお》苦しませるわけにはいかない。葬儀から一年、一切泣きませんでした。でも一年が必死で過ぎ、二年目が本当に辛《つら》く、もう一度抱きしめたい、声が聞きたい、逢いたい、夢を見れば泣き、なぜあの時気がつかなかったのだろう。なぜ優しくなかったのだろう。あの子には自分しかなかったのに……。毎日毎日そんな思いで暮らし、後悔し、店（彼女が経営する居酒屋）も息子と一緒にやろう、そんな決意で開いたからこそ、空しく、あの頃の自分には生きていく気力も希望も、目標もなく、ただひたすら、早く死なせてくださいと願いながら禊《みそ》いでいました。御院様に「子供に逢いたいのに、姿を表してくれない、声も聞けない」と言ったこともあります。「〇〇（死んだ子供の名前）はそんな状態じゃない。仏様になったのだから普通の出方はしない。会いたければ自分が行をして、同じ所に行き、二度と離れる事のない仏世界の結びつきになりなさい」そう言って下さいました。（中略）相変わらず毎日夢に見る入院している時の子供の苦しむ姿に、精神状態はボロボロでした。どうしてこんな平気そうな顔をして笑っていなければいけないのだろう。こんなに辛いのに……。こんなに悲しいのに……。気が狂う寸前でした。

そんな時の禊《みそぎ》の中、自分の体から自分が抜け出し、グングン上昇していき、広い海の上に浮かんでいました。そして「細長い富士山のような山」を眺めていました。その山の頭をドーナツのような雲が輪になってかぶさっていました。「あの中に入りたいな」そう想った時、自分の体が水平になり、その山のような島の中に入り、長いトンネルのような所をグングン上がって行きました。その時、「ママ、僕はここにいるよ」という息子の声が聞こえたのでした。その事を御院様に話しました。「それは須弥山《しゅみせん》だね。曼《まん》陀羅《だら》の入り口に立てたという事だね。〇〇は仏様になってたんだ」と言って下さいました。

帰りの車の中で、○○は仏様になったんだ……とふと涙ぐんだ時、「お母さん後悔しなくていいんだよ、あれは僕の修行だったんだから」という声が頭の中に聞こえました。その時今までの辛く、苦しく、血を吐くような思いがスーッと引いていくのが分かりました。「ああ、あれは修行だったんだ……」と。そして御院様が言って下さった「子供が留学すれば親は仕送りをする。そんな気持ちで廻向《えこう》を送ってあげなさい」のお言葉通り、仏壇に向かっていない時も行《ぎょう》と思い、生活全てが行と決めました。（下略）

愛する一人息子を失った悲しみが、X院主の励ましと指導、それに仏教的な世界観によって癒されていく過程がよくわかる。

ここでは亡くなったわが子が格闘した病気と死の過程それ自体が、実はひとつの修行だったこと、彼はそれによって須弥山で仏になることができたこと、母親も修行に励んでいけば、自分も仏となって再び息子に会えること、などが徐々に理解されていった。しかも、こうした行は死者に対する追善廻向となる。それは留学した息子への親の仕送りにたとえられている。

遺族の熱心な供養が追善廻向となって、「浮かばれない死者」を「安らかな死者」に変えることができるのだという救済論は、ここにも見事に生きつづけている。

憑依の力＝供養の力

魅力ある課題と比較研究

本書では、日本の民衆宗教史の底流に深い痕跡を残す、ねたみ苦しむ死者、この世への執着や未練を訴えかける死者、そして祀りや供養を要求してくる「浮かばれない死者」の系譜に注目した。こうした系譜をたどることは、生者と死者との直接対決・直接交流・個別取引ともいえる対応に目を向けることでもあった。

そこでは、いくつかの興味深い研究課題が開かれた。たとえば、この個別主義的な対応の局面に、世界宗教の普遍主義的な教義はどのように関わっていったのか、というテーマがある。それは世界宗教が個別のコンテキストのなかにどのように受容され、どのように定着していったのか、という問題でもある。

さらに、「祟り」「供養」「憑依」を結ぶ密接な連関の糸も明らかになってきた。苦しむ死者の意味づけと、それへの対応をめぐる葛藤の力学には、「憑依」の解釈をめぐる意味の争奪戦が、深く関わってきたのである。

こうしたテーマを考えることは、日本という枠組みだけに固執するのではなく、世界のさまざまな地域における民俗・民衆的な宗教の文脈に即して、憑依の力、供養の力に秘められた意味を再検討するという、途方もないけれども魅力ある比較研究につながっていくのではないか、という期待も示した。

死者をめぐる二つの視点

ところで、第一章で述べたように、日本人の死者イメージには、大きく①安らかな死者、②浮かばれない死者、の二つが指摘できる。

日本の民俗・民衆宗教史を描く場合、このどちらに力点を置くかによって、描かれた図柄は大きく変わってくる。①に力点を置けば、和魂《にぎみたま》的な祖先崇拝、氏神信仰、盆や彼岸の習俗、制度的仏教者による先祖の法要、などに光が当てられることになろう。②に力点を置けば、荒魂《あらみたま》的な人神《ひとがみ》信仰、御霊信仰、制度的な宗教体制からは疎外されがちな新宗教や民間の巫俗的宗教者の活動、などが考察の対象に選ばれることになろう。

従来の研究史を見ても、この二つの方向があった。むしろ二つに分裂してしまう危惧さえある。それは霊魂敬慕説か霊魂恐怖説かという、古典的民族学の起源論争にまでさかのぼる。

この二つの視点を、一概に研究者たちの虚構の言葉遊びと片づけることはできない。たしかにそれは現実の反映でもある。日本の民俗・民衆的な宗教を深く見すえようとした従来のすぐれた研究は、この二つの方向を何らかのかたちで包摂する視座を提示してきたといえるだろう。ごく一例だが、たとえば冒頭に触れた堀一郎による「氏神信仰」「人神信仰」の動態図式がそうであり、近年では、大村英昭などによる「おかげ」と「たたり」ないしは「アニミズム・シャマニズム・コンプレックス」などのモデルがある（大村英昭・金児暁嗣・佐々木正典『ポスト・モダンの親鸞』同朋舎出版、一九九〇年、金児暁嗣『日本人の宗教性――オカゲとタタリの社会心理学』新曜社、一九九七年）。

それと同時に、二つの方向のどちらに強く力点が置かれるかは、研究者自身の思想性や信仰のあり方とも大きく関わっている。当然のことながら、本書の視点は②に力点を置く研究の流れにある。しかし、本書の目論見《もくろみ》は、単に①と②を分裂したものとして扱うのではなく、両者がいかに関連し、結び合っているのかという、そのつなぎ目の部分に探索の光を当ててみたい、ということだったのである。

繰り返し述べたように、多くの庶民にとっての現実的な課題は、②の死者をいかにして①に昇華させるかであった。②を①に変える局面に着目することは、①と②を静態的に対置させ、別々の場所に引き離すのではなく、両者が関わり合い、結びつくメカニズムを動態的に探る視点を必要とする。世界宗教による普遍主義化の関わりに積極的に目を向け、仏教・キリスト教とシャーマニズムとの分離を前提とした従来の「憑依」観を再検討すべきだという本書の提唱も、この動態的な視点からの必然の要請といえる。

「祟り」に隠された意義

民間巫者や一部の新宗教教団では、基本的な災因、つまり人々の不幸の原因は、浮かばれない死者・祟る死者・障りを及ぼす死者、などにあるとされてきた。こうした死者イメージは、いつの時代にも批判を受けやすかったが、とりわけ近代教育のもとでは、根拠のない迷信として攻撃の的となる。二つの死者イメージのうち、①の「安らかな死者」は日本人の良き伝統として大切にすべきだが、②の「浮かばれない死者」というのは、不健全であるから取り除くべきだ、といった意見も多い。「家の大切なご先祖が祟るなんていう馬鹿げたことがあると思いますか」といった発言は、制度的仏教の僧侶の口からよく聞かれる。

たしかに、死者や先祖の霊障への過度の恐怖は、一部のいわゆる霊感商法といったものの温床にもなってきた。資本主義経済のなかでは、あらゆる需要は商品となる。宗教・信仰・習俗などとよばれてきた分野も例外ではない。祟りの恐怖につけこんで高額の壺を売りつけるといった輩《やから》が出てくるのも、一般の人々のなかに祟りへの感受性が深く根を張っていることの証拠である。恐喝まがいの悪用はきびしく糾弾する必要があるが、悪用されることがあるから、その怖れや死者イメージそのものが不当だ、というのはおかしい。

第三章で示唆したように、近世の怨霊譚の「商品化」も、民俗・民衆宗教の場における創造性の発露という側面をもっていた。商品化・資本主義化という言葉を聞いただけで否定的な嫌悪感を抱くというのも、ひとつの偏見であろう。

しかも、祟りを批判する僧侶たちも、死者を「安らかに眠らせ」「成仏させる」ことを、日々の業務として行なってきたのである。本書で見たように、この業務もまた広い意味では、②の死者を①に変えるという役割の一端を担うものであった。死者供養を日々の業務として生計を立てながら、祖師の理念を錦の御旗にして庶民の低俗さを嘲笑するというのは、これまた奇妙な話ではないか。

僧侶と民間巫者ないし行者的な宗教者とは、まさに補完的な分業体制を築いてきた。逆にいえば、この分業体制が順調に稼働しているかぎり、①と②の死者イメージは温存され、一刻も早く②を①に変えたいという人々の願いも、再生産されつづけるであろう。今日、①の死者イメージに陰りが生じているとすれば、それは②の死者イメージを不当に抑圧してきたことと無関係ではない。

「祟り」も「供養」も「憑依」も、それ自体では良いものでも悪いものでもない。それらは良く使われること、悪用されることがありうる、というだけの話である。ただ、近代社会ではとくに風当たりの強い死者の祟りにも、ある潜在的な意義が埋め込まれており、だからこそ、それは時代をこえて人々の心意を突き動かしてきたのだという点は、強調しておきたい。

死者の「祟り」に隠された意義とは何か。

私たちは、日頃いろいろと文句を言いながらも、とりあえず何とか生きている。だが、その陰には、不運にも排除されたり、人生を全うできなかった数多くの死者たちがいる。戦争で無念にも死んだ兄や祖父。若くしてお産で亡くなった叔母。夭折した友人たち。とつぜんの事故で命を絶たれた数多くの若者たち。この世に生まれることさえなかった水子たち。「祟り」や「霊障」などの言葉にまとわりつく激しい恨みの感情によって霊たちが訴えかけているのは、「おれたちもいるんだ」「私たちの存在も忘れてはいけない」という警告かもしれない。

深い未練や執着を抱いたまま亡くなった死者たちの存在に気づき、彼らを思い起こすこと。そこには、この世は決して生きている私たちだけの世界ではない、というメッセージが織り込まれているのではないか。祟る死者たちは、利己的な人間中心主義、現世中心主義に釘を刺し、この世界が傲慢な生者だけのものではないという平等関係、平準化を要求するのである。

第四章のメキシコの万霊節の話のなかで、最も気の毒な死者ほど長くもてなすという、民衆のバランス感覚に触れた。一般にアニミズムなどと呼ばれる多様な霊の存在を信じる社会には、こうしたさまざまな霊たちの「平等性」を認めようとする、ある種の根源的な倫理観が埋め込まれていた。

祟りへの恐怖の背後には、私たちはつねに思いをとげず死んだ人たちの声に謙虚に耳を傾けねばならない、とする根強い倫理観が潜んでいた。ねたみ苦しむ死者たちの思いに共感し、祀りや供養などの作法によってその苦しみに配慮する行為は、同時に生きている人間自身の救いや癒しにもつながる力をもっている。いわば「共苦共感による救い」であり、さらにいえば「生者が死者を救うことによって自らも救いを得る」という救済の道である。

死者たちの声の力

このように、死者たちとの直接交流には、ポジティブな可能性が潜んでいる。しかし同時に、それが悪用される危険性についても、冷静に考えておく必要がある。本書の最後に、その点についても触れておきたい。

要点を一言でいえば、死者たちの声を、この世を支配する道具にしてはならない、ということである。

死者の祟りを悪用した違法な恐喝や金儲けなどはもってのほかだが、戦死者の「追悼」や「慰霊」という行為にしても、ひとりひとりの遺族と死者との関係や思い出が重視されるべきであって、自分たちが勝手に作った名前や解釈をそこに押しつけたり、それをある種のパフォーマンスとして人に演じて見せることは慎しむべきであろう。さまざまな境遇の中でさまざまな思いを抱いて亡くなった人たちの声は、決して時の為政者や権力者が自分の都合のよい方向にまとめたり、特定の個人の政治的信条や、特定の団体の利益を満たす道具へと流用すべきではない。

平和な時代に生きていることを感謝するために、戦死者たちの労苦に敬意を表すべきだ、という意見がある。その通りである。しかし、それは飾り立てた神殿で、衆人環視のなかで、これ見よがしのパフォーマンスとして演じる必要はないし、演じるべきことでもない。むしろ本当の敬意とは、誰も見ていない場所で、心静かに死者たちと向き合うところにこそ成り立つ。死者たちの力を一方的な権力の水路の中に引き入れることで、この力を自分たちの利権の獲得や、政治的なイデオロギーの宣伝や、体制の維持に振り向けようという態度は、それこそ戦死者たちへの冒瀆以外の何ものでもない。

第二次大戦中、イタコの口寄せが繁盛したのはなぜかということを、もう一度深く考えてみよう。続々と帰ってくる戦死者たちの「英霊」は、各地の町や村で、人々が総出で日の丸の旗を振って迎えた。それを誇らしく思い、満足した遺族も多かったであろう。ただ、その一方で、イタコを訪れた人たちも多かったのだ。

そこではもちろん、天皇陛下のため、お国のために死ねてうれしいといった死者の声も聞かれたが、当時の官憲や特高警察が聞いたら驚愕するような対話もあったという。このことの意味は重い。「憑依」を媒介にした死者との対決と「供養」の作法は、時として思わぬ世界への扉を開いていく力をもっている。

「憑依」とは恐ろしい体験である。そして危険な時空である。同時にそれは、底知れぬ驚きと魅力が交錯する世界でもある。「憑依」から「供養」に抜ける孤独の小道は、人がこの世ならざる者たちと響き合う、喜びと哀しみに満ちた場所であった。

補論　靖国信仰の個人性

『死者の救済史』（角川書店、二〇〇三年）は、さまざまな立場の読者から多くの感想や意見をいただき、それらに触発された論考が生まれるきっかけともなった。この文庫版では、そのなかから靖国神社の信仰をめぐる論考を、「補論」として付加することにした。

具体的には、本書第三章の末尾で、靖国問題に触れた箇所に関わるテーマである。そこでは、イタコによる戦死者の個人的「供養」を、靖国神社に代表される国家的な「祭祀」と対比させて論じた。この記述に関して、「全体的に目配りの行き届いた本書のなかで、この靖国問題に関わる部分は、いささか単純な図式にとどまってはいないか」といった趣旨の批判を受けた。たしかにそうかもしれない、という反省から、自分自身で多少のフィールド・ワークなども試みて発表したのが、「靖国信仰の個人性」（『文化』駒澤大学文学部文化学教室、第二四号、二〇〇六年、のちに『慰霊と顕彰の間』錦正社、二〇〇八年に再録）という論文だった。

今回の収録にあたっては、本書の体裁に合わせて、論文調の表現の一部を削除・修正し、見出しなどを改めたが、内容はほとんど変更していない。したがって、ここでの靖国信仰に関する記述は、二〇〇六年当時の状況をふまえたものである。だが、ここで指摘した問題状況は今日でも変わっていない。むしろ執筆当時に懸念された問題点は、ますます深刻化しているように思われる。「死者の救済」というテーマの重要な「応用問題」のひとつとして、あえて増補した次第である。

靖国問題の難しさは、それが政治・外交・法律・経済・軍事・教育・宗教・歴史・文化など、多様な領域に関わり、しかも諸々の要素が複雑に絡《から》み合っているため、ある論者がどの立場から、どのような論拠によって語るかによって、文字通り無数の見解が生まれてしまうところにあろう。靖国神社の本質は宗教施設か否か、靖国問題とは宗教問題なのかどうかという出発点において、すでに議論はわかれるであろう。とはいえ、こうした「多様性」そのものは悪いことではない。近代以降にはじめて普通名詞化されたにすぎない「宗教」という用語について、意見の対立が生まれるのは、むしろ社会の健全性の証《あかし》でもある。帝国主義的な軍事政権下であれ、共産主義を標榜する独裁政権下であれ、ほぼすべての国民が「宗教」をめぐる公式見解に一致するといった全体主義的状況こそ、危険な時代というべきだろう。

とすれば、現在のように靖国の閣僚参拝などをめぐって世論も司法も賛否が拮抗《きっこう》し、どちらの意見もほぼ「自由に」発言できるという状態は、むしろ好ましいことではないか。研究者としては、陣営のいずれかに立って奮戦することの意義も大きいが、主要な責務は、賛否の議論や意見表明が自由にできるというこの現状を、できるかぎり先の時代にまで引き延ばせるように、「多様な」観点や素材を明るみに出し続けていくことではないか、と考えている。

以下では、こうした視点から、これまであまり注目されることのなかった、一般信徒による靖国神社への関わり（あえて「靖国信仰」と概括する）の「個人性」という問題を、少しばかり考えてみたいと思う。

靖国信仰の集団的特性

神社創設の経緯

靖国信仰の「個人性」というテーマ設定には、どのような意味があるだろうか。ここでの「個人性」とは、ほぼ字義の常識にしたがって「集団性」の対極語としておく。靖国信仰の特性が、総じて「集団性」に強く傾斜したものであることは、大方の論者によって認められてきた。本質論という話になると政治的立場が先行した理念論争に陥りやすいので、それは避けるとして、少なくとも歴史的過程をたどるならば、そもそもの創建の経緯からして、この神社の起源をなす官祭招魂社には、すでに強い集団性が具《そな》わっていた。

まずは、いわゆる官祭招魂社創設の直接的契機として注目されてきた、一八六八年五月十日付の二つの太政官布告、「第三百八十五」および「第三百八十六」を見てみよう。一八六八年は九月に明治改元となった年だが、五月といえば、まだ国内は政情不安定な時期だった。前年の十月に徳川慶喜が大政奉還を上奏し、すでに王政復古の詔勅や、五箇条の御誓文は発布されていたものの、一月の鳥羽伏見の戦にはじまる戊辰戦争は継続中で、五月十五日に上野で繰り広げられた政府軍と彰義隊《しょうぎたい》との交戦の直前期にあたる。東北地方では奥羽越列藩同盟が結成され、実質的な内戦状態は翌年五月の箱館《はこだて》陥落まで続いたのである。

細かな原文紹介は割愛するが、太政官布告「第三百八十五」には、幕末期の討幕運動で命を落とした志士たちの名誉を回復し、その魂を慰めることが明記されている。さらに「第三百八十六」では、この年の一月に始まった戊辰戦争の官軍（西軍）戦死者の霊魂を祭祀すること、がうたわれていた。

この布告にもとづく祭祀は、同年七月十、十一日に京都の河東《かわひがし》操練場において、新政府主催で挙行された。対象者は、戊午（一八五八年、日米修好通商条約の年）以降の者とされ、諸官・一般人の参詣は推奨されたが、祭典は朝廷からの御下賜金で行なわれ、民間一般からの料物奉納などは禁止された（小堀桂一郎『靖国神社と日本人』ＰＨＰ研究所、一九九八年）。つまり、あくまでも国家の行事であって、祭祀の中心的な担い手は天皇であることが強調されたのである。前面に打ち出されたのは、祭祀という行為がもつ「集団性」であり、具体的な個々の戦死者に対応するという意味での「個人性」は、意図的に抑えられていた。

この祭祀をふまえて、一八六九年（明治二）六月に、東京招魂社が九段坂上三番町通の歩兵屯所跡地に建てられる。当初の候補地は上野の寛永寺《かんえい》の一画だったが、最終的に九段坂上が選ばれたという。同月二十九日深夜には、「霊招」の式が行なわれた。一八七二年には陸軍省・海軍省の管轄に入る。一八七七年には西南戦争が起こり、戊辰の祭神（三千五百余）のほぼ倍にあたる六千九百余の官軍戦死者が合祀された。さらに一八七九年（明治十二）の太政官達において、東京招魂社は靖国神社と改称して別格官幣社に列するとされ、「靖国神社」の称号が正式に歴史に登場することになる。なお、各地の官祭招魂社は、明治八年までに全国で百五社にのぼり、その四分の三が明治元年から二年にかけて創立されたという（大濱徹也「「英霊」崇拝と天皇制」『日本人の宗教Ⅲ・近代との邂逅』佼成出版社、一九七三年）。これらの招魂社は、一九三九年（昭和十四）に護国神社と改称された。

集合名詞としての英霊

靖国神社の祭神は、たしかに具体名をもった戦死者たちであったが、たとえば「英霊」

という集合名詞によって、一体化されたイメージが強調されていった。それは発足当初から、たんに固有名詞をもった死者の無秩序な集合体ではなく、天皇のために忠死した志士や将兵たちを、天皇みずからの「聖旨」によって国家が祭祀するという意味づけを与えられ、その後の戦死者についても「合祀」という論理によって祭神と祭祀者の集団的一体性が保持された。第二次世界大戦以前の時期、戦死した息子にボタ餅をあげたいと社前に供えようとした母親が、「ここは恐れ多くも陛下がすべての英霊をお祀り下さる場所で、個人が勝手に供え物などしてはいけない」と叱られたといった話が、遺族の間にも語り伝えられていた。実際にこれらの逸話の信憑性を確かめることはできなかったが、ありうる話ではあろう。

現在の靖国神社の祭神は、二四六万六千余柱の戦没者とされ、本殿奥の奉安殿《ほうあんでん》に納められた霊璽簿《れいじぼ》には、「命《みこと》」の称号を付したすべての「個人名」が記されている。一定の手続を経れば特定の祭神の所在を確認することはできるから、完全な非公開というわけではない。しかし、少なくとも一般参詣者が霊璽簿を直接目にする機会はなく、拝殿の前で対面するのは、一体化された「国家の英霊」というきわめて抽象度の高い集団的な祭神である。原則として霊璽簿奉安殿に立ち入れるのは神職に限られている。年四回の清掃などで入る場合でも、神職は神社に一晩参籠《さんろう》して精進潔斎しなければならない。

しかも、この集団性は普遍主義的に、あるいは無秩序にどこまでも広がるような複数性ではない。それは日本という国家、より端的にいえば天皇を元首とした日本国家を明確に区分する堅い輪郭をもっていた。この輪郭によって戊辰戦争期の賊軍（東軍）将兵や、その後の対外戦争の敵国兵士、あるいは民間の戦災犠牲者が祀られることはなかった。一九六五年に世界各国の戦争死者の慰霊を目的に創建された鎮霊社という小祠も、現在では重要な位置づけを与えられているとはいいがたい。

首相や閣僚による参拝の「公私」の判別が難しいのも、この神社がもつ強い集団的性格に由来している。当人が「私的」参拝を強調し、「哀悼の誠を捧げる」（小泉純一郎氏の首相時代の発言）といった個人的心情に嘘はないとしても、国内外の反対者からは、国家の指導層や代表者がこの神社に参拝するという行為そのものが、すでに一定の政治的主張の表明や外交戦略の道具として解釈（利用）されるのは、この本来的な集団性が関わってくるからである。他方、いわゆる靖国護持派の人々にとっても、「私的参拝」は好ましいことではないとして批判の対象となる。首相は国家という集団の正式な代表者として英霊に向き合うべきだとされ、さらにいえば、彼ら（護持派の人たち）が最終的に望んでいるのは、天皇みずからが国民の祭主となって執行する親拝の復活である。つまり賛成派にとっても反対派にとっても、靖国神社の中核的な意義と機能（それゆえに反対派にとっては問題性）は、この神社が保持してきた強い「集団性」と、その輪郭の堅固さにある。

靖国神社の「集団性」を支えてきたのは、神道と総称される宗教が伝統的な礼拝技法としてきた「祭祀」であった。「神道」の起源と本質をどこに求めるかは、これまた議論百出の難問であるが、その中核に強い地縁・血縁共同体の信仰があり、祭祀という礼拝形態は基本的にこの共同体という集団性を基盤として営まれるものであったことに、大きな異論はないだろう。「祭祀《まつり》」は原則として集団的に実践される。あるいは集団の権威を体現した長《おさ》や代表者が祭主となってはじめて実現する。「個人的な祭り」といったものがまったく想定できないわけではないとしても、理念的モデルとしては、「祭祀」という実践に関わる個人とは、あくまでも一定の集団に属する私、という自己像を帯びやすい。たとえば「〇〇村（家）の一員である私」「日本という国家の一員である私」といった自己像である。

顕彰の要素

靖国信仰を支える礼拝行為には、「祭祀」と並んで、「顕彰」という、もうひとつの重要な要素を指摘することができる。「顕彰」とは、来世に赴いた死者の安寧を主眼とする「祭祀」とは異なり、ひたすら故人の生前の徳を誇示し、栄誉を称《たた》えるという点で、現世への価値づけが高まる社会環境のなかで成長する。すでに多くの研究者によって指摘されているように、特定の死者をその祟《たた》りへの恐れを契機に祀るのではなく、もっぱら生前の功績によって神として祀るようになるのは、豊臣秀吉の豊国神社、徳川家康の東照宮の頃からで、近世の神道思想などの影響を受けて活発化するようになる。

近世末から近代は、日本人が死者に向き合う態度のなかで「顕彰」の要素が肥大化し、社会の前面に広く顕在化した時代でもあった。「顕彰」は現世志向への道を開く一方で、やはり強い権威や権力をそなえた集団に支えられることによって機能するため、この点では「祭祀」がもっていた「集団性」をそのままのかたちで保持しやすい。

一八七八年（明治十一）には、陸軍省から靖国神社の社格を定めるよう上申がなされる。これが翌年の靖国神社への社名改称となる太政官達につながるわけだが、このとき「別格官幣社」という格付けの先例とされたのが、南朝の忠臣として神格化された楠木正成《くすのきまさしげ》・正《まさ》行《つら》父子を祀った湊川《みなとがわ》神社のほか、日光東照宮、豊国神社、藤原氏の祖（鎌足《かまたり》）を祀った談《たん》山《ざん》神社、和気清麻呂《わけのきよまろ》を祀った護王神社などであった（大江志乃夫『靖国神社』岩波書店、一九八四年）。いずれも「顕彰」という要素の濃厚な祭神であり、これが靖国信仰の基本的性格の一半を成す範型となったのである。

靖国信仰にみられる個人性

個人性を確保する動向

みてきたように、靖国信仰の中心には、祭祀であれ顕彰であれ、「集団性」という大きな特性が具わっている。もちろん、そこには「個人性」への契機がまったく欠けていたわけではない。そもそも社頭での日々の参拝風景をみれば、遺族をはじめ多くの一般参詣者が三々五々訪れては賽銭を投じて拝礼する姿があり、靖国信仰はまさしくこうした「個人的」関わりの集積のうえに成り立ってきた。その一方で、他の都市神社に比べると、各地の遺族会や戦友会、議員団などを単位とする集団参拝が目立つことも事実である。個人や家族が任意に参拝する場合でも、すでに述べたように、そこには「日本人である私」といった意識が伴いやすく、それが賞賛を受けたり反発を招いたりする原因にもなる。今日、メディアを通して国の内外に発信され、賛否を問わず政治の場で論議される靖国信仰の姿は、とりわけその「集団的」な関わりに焦点が当てられている。

こうしたなかで、神社境内で日々営まれてきた信徒たちの実践を、やや冷静な視点から眺めなおしてみると、「個人性」が卓越するいくつかの営みに目が止まる。とくに終戦五十年を迎えた一九九五年以降の時代に着目するとき、集団性をめぐる議論が深刻化する一方で、社会状況の大きな変化に再適応しつつ、一定の「個人性」を確保するかのような動向も見いだされる。以下では、とくに三つの具体的事例に注目してみたい。永代神楽祭《えいたいかぐらさい》、花嫁人形の奉納、遊就館《ゆうしゅうかん》での個人遺影の展示、である。

永代神楽祭

集団的性格をめぐる議論が取り沙汰されることの多い靖国神社にあって、一年の三百六十五日間休むことなく、遺族が個別の死者と向き合う行事が続けられていることは、あまり知られていない。それが、戦没者の命日とされる日に遺族が参集して営まれる、永代神楽祭である。靖国における祭祀体系のなかでは、「遺族・崇敬者の申出により行なう恒例特殊祭」のひとつに位置づけられている。「永代神楽」という名称は、やや奇異な響きをもつ。仏教寺院であれば「永代供養」などの表現は広く聞かれるが、神社信仰には馴染みが薄い。これも靖国神社が一般庶民の死者を祀るという特殊な事情に由来するからといえる。

この祭儀の始まりは、終戦から五年後の一九五〇年である。神社の記録（『靖国神社百年史・資料篇・上』靖国神社、一九八三年）によれば、「昭和二十五年十月一日、永代神楽の制度を設け、遺族ならびに関係者の申出により、御祭神の命日または希望の日時を選んで、神前において御神楽を奉奏して御祭神をお慰め申上げ、当日を恒例として永く祭典を行なうことを定めた」とあり、同月二十五日に荒川区三河島町の丸山はつという女性の申し出によって、レイテ島沖で戦死した丸山春雄命と、満州で戦病死した丸山國治命のために、最初の永代神楽が行なわれたという。「権宮司、古河主典、山本・北澤両宮掌、田邊・深澤両仕女奉仕」とある。制度化がなされて申し出があったという書き方だが、あるいは申し出を受けてからの制度化だったのかもしれない。かなり高額の奉納金が添えられた可能性もある。こうした「個人」の英霊に対して祭儀を行なうことに、靖国内部から異議は出なかったのだろうか。興味あるところだが、神社側でも当時の事情はよくわからないという。

永代神楽施行の細則は、翌年の恒例特殊祭規程の制定などによって何度かの変更はあったものの、奉納の神楽料、祭員ならびに楽人の名称に多少の変更があったのみで、神楽祭の趣旨・内容は今日まで同一であるという。現在、永代神楽祭への登録は、個人名義で申し込む場合には一〇万円から、戦友会単位(団体)の場合には五〇万円からの祭資料が必要である。この祭資料は積み立てられ、永代神楽祭の基金になっている。登録した遺族には、毎年の命日に行なわれる祭儀への案内状が送付されるほか、第一回の奉奏後に「永代神楽神璽」が授与され、さらに月刊の社報『靖国』が送られるようになる。現在の登録祭神数は五万柱弱で、「大東亜戦争の合祀者二一三万余」に対しては二・五パーセントにも満たない数字だが、登録にかかる祭資料が比較的高額だったことを考えれば、かなりの遺族がこうした「個人的」祭儀を積極的に望んできた事実が注目される。

この祭儀が発足した一九五〇年当時は、まだ祭神名簿も完備していなかった。登録者数が急増したのは、厚生省から大量の戦没者情報が靖国神社に寄せられるようになり、国民の生活にも多少の余裕が生まれはじめた五五年(昭和三十)ころからという。全盛期には、連日多くの参列者で賑わった。現在では遺族の高齢化により、五万件の登録者のなかにも案内状が宛先不明で戻るケースが増えている。参列者も一日に五組から十組程度、人数は十人から三十人程度である。ただ、玉砕の日などは戦友会単位の参加者もあって一気に増加する。平均的には登録者の約一割程度が参列するにすぎないが、遠方から奉納金を郵送する遺族も多い。また、現在でも神社はパンフレットを作成して申し込みを呼びかけており、新たな登録者もある。一九九五年以降は、メンバーの減少や高齢化のために解散する戦友会が全国各地で増えているが、そのなかには、残った会の資金をこの永代神楽の団体申し込みに宛てる事例も多いという。

現在の永代神楽は、他の大きな行事と重ならないかぎり、毎日午前十一時から行なわれる。参列者は十五分前までに参集殿で受付をすませ、控室で待機する。やがて神職の先導で手水・修祓《しゆばつ》の後、本殿に案内される。奉仕の神職・仕女が参進着座し、神楽笛で「祭り始め」の曲が奏される。二人の仕女によって五品の献饌《けんせん》がなされた後、神職が祝詞《のりと》を奏上するが、このなかで、その日に登録されているすべての祭神名が読み上げられる。個人の場合は「〇〇の命」となるが、団体で申し込んだ場合は「〇〇連隊にゆかり深きみたまたち」などとして奏上される。玉砕日などは、かなりの人数になるので時間もかかる。

これが終わると、「みたま慰《なご》めの二人舞」という神楽舞が二人の仕女によって演じられる。この舞は、「やすらかに　ねむれとぞおもふ　君のため　いのちささげし　ますらをのとも」という一九三七年十一月三十日に香淳皇后《こうじゅん》が戦没者に賜ったという歌に、一九五一年に宮内庁楽長の多忠朝《おおのただとも》が作曲振り付けしたもので、一人舞・二人舞・四人舞があって、月次祭などでも奉奏されている。舞が終わると、参列者各組の代表者が前に出て玉串《たまぐし》を奉《ほう》奠《てん》し、全員で二拝二拍手一拝の拝礼を行なう。撤饌《てっせん》、神職らの退下の後、仕女一名だけが残り、もう一度参列者全員で拝礼し、しばしの黙禱を捧げる。これで祭儀は終了し、本殿から下がった参列者には「直会《なおらい》」と称して御神酒がふるまわれ、撤下《てっか》された神饌の菓子などが渡され解散となる。この撤下品は当日不参加の登録者にも郵送される。

筆者がじっさいに参列の機会を許された、二〇〇五年十一月十二日（土）の永代神楽祭の模様を紹介しておく。この日の参列者は六組十五名（筆者を除く）で、その内訳は一名（男）・一名（男）・二名（夫婦）・二名（母・息子）・四名（女四）・五名（男三・女二）だった。代表者は五組までが六十歳以上だったが、付き添いには三十代四十代の参列者もいた。この日に祝詞奏上で読み上げられた祭神数は九十八柱であった。人数が比較的少なかったこともあるが、印象的だったのは、全体的な静けさだった。控室でもグループごとに小声での会話は聞かれたが、グループ相互に交わされた言葉は、退去の際の「お先に失礼します」といった挨拶だけだった。戦争体験を共有できる遺族の減少や、核家族化の進行とともに、こうした個別的な性格はますます強まっているように思われた。本殿での祭儀もまた、深い静寂と厳粛さに包まれていた。黙禱のときなど、耳に入るのは鳥の声だけで、ここが東京の都心部にあることを忘れさせるほどだった。少なくとも、八月十五日に代表されるような集団的な喧騒とは異質な時空間を、肌で感じ取ることができた。

集団性を特徴とする靖国信仰のなかにあって、永代神楽祭の歴史は大きな意味をもつ。終戦を契機に、それまで完璧な集団性を固守してきた靖国信仰が、はじめて個人単位の遺族へと開放された儀礼実践といえよう。それが公的な後ろ盾を失った神社の経営戦略から創られたという面があるとしても、背景には、祭神への個人的な働きかけを切望する遺族たちの広範な需要が存在したのである。先にも触れたように、「永代神楽」という命名には、明らかに個人性への展開を許容しうる仏教の「永代供養」のモデルがあったと考えられる。じっさい、インタビューした遺族たちのなかに、この祭りを「永代供養祭」と言い間違えているケースが、少なからずあった。

戦没者を直接に知る遺族や戦友たちの高齢化によって、この祭儀の先行きにも不安定要因が指摘できる。神社側が発行しているパンフレット「永代神楽祭のご案内」の二〇〇五年版には、「先の大戦が終わりてより早くも六十年が過ぎ、ともすると御祭神の御遺徳が忘れ去られようとしています。今こそ、雄々しくも散華された御祭神の御遺徳を子々孫々に継承するために、一人でも多くの方々が永代神楽祭をお申し込み下さるようご案内申し上げます」とある。ここで強調されているのは、もはや個別の遺族たちの生々しい心情への訴えかけではなく、むしろ顕彰の重要性である。「遺族」の系譜を引く人たちが、こうした呼びかけにどこまで応えるかは不明だが、永代神楽祭を静かに下支えしてきた「個人性」もまた、声高に主張される理念論争や政治的喧騒の渦中に巻き込まれていく可能性が高まっている、といえるのかもしれない。

花嫁人形の奉納

遊就館や参集殿の控室には、遺族が納めた花嫁人形がいくつか展示されている。花嫁人形の奉納は一九八二年以来、約百八十体になるという（二〇〇五年時点）。白無垢姿、赤の打掛けなど市販のケース入り人形に、祭神名と奉納者名を書いた札や色紙などを納めたものが多く、軍服姿の祭神の写真を添えたものもある。未婚の戦死者をあの世で結婚させるという意味がこめられており、広くは冥界結婚と総称される習俗の一形態といえる。最初に奉納を申し出たのは佐藤ナミという北海道の女性で、沖縄戦で戦死した息子のために、靖国神社での受け入れを希望したようである。

同じような習俗としては、青森県の津軽地方を中心に民間巫者《ふしゃ》などの関与で始められたものが知られている。神社側の説明では、佐藤ナミ自身はこの習俗を知らなかったということだが、初期の奉納者には北日本の在住者が目立ち、何らかの関連が推測される。

当初、神社側はこういう「個人的な」死者との交渉を連想させるものは受け入れられないとして、拒否の態度を示したという。ローカルで、しかも仏教寺院を核とした習俗を神社に持ち込むことに対する反発もあったろうが、何よりも「集団的」な英霊祭祀の場に、祭神の結婚などという、あまりにも「個人的」な対応を導入することに抵抗があったと考えられる。しかし、依頼者の熱心な要望と、多額の寄付金が添えられたこともあって、最終的にはこれを受け入れる。やがて、いくつかの花嫁人形が、参集殿の待合室など、多くの参拝者の目にふれる場所に置かれるようになる。

ひとたび陳列がなされると、自分たちも奉納したいという遺族からの申し出が増えていった。独身で亡くなった戦死者のために、兄弟姉妹が奉納するケースが多いという。遊就館では「英霊に捧げる花嫁人形」と名づけて展示するまでになり、一九九九年には花嫁人形の特別展も開かれた。遊就館を紹介したパンフレットでは、「英霊に嫁いだ花嫁人形」という表現も使われている。現在では、大部分は倉庫に保管され、月ごとに当月に命日を迎える祭神に奉納された人形だけを出して、参集殿の小さな控室に陳列している。この部屋のドアはふだんは閉まっているので、一般の参拝者が目にする機会は少ないが、希望すればいつでも拝観できる。

未婚者を供養するために花嫁人形を寺などに奉納する習俗の発祥地は津軽地方で、当地で通称「西の高野山」とよばれる木造町《きづくり》(現・つがる市)の弘法寺が最初といわれている。この寺で花嫁人形の奉納がはじまったのは一九五五年(昭和三十)ころで、広く行なわれるようになったのは七二年ころ、他の寺院にも波及するようになるのは七五年(昭和五十）以降である（高松敬吉「青森県の冥婚」松崎憲三編『東アジアの死霊結婚』岩田書院、一九九三年）。マスコミなどで「花嫁人形の寺」として報道され全国的に有名になり、その濃厚な信仰圏は青森県を中心に北海道南部や東北各地にまで拡大した。

弘法寺に奉納された人形は、一九八〇年代の時点で千体をはるかに超えていたが、すでに焼却供養されたものも多く、正確な起源や累計は不明である。受付けた人形には番号が張られ、住所が明記される。七一年からは戒名を記した用紙を張るようになった。人形の横に亡くなった男性の写真が添えられ、缶ジュースなどを供えたものもある。女性の死者のための花婿人形の奉納もあるが、むしろ女性の場合には人形を本人の花嫁姿に見立てる例が目立つ。薄暗い堂内に並ぶ数百の人形ケースは、訪れる者を粛然とさせる迫力をもっている。

この習俗については、山形県のムカサリ絵馬に代表されるような絵馬による死者結婚、あるいは津軽地方で子供の供養のために造像された化粧地蔵などの民俗的ルーツが想定される。化粧地蔵とは、顔を白く塗った地蔵尊で、子供を亡くした親たちが村の堂社などに奉納したものである。亡くなった子供本人に見立てられて菓子や玩具が供えられたり、ランドセルが背負わされたりする一方で、死者を救いに導く菩薩の役割や、遺族に利益をもたらす守護仏としての力も期待されるなど、きわめて複雑な構造をもつ。しかし、古風な絵馬や地蔵像であれ、現代風の人形であれ、それらを奉納する行為のいずれもが、「供養」という言葉で意味づけられていたことに注目したい。「供養」は「祭祀」や「顕彰」のもつ集団的性格とは異なり、強い個人性への道を開く言葉として機能してきた。

当地ではイタコに代表される民間巫者による死者の口寄せの風習が、近代以降も根強く存続してきたことが知られているが、このイタコが、最も繁昌したといわれるのが第二次世界大戦中だった（本書第三章）。花嫁人形の奉納を広く普及させた背景にも、当地でカミサマと総称される民間巫者の活動が広く知られている。そして、初期のころに奉納された人形は、第二次世界大戦期の戦死者の供養を目的としたものが多かったようである。そこには戦死者へのたんなる同情だけではなく、残された遺族たちの災いの原因が、戦死者たちの未練や怨念にあるといった巫者たちの語りも、大きな影響力を及ぼしたのである。いずれにせよ、靖国神社への花嫁人形の奉納は、こうした習俗の来歴をみれば、決して突飛な思いつきではなかったことが理解できよう。じっさい、それらの奉納者のなかには、これが戦死者への「供養」になるという意識をもち、それを公言していた人たちがいたことも確認できた。

先にも触れたように、近年、靖国神社の参集殿の花嫁人形は、人目に触れにくい小部屋に隔離されるようになった。これは当初のように「個人性」の色濃い習俗が警戒されたというより、むしろ神社の管理運営上の理由が大きいようである。豪華な花嫁人形は人の出入りの多い部屋などに陳列すると、場所をとるうえに、誤って倒したり、すぐに埃をかぶって汚れたりする危険も大きくなる。また、これを目にした参拝者たちが、自分たちも奉納したいと申し出るケースが増えることにもなる。遺族たちの心情は理解できても、神社の運営面からいえば、正直のところ厄介が増えるという実情がある。

青森県各地で花嫁人形の奉納をあつかっている寺院でも、寺院経営という面だけでいえば、花嫁人形で全国的に有名になるのは実は嬉しい話ではなく、長期的にはむしろ赤字になる恐れさえあるという。多数の人形を保管するためには堂社の増築をしなければならないし、奉納時に一定の納付金を徴収しても、それきりの奉納者も多く、継続的な布施が期待できるわけではない。そこで、一定の年限を限って「焼却供養」するという方法が、早い時期からとられてきた。おそらく靖国神社の花嫁人形も、同じような理由から、現在では抑制策が計られているのではないかと推察される。

先に花嫁人形の奉納者には兄弟姉妹が多いと述べたが、とくに近年では、戦死者の妹が奉納したというケースが目立つ。津軽地方の習俗の場合にもいえることだが、花嫁人形の奉納者は圧倒的に女性が主役である。このことは、あらためて注目に値する。仏教寺院における死者供養的な行事や実践において、そこに積極的に関わってきたのは多くが女性たちであり、その意味で「死者供養」という文化伝統は、少なくとも近世以降の草の根レベルにおいては、女性たちを主要な担い手として支えられてきたといっても過言ではない。逆にいえば、エリート中心の学解《がくげ》仏教や仏教史のなかで、「死者供養」という重要な系譜が軽視されがちであったのは、こうした点にも原因の一端があったのではないか。

靖国信仰においても、たしかに公式の参拝や祭祀には、各地の戦友会や議員団など、礼装した男性の姿が目立つが、花嫁人形の奉納に代表されるような、いわば「死者供養的」ともいえる個人的な関わりの局面には、女性たちの大きな役割があったことを忘れてはならない。もとより祭祀＝男性、供養＝女性といった単純な図式が成り立つわけではない。だが、概していえば、個人性に特化した供養には女性との親和性が指摘できる。靖国信仰の個人性を探ることは、この信仰全体を静かに下支えしてきた女性たちの役割に、自覚的な光を当てることでもある。

遊就館での個人遺影の展示

二〇〇二年七月に新装なった遊就館では、戦死者の個人別の写真を募集して、これを「靖国の神々」として展示室の壁に貼り出すという企画を進めてきた。当初は社報の『靖国』を通して全国から募集したところ二千五百枚ほどが集まり、これを展示した。その後、希望する遺族の申し出が相次いで、二〇〇六年の時点で四千枚ほど達し、しかも月に五十枚くらいずつ増えている。二〇〇五年の八月などは、九十三組もの申請があった。館では途中から写真のサイズを当初のものより小型にしたが、それでも展示室はすでに満杯に近い状態である（その後、初期に奉納された写真も小型化してスペースを広げる作業が進められた)。

遺影はすべてモノクロで、平服姿もあるが、大半は軍服姿の半身像である。それぞれの写真には、「〇〇命」という祭神名のほか、最終階級、戦没年月日、戦死地、死亡の種別(戦死・戦病死など)、本籍都道府県名が記されている。二十歳前後と思われる若い青年の(場合によっては少年・少女の面影を残す)顔も多い。たしかに「陸軍大将 東條英機命 昭和二三年一二月二三日 東京都巣鴨拘置所にて法務死 東京都」のような参謀クラスの写真も見いだせる。ただし、遺影の展示はあくまでも申し込み順で、その結果、著名な将校と無名の一兵卒とが対等に並列するという風景が生み出されている。奉納するには、写真の製版代として実費一万円が必要だが、それ以上の志納金などが要求されることはない。

戦争にゆかりのある施設等で、犠牲者の顔写真を展示したり、個人名を碑に書き連ねるといった形態は、二十一世紀に入ってから全国各地で目立つようになっている。二〇〇二年八月に開館した国立広島原爆死没者追悼平和祈念館の遺影コーナー、二〇〇三年七月に開館した国立長崎原爆死没者追悼平和祈念館の遺影閲覧室なども、遊就館とほぼ同時期である。二〇〇四年十月に開館した宮城県護国神社の英霊顕彰館では、遊就館をモデルにした遺影展示が始められている。早い時期のものとしては、一九八九年に開館した沖縄県のひめゆり平和祈念資料館のほか、鹿児島県の知覧《ちらん》特攻平和会館などが知られている。

遊就館での企画立案にさいしては、知覧の展示なども当然参考にされたが、むしろ沖縄旅行をした遺族たちのなかから、「平和の礎《いしじ》」のような個人名が表示されるような慰霊の場を靖国神社でも作ってほしいという強い要望が出され、これがひとつのきっかけになった、という証言が注目される。知られるように「平和の礎」は一九九五年に沖縄県が摩文《まぶ》仁《に》の丘に建設した慰霊・追悼の施設で、国籍の別や軍人・民間人に関わりなく、沖縄戦の犠牲者二三万九千余名（二〇〇五年七月現在）の氏名が刻まれた石碑が立ち並んでいる。政治的文脈の議論では、平和の礎と靖国神社とはしばしば対極的な性格の施設として語られるが（平和志向の沖縄／軍事志向の靖国）、一般信徒の感覚レベルでは緊密な連関が見いだせる点は興味深い。

今回、神社の協力による紹介と、筆者独自のルートによって、遊就館に遺影を奉納した十組前後の遺族から聴き取りの機会をもつことができた。印象的だったのは、ひとくちに「遺族」といっても、それぞれの立場、遺影奉納の動機や靖国信仰へのスタンスには、大きな多様性がみられるという点である。以下では、そのうち三人の証言の一部を、簡潔にまとめたかたちで紹介してみたい（インタビューはいずれも二〇〇五年に行なわれた）。四千近い奉納者のわずか三例であり、決して代表的な事例でも、何らかの典型を示す範例でもない。むしろ、一枚岩ではない「遺族」たちの多様な心情や境遇の一端を示すことが主目的である。

〈事例1　Aさん　女性〉

Aさんは一九三八年（昭和十三）生まれ。二〇〇二年の遊就館新装のさいに実父の遺影を奉納した。父は一九一二年（明治四十五）に岐阜県に生まれた。婿養子としてAさんの母と結婚し、三人の子をもうけたが、Aさん以外の兄と弟はいずれも幼少期に死亡した。父は養蚕の指導員として働いていたが、一九四一年（昭和十六）の秋に召集令状が来て出征、一九四五年（昭和二十）七月にビルマで戦死（行方不明推定）した。母は一九七六年（昭和五十一）まで生き、膵臓癌により五十九歳で亡くなった。Aさんは結婚し、すでに嫁いだ長女と独身の長男がいる。夫は二〇〇三年に病気で倒れ半身不随となり、現在は施設に入っている。

Aさんの話　昭和十二年に兄が生まれたが七ヶ月で死んだ。昭和十四年に生まれた弟も、十六年十一月、父が出征する日の八日前に病気になり、三日前に三歳で亡くなった。父は「この子が身代わりになってくれたから、自分はきっと生きて帰る」と言い残して出かけたと母から聞いた。私（Aさん）も小さいころは病弱だった。重い病気になったとき、父は一日に一人だけを必ず助けるという神社が静岡の方にあると聞いて、そこへ深夜〇時を期してお参りして「この子を助けてくれたら、必ず帰ってからお礼をします」と誓ったという。その後、私は何回も死にそこなったが生きてしまった。大事な父や兄たちは早く死んで、自分のようなクズだけが残った。

父の戦死の知らせが入る少し前、私は父の姿を見ている。停電で囲炉裏の火だけが室内の明かりだったが、窓の外に人の気配がして、兵隊さんの帽子をかぶった影が、月明かりに照らされて映った。それから帽子を脱いで、ばさばさの髪の人が近づくのが、はっきり見えた。母と祖母が一緒にいたが、見たのは私だけだった。でもあれは父が最後の別れに来たのだと、今でも信じている。

母は戦争未亡人で、男の人が用事で訪ねて来ただけで、まわりからあれこれ噂されて、つらい思いをしたことも多かった。私は関東に住んだので、靖国神社には年に一度くらいは、ずっとお参りしてきた。子供たちの七五三もここでやった。母が上京して一緒に「ぼんぼり祭り（七月のみたま祭り）」に行ったこともあるが、「どういう人がこのぼんぼりを上げるのかねえ」などと話していた。当時は自分たちのような一般人でも奉納できることを知らず、母は知らないまま亡くなってしまった。それで母の死後になって、二人の連名で奉納した。永代神楽祭も平成三年（一九九一）まで知らなかった。申し込みをしてから、「ごめんなさい。もっと早く気づいてあげればよかったのに」と、父と母に詫びた。だから、遊就館が写真を募集したときには、さっそく奉納した。娘も息子も、会ったこともない祖父の写真や遺品などには何の興味も示さない。私が死んだら引き継ぐ人もなく捨てられてしまうだろう。だから遊就館に立派にお祀りできて良かった。

この歳になって、母の気持ちがわかるようになった。永代神楽祭には毎年来ていたが、去年（二〇〇四）はじめて八月十五日にもお参りした。武道館の追悼式典には呼ばれたことはない。どういう方が招かれるのかも知らない。小泉さん（当時の首相）が靖国を参拝されるのは嬉しいが、自分の気持ちだけで意地をはると、かえって靖国神社が嫌われて悲しい。村山さん（元首相）が中国の政治家に頭を下げたときはショックだった。今になって頭を下げるなら、戦争なんかしなければよかったのだ。日本人だってあちこちでひどい目にあっているし侮辱も受けている。それが戦争なんだから、一度頭を下げたら弱みにつけこまれる。政治家はやたら頭なんか下げないでほしい。

〈事例2　Bさん　女性〉

Bさんは一九三六年（昭和十一）生まれ。二〇〇四年春に実父の遺影を奉納した。父は一九〇六年（明治三十九）の生まれ、職業軍人で最後は中佐の大隊長としてフィリピンで一九四五年（昭和二十）四月に戦死した。母は一九〇八年（明治四十一）の生まれ、四人の子をもうけた。Bさんは長女で、弟と二人の妹がいるが、彼女が婿養子をとって母と同居した。母は一九九一年（平成三）に八十二歳で急死した。

Bさんの話　幼少期は家族一緒に満州で暮らしていた。昭和十九年、戦況が悪くなって満州は危険だというので、母と私たちは日本に帰った。このときが父親との最後の別れになってしまった。「お父様、行ってらっしゃいませ」と三つ指をついて、軍服姿の父を玄関で見送ったことを覚えている。

終戦後は母の実家である東京の叔父の家に身を寄せた。父の戦死の知らせもそこで受けた。白木の箱を白い布で包んであったが、骨壺の中は空で、何も書かれていない白木の位牌だけが入っていた。母はよく靖国神社にお参りに行っていた。永代供養祭（永代神楽祭のこと）は毎年必ず出かけて行った。遺族会を通して武道館の式典に招かれたこともある。

母の弟にあたる叔父は現在九十歳で健在だが、事業家で町会長などもつとめるやり手だった。靖国神社などにも熱心に関わっていた。この叔父から、二〇〇一年ころ、「遊就館で遺影の展示をすることになったので、あんたのところからも出すように」と言われた。すでに母は亡くなっていたので、弟妹たち四人で集まって、どうしようかと相談した。「お母さんが生きていたら、出すと言うだろうか」ということが問題になって、ずいぶん議論した。ようやく「出してもよいのではないか」という意見でまとまったのは、二〇〇四年だった。写真は最初のころに申し込めば大きかったが、私たちが決断したときには、もう小型化されていた。「お父さん、小さくてご免なさい」という気持ちだった。父の軍服や子供たちに宛てた手紙なども、靖国神社に納めた。今年（二〇〇五）春の遊就館の特別展示では、その一部が展示された。

母が亡くなった平成三年、川越市の霊園に墓地を購入して、父母を一緒に埋葬した。父は遺骨がないので、それまで埋葬してくれていた寺の住職が、骨壺に墓の土などを入れて供養してくれた。また、父の汗が染みた軍服の一部も切り取って入れた。

母のあとを受けて遺族会にも入っている。靖国神社は父の魂がいるところだから、私も弟妹たちも、このあたりに来たときは立ち寄ることが多い。八月はとくによく来るが、十五日はたいてい千鳥が淵の墓苑に行く。この日には皆さんが靖国にお参りして下さるから、自分たちは無縁の方々の供養に行くことにしている。父は職業軍人として戦争に関わったので、申し訳ないという気持ちもある。戦争をどう考えるかも、人によってそれぞれだが、私たちは、ずっと父親が守ってくれたような気がしている。母は生前、仏壇に必ずコップを三つ置いていた。お父さんも部下の方々も喉が渇いて苦しかっただろうという、母の想いがあったようだ。今もこれは続けている。

〈事例3　Cさん　男性〉

Cさんは、父の兄にあたる伯父の遺影を奉納した。伯父は地方の農家に生まれ、出征して南方で戦死した。一家を継いだのはCさんの父親で、独身で戦死した兄の遺品なども預かってきたが、二〇〇〇年に急死した。父には子供が三人いるが、長男のCさんが伯父の遺影などを引き継いだ。

Cさんの話　伯父についてはよく知らない。祖母も戦争直後に病気で亡くなり、父が遺族会に入って、時々は靖国神社にも来ていたようだが、私はサラリーマンになって郷里を離れてしまったので、詳しいことはほとんどわからない。実家の菩提寺で伯父の法事があって、それに出た記憶はある。父の死後、母を引き取ることになり、伯父の遺影なども引き継いだが、正直のところ、どうしてよいかわからない状態だった。靖国神社には、二十代のころ父に連れられて一度だけ行ったことがあるが、ほとんど覚えていない。たまたま数年前に知人と訪れる機会があり、遊就館に入って遺影の展示に感銘を受けた。こういうのがあるなら、ぜひ伯父の写真も納めたいと思い、母とも相談して奉納した。

　息子が二人いるが、私の伯父の写真など家にあっても困ると思っていたので、こういうかたちで永久に供養《（ママ）》してもらえるのは嬉しい。肩の荷が下りたような気がする。靖国についてはテレビなどでいろいろ騒がれるのを聞いていたが、そういう方面の知識がないので、よくわからなかった。戦争で亡くなった兵士を国が責任をもってお祀りすることの、どこが悪いのかと思う。靖国神社はすがすがしい雰囲気で好きである。ここをお参りする人間は、もう一度戦争をやりたがっているように騒ぐ人もいるが、そんなことはない。

　ただ、神社のまわりで街宣車に乗って怒鳴っている連中をみると腹が立つ。神社にとっても迷惑ではないか。若い人も多いようだが、実力もないくせに偉そうにしたがる連中が、ああいう団体に集まるのだろう。「お前たち、天下を論ずるまえに、額に汗して働け」と言いたくなる。

以上、三名の証言の一部を紹介してみた。民俗学の分野では、日本の常民の先祖・死者観を示すものとして、「弔い上げ」の風習が注目されてきた。多くの死者は仏教寺院が関与する葬儀や法事によって供養されるが、死後三十三回忌ないしは五十回忌をもって「弔い上げ」とする習俗が広く全国にみられた。その背後には、一定の年限を経た個別的死者は祖霊という集合的・匿名的な存在へ昇華するという考え方があるという。こうした観念が一般化したのはかなり新しいと考えられるが、初期の民俗学では、こうした観念こそが日本人固有の死者観を示すものとして注目されたのである。

先の証言からも窺えるように、遊就館の遺影奉納には、各家で供養されてきた個別の死者が、「英霊」という一体化した集合体のなかに祀り込まれるという意味で、「弔い上げ」に近い感覚がある。とはいえ、固有の祭神名をもった顔写真の展示という形態には、「無個性化」よりもむしろ「個性化」の方向が顕著である。すでに五十回忌さえ終えながら、具体的な顔をもった戦死者の写真が新たに陳列され、さらにそれが増加しつつあるという現実は、民俗学が定説としてきた「無個性化による先祖の弔い上げ」ではなく、いわば「個性化による弔い上げ」の一事例ともいえるかもしれない。

表3は、二〇〇二年一月一日から二〇〇五年八月三十一日の期間、ここに奉納された戦死者の遺影二七七四件について、これを奉納した遺族が、戦死者とどのような続柄にあるかを調べた結果である（この調査では、当時の遊就館部展示課長・壹岐博嗣氏のご協力をいた

表3　遺影奉納者の戦死者との続柄
(2002年1月〜2005年8月に奉納された2,774件について)

父		0
母		5
妻		135
息子	長男173　次男31　その他45	249
娘	長女133　次女29　その他46	208
孫		58
兄弟	実兄101　義兄　5　実弟471　義弟21	598
姉妹	実姉50　義姉10　実妹296　義妹34	390
甥		158
姪		67
その他の親族		582
戦友		230
不明・その他		94

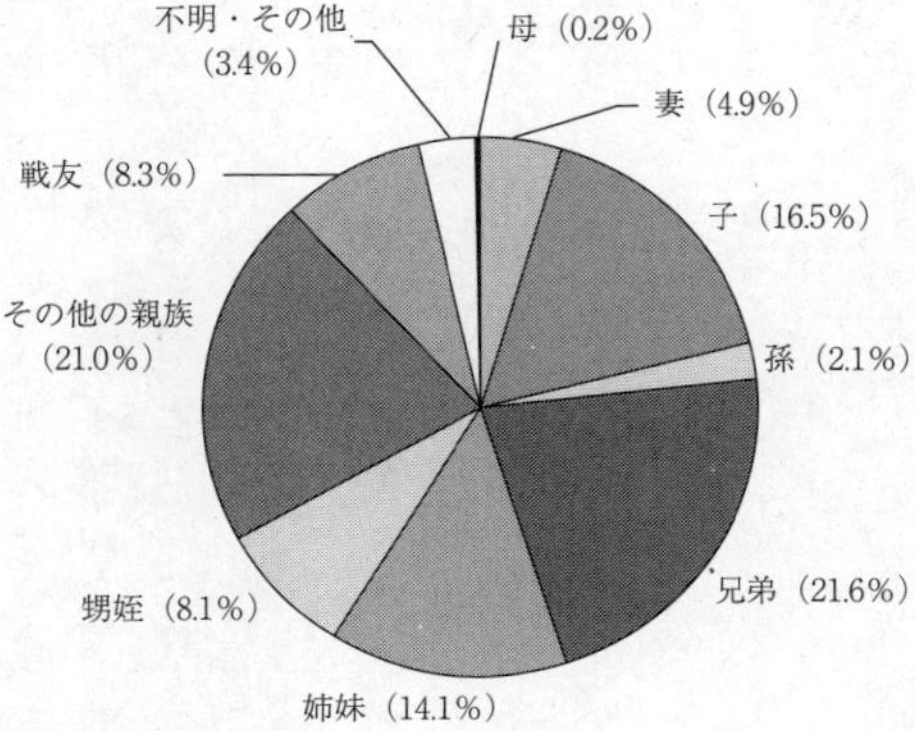

図11　遺影奉納者の続柄別割合

だいた）。それをパーセント別に示した図11にみるように、妻・子・孫などのいわゆる直系親族の奉納者の合計が二三・七％にとどまったのに対して、兄弟・姉妹・甥姪や従兄弟など傍系にあたる親族が、実に六四・八％と全体の三分の二近い割合を占めることが判明した。

「遊就館に遺族が戦死者の遺影を奉納する」というフレーズを聞いたとき、その「遺族」に配偶者、子供、孫を想像する人は多いのではないだろうか。しかし、じっさいには兄弟の子弟をはじめ、傍系親族の方がはるかに多いのだ。戦死者に未婚の独身者が多かったことを思えば、たしかに納得のいく数字ではある。つまり旧来のイエ制度の感覚でいえば、多くの戦死した軍人・軍属というのは、このまま放置すれば無縁化の危険さえ出てくる死者たちなのだ。先の事例における証言からも推察されるように、戦後六十年を経て「後継ぎ」がなく、積極的な継承を期待しにくい戦死者の「永代供養」が、遺品などを託された多くの傍系親族たちの切実な課題になっている。

遊就館で始められた遺影展示には、はからずもそうした需要に応えるタイムリーな企画として歓迎されているという一面がある。とりわけ未婚のまま亡くなった軍人・軍属の場合、その遺影や遺品はすでに兄弟姉妹の子孫をはじめ、予想もつかぬほど遠縁の親族に渡っている可能性がある。彼らにとって、こうした遺品は勝手に処分することができず、かといって当家の先祖として仏壇に祀るわけにもいかないといった、厄介な事態が生じてくる。遊就館に奉納することは、そうした「厄介な」重荷から解放されるとともに、これで戦死者も「無縁ボトケ」にならずに浮かばれるであろうという、一種の安堵感をもたらす効果をもっているのである。

「まぎれ」を生む個人性

靖国信仰に批判的な人々のあいだでは、遊就館に展示されるようになった遺影にも否定的な意見が多い。たしかに「靖国の神々」の名で展示された遺影群を前にして、国家意識が鼓舞され、新たな軍国化に賛同していくような若者はいるだろうし、それを望む一定の勢力が存在することも事実である。その一方で、大量の死者の顔写真という装置には、多様な解釈の「まぎれ」を生み出す効果があることにも注目したい。

思いつめた表情で前方を見すえた将兵たちの眼差しからは、思わず息を呑む強烈な力が発散されている。それらはまさに具体的で「顔の見える」死者の集積として、「二四六万六千余名の戦没者」とか「国家の英霊」といった抽象的な数字や言辞ではとらえきれない衝撃力をもって人々に迫ってくる。軍事博物館といわれる本館のなかで、この最後の遺影コーナーに、兵器や戦争資料を並べた他の展示室とは異質の空気を感じたと語る来館者は少なくない。

遊就館の出口近くには、来館者が自由に感想を書きこめるノートが数冊おかれている。

このなかには、花嫁人形や遺影をみて衝撃・感銘を受けた、あるいは深く考えさせられた、といった感想も数多く見いだせる。ある年配の男性は次のように綴っている。「年に数回、兄の写真を拝みに来ます。素晴らしい兄で、理数に優れた才能を持っていましたが、特攻機の整備の為、比島に派遣され、特攻機発進後、比島に残り山岳戦で戦死しました。海軍士官なのに無念だったと思います。生きていたら技術者として活躍していたと思うと惜しまれます。それにしても、靖国神社参拝を中国から責められ、たじろぐのは残念です。共産党政権には寿命があります。それまでしっかり日本の立場を守り通し、若い人達が迷わない様にして下さい。また、天皇陛下が参拝されるのは宗教上も問題が無い筈です。天皇に尽くした者を祀るのが原則の社の筈です。天皇陛下の参拝の障害になっているのは何なのでしょうか。国に尽くした我々の世代は待ち望んでいます」。

また、ある主婦は次のように記している。「辛くて悲しくて、最後まで英霊の皆様のお顔が見られませんでした。あんなに多くの若者が、国の為、家族の為に散っていかれたと思うと……。今の日本を見たら、皆様悲しむでしょうね。多くの方々が、ここを訪れ、今一度、彼らの犠牲の上にある、今の豊かさに感謝しなくてはいけませんね。そしてもっと国を大切に守っていかねばなりません。なぜ小学校から、愛国教育をしないのでしょうか。小泉首相が、周辺の国々の圧力に負けず、参拝NOと言わない事、嬉しく思っています」。

この二つの例は、遺影との対面が国家意識の高揚や「愛国教育」の必要性といった自覚に結びついたもので、いわゆる反靖国派の立場からは警戒視される反応でもあろう。じっさい、この種の記述は少なくない。ノートに記された感想文の半数以上は、何らかのかたちで日本人であることの自覚や愛国心の大切さ、戦後教育の誤りなどに触れている。大東亜戦争肯定論や、中国や韓国への敵意を露骨に表明したものも多い。

とはいえ、来館者の感想にもまた、さまざまな多様性があることは指摘しておかねばならない。とくに遺影や花嫁人形に触れたものには、やや異なる雰囲気の感想が目立つ。次は二十一歳になる青年の感想である。「靖国に来て、戦争で亡くなった方々の顔を一人一人見ていくうちに、涙が出てきました。私は二十一歳ですが、同じ世代の彼らが、今の私達と全く違う運命を生き、そのお陰で私達があるということに、胸打たれます。とても心苦しいです。生きるということの素晴らしさをもっと知り、戦争についてもっともっと若者は考えていかなくてはならないと思いました」。

初めて靖国を訪れたという夫婦は、連名で次のような感想を残している。「今日始めて靖国の中に入って戦ボツ者のもろもろを見せて頂き、今ここに日本という国が無事に残っている事を、あらためて深い想いの中に色々感謝させられる気持でいっぱいになりました。今の若い人達、全部にこれを見なおして欲しいと思いました。胸がいっぱいで涙がこみあげてきます。最後に戦死された貴方、皆様にはじょうぶつされ、どうぞむこうの世界で幸せになられますよう、お祈り致します」。ここでも日本という国について言及されているが、全体のトーンは国家主義的というより、むしろ戦没者への深い哀悼の念によって覆われている。「じょうぶつ（成仏）」という仏教用語が用いられ、「むこうの世界」での幸せが祈られている点も印象的である。

花嫁人形について、ある女性はこう書いている。「花嫁人形を見た時、亡くなった兵隊さん達に普通の幸せを与えてあげたかったと思い、涙が出そうになりました。これからの世界の平和を切に願います」。ある女子大生もまた、涙が出たという感想とともに、不戦の大切さを述べている。「展示会には、ふらっと立ち寄ったのがきっかけで来ました。どうであれ、二度と戦争は起こらないようにしなければならないと思いました。母から息子へ送った花嫁人形と手紙に涙が出ました。戦争体験をしていない私ですが、戦争について忘れない様に、学び、伝えていきたいです」。

たまたま筆者が自由記述ノートのおかれた部屋にいたとき、社会見学で来館したと思しき中学生たちの一団が通り過ぎていった。そのうちのひとりが、先生から集合時間をせかされながらも、大急ぎで次のような一文を記して立ち去って行った。「いれいしてある人がとてもたくさんいて、せんそうがひどいものだとあらためておもった」。素朴な言葉のなかに、遺影の数に圧倒された驚きが正直に表現されている。

最後に、「七八歳」とだけ記した老人の感想文を紹介しておこう。「皆様のシャシンを拝見し、今日幸に生活出来るのも有難くて涙が止まりませんでした。両手合せて何度も々々御礼を言いました。せんそうは二度としてはなりません」。遺影の部屋は、形式上は博物館の展示室のひとつにすぎない。しかし、ここで思わず手を合わせる人たちがいる。感想文の多彩な広がりは、花嫁人形や遺影に秘められた「個人性」が放つ「まぎれ」の幅でもあろう。先に紹介したCさんも批判していたように、この神社を訪れて熱心に参拝する人のすべてが国粋主義の賛同者であるかのように語る一部の論調には、明らかな誤解が含まれている。

言葉をかえていえば、価値を一元的に集約しやすい、あるいは集約せざるをえない「集団性」にくらべて、「個人性」はまさにそれが個人的であるがゆえに、個別の対処や応答の「多様性」が開かれやすい、ということである。先にも触れたように、遊就館の遺影展示が、新たな軍国主義教育の推進に荷担するといった懸念については、たしかにそうした方向は認められる。筆者がインタビューしたある男性は、靖国神社に近い武道館でのコンサートに集まる現代の若者たちの「覇気のない目」と、遺影に残された若い将兵たちの「純粋な目」を対比させて、徴兵制復活の必要性を熱く語っていた。数千枚におよぶ遺影を前にして、自分も国を護る気概をもった良き日本国民になろうと決意する少年たちも、出てくることだろう。しかしその一方では、個々の顔をもった夥しい戦死者たちの視線に囲まれて、あらためて戦争という行為の無謀さと愚かさを痛感する若者たちも増えるかもしれない。反対派の人たちが批判するように、もしこの遺影コーナーが本当に国家主義啓発の場となることを意図して企画されたのだとしたら（先にみたように、必ずしも事実はそう単純ではないのだが）、その意図は、顔の見える死者たちが作り出す「まぎれ」によって、すでに大きく崩されてしまっている、ということもいえるのではないか。

動態的理解の大切さ

靖国信仰のなかに個人性の契機を探ろうという視点は、それを最終的にどのような結論や政治的主張に結びつけるかは別として、単純化しがちな議論のなかに多様な観点を導き入れるための、ひとつのきっかけになりうるであろう。たしかに靖国信仰の主要な柱は、その集団性にあった。多くの遺族たちにとっては、戦死者たちが「国によって称えられ」「天皇陛下がお祀りして下さる」ことこそが、大切な身内を失った悲しみを少しでも和らげる慰めとなり、その死が決して無駄な「犬死に」ではなかったことを納得し、自分たちの矜持や生きる意義をとりもどす力にもなっていた。そこには当然、心情面だけではなく、遺族年金の支給などに正当的根拠を与えるといった実益的な側面も含まれていただろう。多くの国民が注目するなかで厳粛に営まれる集団的「祭祀」や「顕彰」は、そのための不可欠な要素であったし、今もあり続けている。

とはいえ、靖国信仰には、「菩提を弔う」とか「懇《ねんご》ろに供養する」「安らかな成仏を願う」といった言葉ですくい取られるような、個人的な関わりの側面もあった。父母たちは

「あの子」に、妻子たちは「あの人」に、戦友たちは「あいつ」に出会うために、誰からも命ぜられることなくこの神社に足を運んだのであり、その死が誇りと栄光に満ちたものであるか、悲痛と悔恨にまみれたものであるかは別として、ともかくも具体的な顔をもった故人の菩提を弔い、少しでも安らかな状態に導いてあげたい、といった動機づけが大きな役割を果たしていた。こうした集団性と個人性は、時に親和的・相乗的に同調し、時に引き割かれた対立のなかで葛藤し、時に苦渋の折り合いを計られつつ、靖国信仰の全体を支えてきたと思われる。いわば、靖国信仰はこの集団性と個人性が並立しつつせめぎ合う複合的な構造のなかで、歴史を生き延びてきたのである。

その意味で、近年の靖国信仰は大きな転機を迎えている。「九段の母」はほとんどが他界し、「靖国の妻」や「同期の桜」たちも鬼籍《きせき》に入りつつある。「靖国の英霊」という言葉を聞いたとき、それを「あの子」「あの人」「あいつ」という実感をもって想起できる人は、年ごとに少なくなり、「英霊」はますます抽象化・理念化され、感情的で勇ましいだけの政治闘争の舞台に引きずり込まれる傾向が強まっている。

靖国信仰を底辺で支えていた個人性の基盤が薄くなり、あるいは個人性を具体化する契機が弱まるなかで、中核的な特性を成していた集団性のみが、いたずらに肥大化し画一化する方向が懸念される。先に取りあげた具体的な事例の考察は、集団性が卓越する靖国信仰のなかに芽生えた個人性の要素に注目し、それを地道に掘り起こそうという試みであった。

もとよりここで、個人性は善で集団性は悪だ、といった議論をしようとしているのではないし、それを逆転させて、個人性の膨張こそが近代の病弊だ、などと主張するつもりもない。そうした単純な二項対立の発想からは距離をおいて、多様な要素が錯綜し、集団性と個人性が絶え間なくせめぎ合う現実の姿を、動態的な視野のなかで理解する努力を続けることが大切だと考えている。

第二次世界大戦後の靖国神社は、宗教法人化に伴う適応戦略という面からも、戦前期には許されなかった個人的な関わりに配慮した救済財の開発に、一定の努力をしてきた。しかし、死者の顔を知る直接的な遺族が消えゆくなかで、その個人性を支えてきた基盤にも翳《かげ》りが生じつつある。ならば、切実な遺族が再び増えるように新たな戦死者を出せばよい、というのは、それこそ冗談にもならない本末転倒であろう。おそらく鍵になるのは、戦争を知らない世代のひとりひとりのなかに、直接的な遺族たちによって保たれてきた多様な「個人性」に対して、どこまで共感をもって向き合うだけの力があるのか、ということに尽きるのではないだろうか。

靖国信仰を考える場合にも、今の時代を生きている人間たちの利害や思惑だけを顧慮するのではなく、そこに祀られてきた死者たちの主体性を、視野のうちに確保する必要があるだろう。それは真の意味で、祭神への「つつしみ」や「敬意」を忘れない姿勢でもあろう。誤解のないように言い添えておくが、祭神への「つつしみ」や「敬意」とは、決してそれを一括して「殉国の英雄」として褒め称えることでも、「侵略戦争の犠牲者」として同情することでもない。

祭神たちひとりひとりの生と死、誇りと迷い、願ったことや思い残したことには、文字通り「多様な」内実があったはずである。二四六万の英霊というとき、そこには二四六万通りの死があり、二四六万の生の軌跡があり、二四六万組の遺族がいたのだ。この当たり前の事実に冷静に立ち返ることが、今こそ重要になっていると思う。

靖国信仰の「個人性」を探るという、ささやかな試みが、こうした原点をとりもどす努力のなかで、建設的な思索や実践を開く一歩となりうることを願っている。

あとがき

本書のテーマは、五、六年ほど前から構想し、いくつかの大学や大学院で講義したり、学会で発表したり、文章として公刊してきたものです。多くの章が、既刊の論文やエッセイなどを元にしていますが、本書のために大幅に入れ替えたり、書き直したりしました。ご参考までに、元になったおもな拙論を年代順にあげておきます。

「仏教の民間受容と「互酬性の倫理」――『日本霊異記』を題材として」(上)筑波大学哲学思想学会『哲学・思想論叢』一五号、同(下)筑波大学哲学思想学系『哲学・思想論集』二二号、一九九七年(第二章の一部)。

「仏僧と憑依――無住一円の説話集を題材に」駒沢宗教学研究会『宗教学論集』二一号、二〇〇二年(第六章)。

「比較供養論＝比較煉獄論?」文部科学省科学研究費報告書(代表者・川村邦光)『戦死者をめぐる宗教・文化の研究』大阪大学、二〇〇三年(第一章の一部と第四章)。

「死者の「祟り」と「供養」の宗教史――中世後期以降を中心に」駒沢宗教学研究会『宗

教学論集』二三号、二〇〇三年（第三章）。

「「憑依」再考——宗教学的視座からの試み」駒澤大学文学部文化学教室『文化』二一号、二〇〇三年（第五章）。

「苦しむ死者と日本の民衆仏教——仏教説話集を中心に」荒木美智雄編『世界の民衆宗教』ミネルヴァ書房、二〇〇四年（第一章・第二章の一部）。

第七章はほとんどが書き下ろしですが、最後の節に、「死人に口あり——民俗宗教における死者との対話」『異界談義』角川書店、二〇〇二年、の一部を使いました。

刊行年が比較的新しい時期に集中していますが、私自身が執筆に手間取ったり、掲載された本の出版が大幅に遅れたというケースもあります。本書における章立ての方が、私のなかで構想が組み上がっていったプロセスに近いものです。

これまでに私が公刊した単著書は、いずれもフィールド・ワークによる一次資料をベースにしたものでした。他分野の専門家の地道な研究をつまみ食い的に利用させていただきながら、素人談義にも近い本を書くというのは初めての体験で、われながら危うさを感じるところもありますが、これまでにない楽しさも味わうことができました。

本書には、今後の研究を組み立てるための、私なりの課題整理という意図がこめられています。宗教学という立場から、民俗・民衆宗教の世界をトータルに理解しようとすれば、息の長いフィールド・ワークや主体的な参与の体験に加えて、宗教史や比較宗教論の側面からの考察が不可欠です。文学・歴史学・民俗学・人類学など、それぞれの専門家にとっては「常識」とされる知見であっても、そうした「常識」をうまくつないでいくことによって、「苦しむ死者たちとの、つきあい方」という気の遠くなるような課題への、広い展望が開けるのではないか。これは、宗教学を志す者の重要な任務のひとつではないか、などと考えるようになりました。

当然のことながら、足りない点、さらに深めるべき点は多く残されています。各方面からのご教示を賜われば幸いです。

近年の私の仕事に目を止めて、これを本にまとめてみないかと勧めてくださったのは、角川書店の松原太郎さんでした。松原さんは本年（二〇〇三年）四月から研究職として日本大学に移られることになり、じっさいの編集作業では、あとを受け継いだ松永真哉さんのお世話になりました。また、書籍事業部の宮山多可志課長には、本書を角川選書に入れていただくことで、ご尽力と励ましをいただきました。厚く御礼申し上げます。

二〇〇三年六月

池上良正

文庫版あとがき

刊行からすでに十五年が経過した作品には、自分自身では未熟な部分、足りない部分が目立ち、反省点も多い。とはいえ、本書に関しては、その基本的な枠組みの有効性への確信は今も変わっていない。だからあえて大幅な修正は行なわず、本書に対する書評を機縁に、いわばひとつのリプライとして発表した「靖国信仰」に関わる論考を、補論として付け加えることにした。

本書は出版当初よりも、むしろ最近になって面白さを理解してくださる方が徐々に増えてきたという印象がある。とくに柔軟な発想が期待できる、若い世代の読者から励ましをいただくことが多い。文庫化を提案して下さったのも、筑摩書房の若手編集者、田所健太郎さんだった。靖国論の増補も田所さんの助言から実現した。

学芸文庫としての再刊にご尽力いただいた編集部の方々に、厚く御礼申し上げます。

二〇一八年十二月

著　者

本書は、二〇〇三年七月、「角川選書」の一冊として角川書店（現・KADOKAWA）より刊行された。文庫化に際しては、國學院大學研究開発推進センター編『慰霊と顕彰の間――近現代日本の戦死者観をめぐって』（錦正社、二〇〇八年）所収の論考「靖國信仰の個人性」（初出、駒澤大学文学部文化学教室『文化』第二四号、二〇〇六年）を、改稿のうえ増補した。

世界宗教史1
ミルチア・エリアーデ
中村恭子 訳
人類の原初の宗教的営みに始まり、メソポタミア、古代エジプト、インダス川流域、ヒッタイト、地中海地域、初期イスラエルの諸宗教を収める。

世界宗教史2
ミルチア・エリアーデ
松村一男 訳
20世紀最大の宗教学者のライフワーク。本巻はヴェーダの宗教、ゼウスとオリュンポスの神々、ディオニュソス信仰等を収める。（荒木美智雄）

世界宗教史3
ミルチア・エリアーデ
島田裕巳 訳
仰韶、竜山文化から孔子、老子までの古代中国の宗教と、バラモン、ヒンドゥー、仏陀とその時代、オルフェウスの神話、ヘレニズム文化などを考察。

世界宗教史4
ミルチア・エリアーデ
柴田史子 訳
ナーガールジュナまでの仏教の歴史とジャイナ教から、ヒンドゥー教の総合、ユダヤ教の試練、キリスト教の誕生などを収録。（島田裕巳）

世界宗教史5
ミルチア・エリアーデ
鶴岡賀雄 訳
古代ユーラシア大陸の宗教、八―九世紀までのキリスト教、ムハンマドとイスラーム、イスラームと神秘主義、ハシディズムまでのユダヤ教など。

世界宗教史6
ミルチア・エリアーデ
鶴岡賀雄 訳
中世後期から宗教改革前夜までのヨーロッパの宗教運動、宗教改革前後における宗教、魔術、ヘルメス主義の伝統、チベットの諸宗教を収録。

世界宗教史7
ミルチア・エリアーデ
奥山倫明／木塚隆志／深澤英隆 訳
エリアーデ没後、同僚や弟子たちによって完成された最終巻の前半部。メソアメリカ、インドネシア、オセアニア、オーストラリアなどの宗教。

世界宗教史8
ミルチア・エリアーデ
奥山倫明／木塚隆志／深澤英隆 訳
西・中央アフリカ、南・北アメリカの宗教、日本の神道と民俗宗教。啓蒙期以降ヨーロッパの宗教的創造性と世俗化などを収録。全8巻完結。

シャーマニズム（上）
ミルチア・エリアーデ
堀一郎 訳
二〇世紀前半までの民族誌的資料に依拠し、宗教史学の立場から構築されたシャーマニズム研究の金字塔。エリアーデの代表的著作のひとつ。

シャーマニズム（下）
ミルチア・エリアーデ
堀一郎訳

宇宙論的・象徴論的概念を提示した解釈は、霊魂の離脱（エクスタシー）という神話的な人間理解として現在も我々の想像力を刺激する。（奥山倫明）

回教概論
大川周明

最高水準の知性を持つと言われたアジア主義者の力作。イスラム教の成立経緯や、経典などの要旨が的確に記された第一級の概論。（中村廣治郎）

原典訳 チベットの死者の書
川崎信定訳

死の瞬間から次の生までの間に魂が辿る四十九日の旅――中有（バルドゥ）のありさまを克明に描き、死者に正しい解脱の方向を示す指南の書。

旧約聖書の誕生
加藤隆

旧約聖書は多様な見解を持つ文書を寄せ集めて作られた書物である。各文書が成立した歴史的事情から旧約を読み解く。現代日本人のための入門書。

神道
トーマス・カスーリス
衣笠正晃訳
守屋友江監訳

日本人の精神構造に大きな影響を与え、国の運命をも変えてしまった「カミ」の複雑な歴史を、米比較宗教学界の権威が鮮やかに描き出す。

ミトラの密儀
フランツ・キュモン
小川英雄訳

東方からローマ帝国に伝えられ、キリスト教と覇を競った謎の古代密儀宗教。その全貌を初めて明らかにした、第一人者による古典的名著。（前田耕作）

空海コレクション1
空海
宮坂宥勝監修

主著『十住心論』の精髄を略述した『秘蔵宝鑰』、及び顕密を比較対照して密教の特色を明らかにした『弁顕密二教論』の二篇を収録。（立川武蔵）

空海コレクション2
空海
宮坂宥勝監修

真言密教の根本思想『即身成仏義』『声字実相義』『吽字義』及び密教独自の解釈による『般若心経秘鍵』と『請来目録』を収録。（立川武蔵）

空海コレクション3
秘密曼荼羅十住心論（上）
福田亮成校訂・訳

日本仏教史上最も雄大な思想書。無明の世界から抜け出すための光明の道を、心の十の発展段階（十住心）として展開する。上巻は第五住心までを収録。

原始仏典　中村元

釈尊の教えを最も忠実に伝える原始仏教の諸経典の数々。そこから、最重要な教えを選りすぐり、極めて平明な注釈で解く。（宮元啓一）

原典訳 原始仏典（上）　中村元編

原パーリ文の主要な聖典を読みやすい現代語訳で。上巻には「偉大なる死」（大パリニッバーナ経）「本生経」「長老の詩」などを抄録。

原典訳 原始仏典（下）　中村元編

下巻には「長老尼の詩」「アヴァダーナ」「百五十讃」「ナーガーナンダ」などを収める。ブッダのことばに触れることのできる最良のアンソロジー。

選択本願念仏集　法然　石上善應訳・注・解説

全ての衆生を救わんと発願した法然は、ついに、念仏すれば必ず成仏できるという専修念仏を創造し、本書を著した。菩薩魂に貫かれた珠玉の書。

一百四十五箇条問答　法然　石上善應訳・解説

人々の信仰をめぐる百四十五の疑問に、法然が分かりやすい言葉で答えた問答集を、現代語訳して文庫化。これを読めば念仏と浄土仏教の要点がわかる。

龍樹の仏教　細川巌

第二の釈迦と讃えられながら自力での成仏を断念した龍樹は、誰もが仏になれる道の探求に打ち込んでいく。法然・親鸞を導いた究極の書。（柴田泰山）

阿含経典 1　増谷文雄編訳

ブッダ生前の声を伝える最古層の経典の集成。第1巻は、ブッダの悟りの内容を示す経典群、人間の肉体と精神を吟味した経典群を収録。（立川武蔵）

阿含経典 2　増谷文雄編訳

第2巻は、人間の認識（六処）の分析と、ブッダ最初の説法の記録である実践に関する経典群、祇園精舎を訪れた人々との問答などを収録。（佐々木閑）

阿含経典 3　増谷文雄編訳

第3巻は、仏教の根本思想を伝える初期仏伝資料と、ブッダ最後の伝道の旅、沙羅双樹のもとでの〈大いなる死〉の模様の記録などを収録。（下田正弘）

バガヴァッド・ギーターの世界　上村勝彦

宗派を超えて愛誦されてきたヒンドゥー教の最高経典が、仏教や日本の宗教文化、日本人の思考に与えた影響を明らかにする。（前川輝光）

邪教・立川流　真鍋俊照

女犯の教義と髑髏本尊の秘法のゆえに、徹底的に弾圧、邪教法門とされた真言立川流の原像を復元し、異貌のエソテリズムを考察する。貴重図版多数。

増補 チベット密教　ツルティム・ケサン　正木晃

インド仏教に連なる歴史、正統派・諸派の教義、個性的な指導者、性的ヨーガを含む修行法。真実の姿を正確に分かり易く解説。（上田紀行）

密教　正木晃

謎めいたイメージが先行し、正しく捉えづらい密教。その歴史・思想から、修行や秘儀、チベットの性的ヨーガまでを、明快かつ端的に解説する。

増補 性と呪殺の密教　正木晃

性行為を用いた修行や呪いの術など、チベット密教に色濃く存在する闇の領域。知られざるその秘密に分け入り、宗教と性・暴力の関係を抉り出す。

正法眼蔵随聞記　水野弥穂子訳

日本仏教の最高峰・道元の人と思想を理解するうえで最良の入門書。厳密で詳細な注、わかりやすく正確な訳を付した決定版。（増谷文雄）

空海　宮坂宥勝

現代社会における思想・文化のさまざまな分野から注目をあつめている空海の雄大な密教体系！　空海密教研究の第一人者による最良の入門書。

一休・正三・白隠　水上勉

乱世に風狂一代を貫いた一休。武士道を加味した禅をとなえた鈴木正三。諸国を行脚し教化につくした白隠。伝説の禅僧の本格評伝。（柳田聖山）

治癒神イエスの誕生　山形孝夫

「病気」に負わされた「罪」のメタファから人々を解放すべく闘ったイエス。古代世界から連なる治癒神の系譜をもとに、イエスの実像に迫る。

日本の昔話(上)　稲田浩二編
神々が人界をめぐり鶴女房が飛来する語りの世界。はるかな時をこえて育まれた各地の昔話の集大成。上巻は「桃太郎」などのむかしがたり103話を収録。

日本の昔話(下)　稲田浩二編
ほんの少し前まで、昔話は幼な子が人生の最初に楽しむ文芸だった。下巻には「かちかち山」など動物昔話29話、笑い話123話、形式話7話を収録。

アイヌ歳時記　萱野茂
アイヌ文化とはどのようなものか。その四季の暮らしをたどりながら、食文化、習俗、神話・伝承、世界観などを幅広く紹介する。（北原次郎太）

異人論　小松和彦
「異人殺し」のフォークロアの解析を通し、隠蔽され続けてきた日本文化の「闇」の領野を透視する。新しい民俗学誕生を告げる書。（中沢新一）

聴耳草紙　佐々木喜善
昔話発掘の先駆者として「日本のグリム」とも呼ばれる著者の代表作。故郷・遠野の昔話を語り口を生かして綴った一八三篇。（益田勝実／石井正己）

新編 霊魂観の系譜　桜井徳太郎
死後、人はどこへ行くのか。事故死した者にはなぜ特別な儀礼が必要なのか。3・11を機に再び問われる魂の弔い方。民俗学の名著を増補復刊。（宮田登）

江戸人の生と死　立川昭二
神沢杜口、杉田玄白、上田秋成、小林一茶、良寛、滝沢みち。江戸後期を生きた六人は、各々の病と老いをどのように体験したか。（森下みさ子）

差別語からはいる言語学入門　田中克彦
サベツと呼ばれる現象をきっかけに、ことばというものの本質をするどく追究。誰もが生きやすい社会を構築するための、言語学入門！（礫川全次）

汚穢と禁忌　メアリ・ダグラス　塚本利明訳
穢れや不浄を通し、秩序や無秩序、存在と非存在、生と死などの構造を解明。その文化のもつ体系的宇宙観に丹念に迫る古典的名著。（中沢新一）

宗教以前　高取正男／橋本峰雄

日本人の魂の救済はいかにして実現されうるのか。民俗の古層を訪ね、今日的な宗教のあり方を指し示す、幻の名著。（阿満利麿）

日本伝説集　高木敏雄

全国から集められた伝説より二五〇篇を精選。民話のほぼ全ての形式と種類を備えた決定版。日本人の原風景がここにある。（香月洋一郎）

人身御供論　高木敏雄

人身供犠は、史実として日本に存在したのか。民俗学草創期に先駆的業績を残した著者の、表題作他全13篇を収録した比較神話・伝説論集。（山田仁史）

売笑三千年史　中山太郎

〈正統〉な学者が避けた分野に踏みこんだ、異端の民俗学者・中山太郎。本書は、売買春の歴史・民俗誌に光をあてる幻の大著である。（川村邦光）

グリム童話　野村泫

子どもたちはどうして残酷な話が好きなのか？　残酷で魅力的なグリム童話の人気の秘密を、みごとに解きあかす異色の童話論。（坂内徳明）

初版 金枝篇（上）　J・G・フレイザー／吉川信訳

人類の多様な宗教的想像力が生み出した多様な事例を収集し、その普遍的説明を試みた社会人類学最大の古典。膨大な註を含む初版の本邦初訳。

初版 金枝篇（下）　J・G・フレイザー／吉川信訳

なぜ祭司は前任者を殺さねばならないのか？　そして、殺す前になぜ〈黄金の枝〉を折り取るのか？　事例の博捜の末、探索行は謎の核心に迫る。

火の起原の神話　J・G・フレイザー／青江舜二郎訳

人類はいかにして火を手に入れたのか。世界各地より夥しい神話や伝説を渉猟し、文明初期の人類の精神世界を探った名著。（前田耕作）

未開社会における性と抑圧　B・マリノフスキー／阿部年晴／真崎義博訳

人類における性は、内なる自然と文化的力との相互作用のドラマである。この人間存在の深淵に到るテーマを比較文化的視点から問い直した古典的名著。

日本の歴史をよみなおす（全）　網野善彦

中世日本に新しい光をあて、その真実と多彩な横顔を平明に語り、日本社会のイメージを根本から問い直す。超ロングセラーを続編と併せ文庫化。

米・百姓・天皇　網野善彦／石井進

日本とはどんな国なのか、なぜ米が日本史を解く鍵なのか、通史を書く意味は何なのか。これまでの日本史理解に根本的転回を迫る衝撃の書。（伊藤正敏）

列島の歴史を語る　網野善彦　藤沢・網野さんを囲む会編

日本は決して「一つ」ではなかった！　中世史に新次元を開いた著者が、日本の地理的・歴史的な多様性と豊かさを平明に語った講演録。（五味文彦）

列島文化再考　網野善彦／塚本学／坪井洋文／宮田登

近代国家の枠組みに縛られた歴史観をくつがえし、列島に生きた人々の真の姿を描き出す、歴史学・民俗学の幸福なコラボレーション。（新谷尚紀）

日本社会再考　網野善彦

歴史の虚像の数々を根底から覆してきた網野史学。漁業から交易まで多彩な活躍を繰り広げた海民に光をあて、知られざる日本像を鮮烈に甦らせた名著。

図説　和菓子の歴史　青木直己

饅頭、羊羹、金平糖にカステラ、その時々の外国文化の影響を受けながら多種多様に発展した和菓子。その歴史を多数の図版とともに平易に解説。

今昔東海道独案内　東篇　今井金吾

いにしえから庶民が辿ってきた幹線道路・東海道。日本人の歴史を、著者が自分の足で辿りなおした名著。東篇は日本橋より浜松まで。（今尾恵介）

今昔東海道独案内　西篇　今井金吾

江戸時代、弥次喜多も辿った五十三次はどうなっていたのか。二万五千分の一地図を手に訪ねる。西篇は浜松より京都までに伊勢街道を付す。（金沢正脩）

物語による日本の歴史　石母田正／武者小路穣

古事記から平家物語まで代表的古典文学を通して、国生みからはじまる日本の歴史を子ども向けにやさしく語り直す。網野善彦編集の名著。（中沢新一）

ちくま学芸文庫

増補《ぞうほ》 死者《ししゃ》の救済史《きゅうさいし》 供養《くよう》と憑依《ひょうい》の宗教学《しゅうきょうがく》

二〇一九年一月十日 第一刷発行

著 者 池上良正（いけがみ・よしまさ）
発行者 喜入冬子
発行所 株式会社 筑摩書房
東京都台東区蔵前二―五―三 〒一一一―八七五五
電話番号 〇三―五六八七―二六〇一（代表）
装幀者 安野光雅
印刷所 三松堂印刷株式会社
製本所 三松堂印刷株式会社

ISBN978-4-480-09899-3 C0114